왜 우리는 대학에 가는가

documentary is Life!
EBS 다큐프라임

'왜

우리는
대학에
가는가

EBS MEDIA 기획 | EBS 〈왜 우리는 대학에 가는가〉 제작팀 지음

해냄

EBS 교육대기획 6부작 〈왜 우리는 대학에 가는가〉에 쏟아진 찬사

이 프로그램을 보고 난 후 나의 대학생활을 떠올렸습니다. 그때처럼 나는 '나는 누구인지'를 고민하며 사는 걸까? 생각한 대로 살지 않으면 사는 대로 생각한다는데……. 난 이미 후자에 속한 건 아닌지. 이 프로그램은 대학생뿐만 아니라 우리 모두에게 '나는 누구인지' 고민하며 사는지 묻습니다.
— 네이버 zzangu5354님

눈앞에 놓인 급한 문제에 치중하다 보면 정말 중요한 본질을 보지 못하게 됩니다. 그런 점에서 이 프로그램은 이 시대를 살아가는 젊은 청년들에게 '진짜가 무엇일까?'라는 질문을 통해 이를 스스로 찾아낼 수 있게 도와주고, 정말 중요한 본질을 찾을 수 있게 안내해 주었습니다.
— mingue09님

저는 대학교 4학년 취업 준비생입니다. 저도 항상 '기업이 원하는 인재, 사회가 원하는 사람은 누구일까' 같은 고민을 했습니다. 그러면서 저는 저만의 방향성이 없는 사람이었다는 것을 깨달았습니다. 이 프로그램은 지금 취업 준비생들의 고민과 생각을 대변해 주는 것 같습니다. 제가 어디에서도 볼 수 없었고 들을 수 없었던 소중한 이야기였습니다.
— heejin921님

이 프로그램이 잠시 우리에게 거울을 볼 수 있는 시간을 준 것 같습니다. 우리는 너무 앞만 보고 달리고, 뒤를 돌아보지 않고 있었다는 것을. '나'라는 존재를 돌아보고 내가 누구인지, 나의 목소리에 귀 기울여야 한다는 것을.
— 김*정님

이 프로그램은 한 아이의 엄마로서 한 사람으로서 나에게 인생의 지침서가 되었습니다.
— kelly261888님

교수가 꿈인 제가 '최고의 교수는 학생이다'라는 큰 교훈을 얻게 되어 감사합니다. 대학을 다니는 몇 년의 시간도, 교사로서 학생들을 위한 삶을 사는 몇 년의 시간도, 행복한 질문이 끊이지 않았으면 좋겠습니다.
— withJ1227님

정말 슬프네요. 우리의 자녀를 어떻게 키워야 할지에 대한 고민과 나는 어떤 방식으로 배움을 이어가야 할지 많은 고민에 빠지게 됩니다.
— smhsprite님

올 2월 졸업을 앞두고 있는 취업 준비생입니다. 영상을 보면서 난 왜 수업 시간에 질문을 많이 해보지 못했을까, 왜 이만큼 고생을 해보지 않았을까 하는 생각이 들었습니다. 청춘이라는 단어 앞에서 우리는 한없이 작아지고, 그 작아짐을 깨달음으로 삼아 다시 성장합니다. 파이팅!   − sooah0713님

올해 서른이 된 2년차 직장인입니다. 불과 몇 년 전 제 모습인데 그동안 직장에서 적응하느라 까맣게 잊고 살았네요. 지금의 저를 돌아보게 되어 너무 좋습니다. 똑같은 것을 보고 어떤 마음을 일으키느냐는 온전히 나의 선택임을 느꼈습니다.   − mumng713님

입시 위주의 학교 교육으로 인해 '토론과 대화의 장'이 되어야 할 대학이 조용한 '죽음의 강의장'이 되고 있는 듯합니다. 정말 창의적이고 주관이 뚜렷한 인재 양성을 위한 교육이 필요한 듯합니다.   − kim13636님

그동안 우리는 질문과 토론이 진정한 공부였다는 평범한 진리를 간과했습니다.
                                                            − @jae_woong0604님

스물일곱 살 때까지 대학에서 무엇을 할지 몰라 방황하고 겨우 졸업했던 저는 지금 서른셋입니다. 대학이 현실과 꿈 사이에서 갈등하고 방황하는 연장선상에 있다는 것이 가슴 아프다고 생각했는데, 이런 좋은 화두를 던지는 프로그램을 만들어주어서 감사합니다. 물론 한계도 느껴졌지만 지금 우리나라에 구체적인 방법보다는 이러한 문제의식을 던지는 게 먼저라고 생각합니다.   − dddilbe님

제가 막연히 생각했던 인재는 엄두도 내지 못하게 경쟁적인 사람, 즉 변화무쌍한 세상의 요구에 걸맞은 멀티맨이었습니다. 시간이 흐르면서 제 존재 가치는 어학성적, 자격증, 대외활동 등으로 매겨지는 듯했고 세상이 저를 거부할 것이란 생각에 도피를 꿈꾸었습니다. 하지만 이 다큐멘터리는 이상적이기만 했던 인재를 찾아가는 과정을 보여줌으로써 방송 속의 멘티들뿐 아니라 제게도 방향을 제시해 주는 듯했습니다.   − rhkdwn6184님

이 다큐멘터리를 보고 이제 5살 된 제 아이에게 미안한 마음이 드는 건 왜일까요?
                                                                − angs123님

※이 글은 EBS 시청자 게시판 등에서 발췌하였습니다.

나는
왜 대학에 가는가

저는 보았습니다. 대학 시절을 시들시들하고 어정쩡하게 흘려보내는 대학생들을요. 그들의 눈은 마치 인생 막바지에 다다른 노인네의 시큰둥하고 휑한 눈이었습니다. 그럴 수밖에요. 너무나 많은 학생들이 대학에 가는 이유와 비전도 없이 그저 대학에 가는 그 자체를 목표로 삼고 있습니다. 이미 '대학 입학'이라는 인생 최고의 목표를 이룬 대학생은 그 후에 왜 살아야 하는지조차 모릅니다.

그러나 저는 인생 최고의 나날을 맞이한 청년들의 반짝이고 빛나는 눈도 보았습니다. 그들은 의미 있는 일을 하고 자신의 삶을 가치 있게 만들기 위한 방법으로 대학에 진학한 학생들입니다. 그들에게 대학은 목표가 아니라 수단입니다.

저는 불안하고 초조해 하는 학생들도 보았습니다. 있는 돈 없는 돈 다 써가며 스펙 쌓기 하는 취업준비생들을요. 그들은 입시 때문에 국·영·수·사·과는 기본이고 학원 공부에 매달리고, 대학에 가서는 입사를 위해 전공 공부는 뒷전이고 스펙9종 세트를 만드는 데 올인합니다. 굳이 필요하지 않은 스펙도 그저 남보다 조금이라도 더 많이 갖추려고, 남과의 경쟁에서 돋보이는 베스트가 되려고 안간힘을 쓰면서 불안해 합니다.

그러나 구슬이 서 말이라도 꿰어야 보배듯이 몇 가지 안 되는 스펙을 독특한 조합으로 연결시켜서 자신만의 가치관과 경쟁력을 갖춘 학생들도 보았습니다. 베스트가 아니라 유니크한 사람이 남다른 매력을 내뿜는 느긋한 인재인 것입니다.

그리고 저는 너무 많은 미성숙한 사람들을 대학에서 보았습니다. 대학 학위의 후광을 얻고 그로 인해 훗날 좀더 나은 대우를 받고, 안정된 생활을 챙기려고 대학에 가는 사람들을요. 그저 받고 얻고 챙기려는 사람은 '어린애'이고 '소인배'입니다.

그러나 진정한 배움을 추구하면서 성숙해지는 학생도 보았습니다. 그런 학생들이 많이 모인 곳이 바로 명문대입니다. 대학이란 학생들이 '학문적 탐구와 질문을 할 수 있는 특권을 만끽할 수 있는 곳' '세계에 봉사하기 위한 곳'이라고 세계 최고 명문대들은 자랑합니다.

성숙한 사람은 무엇을 얻을 것인지가 아니라 무엇을 기여할 것인지를 생각합니다. 그럴 때 공부가 공헌으로, 배움이 베풂으로 이어지는 것입니다.

EBS 교육대기획 6부작 〈왜 우리는 대학에 가는가〉는 한국 대학생들과 예비 대학생들에게 확실하게 보여줍니다. 대학은 모두가 도달해야 하는 목적지가 아니라 인생이란 긴 여정에서 선택하는 한 갈래이며, 성공과 행복에 대한 정답이 아니라 더 깊은 질문을 할 수 있는 기회일 뿐이라는 사실을요. 배움이란 단지 지식을 얻고 학위를 취득하는 게 아니라 더 큰 삶의 지혜를 기르고 바람직한 행동을 실천하기 위한 것입니다. 그리고 인재가 되는 것은 어떤 능력을 갖추었는지와 함께 그 능력을 무엇을 위해 발휘하고자 하는지에 달렸음을 보여줍니다.

〈왜 우리는 대학에 가는가〉는 한국 대학생의 현실을 여과 없이 보여줄 뿐만 아니라 인재의 가능성도 제시해 주고 있습니다. 이 책을 읽는 독자들이 대학에서 어떻게 생활할지, 어떻게 인재로 성장해 갈지에 대해서 현명한 선택을 할 수 있기를 기대합니다. 대한민국의 청년들이 주어진 현실에 한탄하지 않고 자신들이 원하는 미래를 스스로 창조해 낼 수 있는 인재가 되기를 진심으로 바랍니다.

2015년 2월

조벽 | 동국대 석좌교수

나는 앞으로
어떻게 배우고 어떻게 살 것인가

대학

대한민국에 살고 있는 우리 인생은 '대학'이 행복과 불행을 좌우한다고 해도 과언이 아닙니다. 좋은 대학에 가기 위해 학생들은 힘겨운 입시 과정을 견디고, 대학 시험이 치러지는 날 아침이면 비행기도 멈춥니다. 부모는 자식을 더 좋은 대학에 보내기 위해 빚을 내서까지 교육을 시킵니다.

그러나 아이들은 더 좋은 대학에 가지 못해 자살합니다. 사람들은 "어느 대학 나오셨어요?"를 물으며 출신 대학을 내 이름, 내 성격보다 더 중요한 정보로 여기기도 합니다.

대한민국의 교육에 문제가 있다고 말합니다. 그중에서도 많은 사람들이 우리 사회 문제의 주범으로 대학을 지목했습니다. 교육대기획이라면 응당 대학 문제를 다뤄야 하지 않느냐는 의견도 많았습니다. 대학을 말하지 않고서는 대한민국의 교육 문제를 짚어낼 수 없다는 이유였습니다.

"그래! 이번 기회에 초·중·고등학교가 아닌 대학을 다뤄보자."

이러한 과정을 거쳐 탄생한 것이 EBS 교육대기획 6부작 〈왜 우리는 대학에 가는가〉입니다.

대학생

그러나 제작진이 기획·취재 과정에서 새롭게 발견한 건 대학이 아닌 대학생이었습니다. 취재 현장에서 본 대학생은 88만원 세대, 삼포세대 등 그간 언론에서 이름 붙여온 모습과는 달랐습니다.

취업과 학점 등의 압박에 시달린다는 건 어느 정도 예상하고 있었지만 대학생들의 생활은 제작진의 예상을 뛰어넘었습니다. 시간적·금전적 여유가 없는 대학생들은 친구나 선후배와의 만남을 끊고 혼자 밥을 먹는 '혼밥'을 하고 있었습니다. 혼밥이 요즘 대학 캠퍼스에서 흔히 볼 수 있는 풍경이라는 점도 놀라웠습니다.

일류대에 입학을 하고서도 어린 시절부터 친구들과 경쟁해 1등 하는 것만을 목표로 삼아왔기에, 정작 자신이 무엇을 좋아하는지 제대로 알지 못해 방황하는 대학생도 생겨났습니다. 대학 생활 내내 무엇을 배우고 싶은지 생각할 겨를도 없이 학생들은 '학점을 잘 받기 위해' 강의실에서 교수의 말만 받아 적으며 침묵하며 시간을 보냈습니다.

'대학생 취업난, 심각한 것으로 나타나' '요즘 대학생 사회 문제에 대한 관심 없어'와 같은 뉴스 헤드라인에 가려져 그동안 진짜 대학, 그 속에 살고 있는 대학생들의 모습을 제대로 보지 못했습니다. 1980년대, 1990년대에 대학을 다닌 세대나 '신자유주의 학번'이라 불리던 2000년대 초반 학번들과는 또다른 요즘 대학생은 마치 신인류와 같았습니다.

요즘 대학생들은 자세히 들여다볼수록 다르고 새로웠습니다. 그들을 보노라면 마음이 안타깝고 미안했습니다.

왜 우리는 대학에 가는가

교육대기획 6부작 〈왜 우리는 대학에 가는가〉는 '대학' 이야기라기보다 '대학생' 이야기에 더 가깝습니다.

대학 입시제도를 어떻게 바꿔야 하고, 학벌 만능주의를 어떻게 타파해야 하는지와 같은 이야기도 물론 중요합니다. 그러나 그보다 앞서 지금 대학이라는 공간 안에서 청춘들이 어떻게 지내고 있는지를 먼저 봐야 한다고 생각했습니다.

힘든 입시의 터널을 지나 대학에 왔지만 또 사회라는 정글로 나아가야 하는 청춘. 그 두려운 정글로 나아가기가 쉽지 않아 대학 안에서 힘들게 버티고 있는 대학생들. 이들의 일상을 살펴보고 이들이 대학에서 무엇을 배우고 있는지를 들여다봐야 했습니다. 그래야만 대학이, 멀리 본다면 '대학에 대한 우리의 생각'이 바뀌지 않을까 하는 게 제작진의 생각이었습니다.

온갖 신입사원 모집 공고에는 우리 사회가 대학에 원하고 바라는 '인재'라는 말이 등장합니다. 이에 '과연 진정한 인재란 무엇인가?' 하는 물음도 던졌습니다. 일류대 학벌, 화려한 스펙, 지방대 트라우마 등을 가진 5명의 지원자는 〈인재의 탄생〉을 통해 '진짜 인재란 자기 중심에 있는 그 무언가를 찾아내는 사람'이란 그들만의 해답을 찾았습니다.

그들이 인재로 탄생하는 과정을 통해 스스로 행복할 수 있는 인재를 길러내지 못하는 우리 대학의 현주소를 짚어낼 수 있었습니다. '대학은 취업이라는 관문을 앞둔 대학생들을 어떻게 키워나가야 하는가?'에 대한 질문을 남겼습니다.

결론적으로 이 프로그램은 '어떻게 하면 (좋은) 대학에 갈 수 있는가?'를 알려주지 않습니다. 조금 우울할 수도 있는, 지금의 대학과 대학생의 현실을 보여줌으로써 '왜 우리는 대학에 가야 하고 대학에서 무엇을 배워야 하는가?'라는 근본적인 질문을 던집니다.

프로그램의 제목만 보고 대학 진학에 대한 내용이라고 짐작한 선생님이 학생들에게 보여줬다가, 학생들이 "저렇게 대학 가서도 힘들다면 차라리 대학에 가지 않겠어요"라고 반응해 당황하셨다는 일화를 전한 적도 있습니다. 선생님은 좀 당황스러웠겠지만, 학생들은 프로그램을 보면서 자신이 왜 대학에 가야 하는지, 대학에 가서 무엇을 배우고 싶은지에 대해 진지하게 생각해 보는 시간이 되지 않았을까 짐작해 봅니다.

대학은 대한민국 교육 문제의 주범이기도 하지만 동시에 우리 교육, 우리 사회가 만들어낸 결과물이기도 합니다. 대학 시절, 강의실에서 질문 하나 제대로 못했던 저희를 비롯해 침묵의 강의실 속 대학생을 만든 것도 우리 교육입니다. '나는 누구이고, 어떻게 살아가기를 원하는가?'라는 질문을 던지지 못한 이유도 결국은 비싼 등록금, 취업, 학점 경쟁이라는 절벽에 내몰려 그런 질문을 던질 여유조차 없었기 때문입니다.

분명한 건, 지금의 대학생들이야말로 그 어느 때보다 더 많은 가능성을 지녔다는 점입니다. 어느 세대도 겪지 못한 많은 풍파를 겪었기에 누구보다 현실을 잘 알고 있고 심지도 아주 단단합니다.

실컷 절망해 보고 시련을 겪어본 지금의 대학생들이야말로 이들을 절망케 한 기성세대의 프레임이 아닌, 자신들이 만든 희망의 프레임 안에서 진정한 행복을 찾을 겁니다. 지금의 대학생들이 말문을 열어 세상을 향해 질문하고 자신의 생각을 거침없이 말할 수 있는 여건만 갖춰진다면, 이들은 '자신을 누구보다 잘 아는' 행복한 인재가 될 수 있을 겁니다.

프로그램을 만들면서 대학 시절에도 하지 않았던 고민과 질문이 더 많아졌습니다. 스스로 고민하고 질문을 던진 '뒤늦은 사춘기'가 제작진을 성장하게 만들었습니다.

〈왜 우리는 대학에 가는가〉는 꼭 대학생에게만 해당되는 이야기가 아닙니다. 이 프로그램을 통해 모든 세대가 '나는 앞으로 어떻게 배우고 어떻게 살 것인가?'라는 질문을 스스로에게 던질 수 있을 것입니다.

마지막으로 이 프로그램에 함께 참여했던 대학생, 교수, 전문가 여러분께 깊은 감사를 드립니다. 방송이 나간 후 저희에게 많은 공감과 의견을 보내주신, 제작진이 담아낸 내용 이상으로 느끼고 이해해 주신 시청자들에게도 고개 숙여 감사드립니다.

책으로 다시 탄생한 〈왜 우리는 대학에 가는가〉를 통해 그동안의 공감과 다양한 생각들이 더 깊이 있게, 찬찬히 독자 여러분께 전해진다면 더욱 기쁠 것입니다.

2015년 2월
EBS 다큐프라임 〈왜 우리는 대학에 가는가〉 제작팀

1부 대학에서 길을 잃다

1장 침묵하는 대학

2장 학점과 취업 경쟁에 내몰리는 청춘들

2부 인재의 탄생

3장 당신은 **인재입니까?**

4장 인재란 내 안에서 **태어나는 것** : 자기 중심을 회복하는 9가지 미션

3부 대학의 탄생

5장 말문을 터라, 생각을 터라

일러두기 | EBS 〈왜 우리는 대학에 가는가〉의 방송 중 '어메이징 데이 I, II'에 참여해 주신 대학생분들과 '말문을 터라, 생각을 터라'에 참여해 주신 실험 참여자분들은 도서 1부 '대학에서 길을 잃다'와 3부 '대학의 탄생'에서 가명으로 표기했습니다.

"어른들은 말합니다.
너희의 인생은
몇 년 후 너희가 갈 대학이 결정해 줄 거라고.
한 점으로 인생의 승부가 갈리는
치열한 전쟁터에서
대학생이 되는 건 절반의 성공일 뿐입니다.
입시 터널을 지나 사회라는 정글에서 살아남아야 하니까요.
아직 모자란 성공 이력서를 채우기 위해
대학에 와서도 해야 할 일이 너무 많습니다.
그런데 교수님은 빽빽한 강의실에서 혼자 학생들을 가르치고,
우리들은 수업 시간에 말을 거의 하지 않습니다.
언제부터인가 질문을 잃어버린 우리들.

우리는 왜 침묵하게 된 것일까요?"

1부

대학에서 길을 잃다

1장

침묵하는
대학

강의실에서의 질문이란……

대학생 1 : '혹시 내가 질문해서 수업 흐름에 방해되지 않을까?'

대학생 2 : '혹시 남들은 다 아는데 나만 모르지 않을까.'

교수 : "상호작용이 없으니 학생들이 수업을 잘 따라오고 있는지 모르겠어요."

1

왜 아무도
질문하지 않았을까

2010년 9월, 서울에서 G20 정상회의가 열렸다. 주요 20개국의 정상들이 모이는 회의를 주최하는 것을 계기로 대한민국 국격이 한 단계 올라갈 것이라는 정부의 대대적인 선전이 이어졌다. 경제 효과 450조 원, 고용 창출 효과 242만 명이라는 가시적 성과 외에 돈으로 매길 수 없는 한국 브랜드의 가치 상승을 예측하는 보도가 연일 언론을 달궜다.

사상 최대 규모로 치러진 서울 G20 정상회의 마지막 날, 버락 오바마 미국 대통령이 폐막 연설을 끝내고 나서 돌발 제안을 했다.

"한국 기자들에게 질문권을 드리고 싶군요."

개최국 역할을 훌륭히 해낸 한국에 감사함을 표현하기 위한 배려였다. 순간 기자 회견장에 정적이 흘렀다. 미국 대통령의 예상치 못한 배려에

● "……" G20 폐막식에서 오바마 대통령이 한국 기자들에게 질문권을 줬지만 끝내 그들은 침묵을 지켰다.

당황한 탓인지, 아니면 뜻밖의 기회에 생각을 가다듬느라 잠시 시간이 필요한 건지, 정적을 깨뜨리고 손을 드는 한국 기자들은 없었다. 자신의 말을 기자들이 이해하지 못했다고 생각한 오바마 대통령이 분위기를 풀어주려는 듯 웃으며 농담을 던졌다.

"한국어로 질문하면 아마 (저에게) 통역이 필요할 겁니다. 사실 통역이 꼭 필요할 겁니다."

객석에서 웃음이 터졌다. 동시에 한 기자의 손이 올라갔다. 사람들의 시선이 모두 그쪽으로 쏠렸다.

"실망시켜서 죄송합니다만, 저는 중국 기자입니다. 제가 아시아를 대표해서 질문해도 될까요?"

중국의 CCTV 기자였다. 오바마 대통령이 부드럽게 거절했다. 한국 기자에게 준 기회이니, 한국 기자들의 질문을 기다리는 게 공정하지 않겠냐는 게 그 이유였다. 그러나 중국 기자는 집요했다. 중국 기자가 다른 제안을 했다.

"한국 기자들에게 제가 대신 질문해도 되는지 물어보면 어떻겠습니까?"

난처한 표정으로 기자들을 둘러보던 오바마 대통령이 그렇다면 한국 기자들의 결정에 따르겠다고 대답했다. "아무도 없나요?" 오바마 대통령이 내리 두 차례를 더 물었지만 한국 기자석에서 올라오는 손은 없었다. 결국 한국 기자에게 독점적으로 주어졌던 미국 정상과의 질문권은 중국 기자에게 돌아갔다.

G20의 대미를 장식한 10분 남짓의 간담회 동영상은 '오바마 한국 기자'라는 제목으로 유튜브에 오르며 화제가 되었다. 동영상을 본 대부분의 네티즌들은 '중요한 자리에서 질문 하나 못하다니, 대한민국의 국격이 떨어졌다'고 자조적으로 성토하는 글을 올렸다.

"우리에겐 질문도 답인 것 같다"

세계의 시선이 집중되는, 기자로서는 흔치 않은 기회를 맞이한 자리에서 한국 기자들은 왜 아무도 질문하지 않았을까? 질문하지 않는 분위기가 유독 우리나라에서만 나타나는 특수한 현상인 걸까?

제작진은 궁금증을 해결하기 위해 현직 기자 다섯 명을 불러모았다. 그 자리에는 참석하지 않았지만 동종업계에 있는 기자들인 만큼 그날의 상황을 경험적으로 잘 이해하고 있을 터였다.

기자들은 긴 테이블에 둘러앉아 무슨 일인지 궁금한 듯 제작진을 쳐다봤다. 제작진은 기자들에게 어떤 내용인지 사전 설명을 하지 않은 채 지금부터 10분 남짓 짧은 영상을 보여줄 테니 편안하게 감상하라고 말했다.

재미있는 동영상을 보여줄 것이라고 기대했는지 기자들이 느긋하게 앉아 화면을 응시했다. 영상에서 오바마 대통령이 질문하지 않는 한국 기자들에게 농담조로 말할 때까지만 해도 따라 웃던 기자들의 표정이 차츰 심각해졌다.

동영상이 끝나자 한 기자가 "이런 일이 있었구나!" 하고 조용히 내뱉었다. 제작진이 영상을 보고 어떤 생각이 드느냐고 기자들에게 묻자, 대다수가 '안타깝다'고 반응했다. 분위기는 자연스럽게 이런 굴욕적인 상황에 대한 원인을 분석하는 것으로 흘러갔다.

가장 쉽게 생각해 볼 수 있는 원인은 영어였다. 세계에 중계되는 국제 행사인지라 영어 울렁증이 있거나 영어가 서투르다면 자칫 국제적인 망신으로 이어질 수도 있다. 하지만 이것만으로는 설명이 궁색하다. 그 많은 기자들 가운데 영어를 잘하는 기자가 단 한 명은 있었을 것이다.

동영상을 본 기자들은 돌발 상황이라는 점을 감안해야 한다고 했다. 대개 폐막식 연설이 다음 성공을 기원하면서 간단하게 끝났던 전례에 비추어보면, 그날 참석한 기자들이 질문할 기회를 예상하기 힘들었을 것이다. 질문이란 즉각 나오는 게 아니라 어느 정도 준비가 필요하기 때문이다. 그렇다고 해도 여전히 설명되기 어려운 부분이 있다.

제작진이 지금 이 자리에 있는 기자들이 G20 폐막식에 참석했다면 어떠했을 거냐고 묻자 EBS 서현아 기자가 조심스레 "제가 먼저 분위기를 깨고 손을 들진 못했을 것 같다"고 말했다. 이어서 "우리에겐 질문도 답인 것 같다. 어떤 상황에서 어디까지 질문이 용인되고 어떤 질문을 할 수 있을까, 어떻게 하면 질문을 잘할까, 그것조차도 답인 것처럼 느껴진다"고 말했다.

기자는 질문을 업으로 하는 사람들이다. 취재거리가 있으면 재빨리 현장을 찾아가고 대상을 정해 사실을 확인하기 위해 질문부터 던진다. 취재 대상에게서 대답을 잘 끌어내기 위해서는 질문을 잘해야 한다.

그래서 선배 기자는 신입 기자에게 다양한 상황들을 가정한 뒤 상상력을 발휘해서 질문을 해보라고 연습시키기도 한다. 그러나 이마저도 옛일이고, 요즘에는 취재를 가도 당당하게 질문하는 기자는 많지 않다고 말했다.

함께 동영상을 본 기자들은 한목소리로 질문을 하지 않는 현상이 기자들만의 문제가 아니라 우리나라 사람들에게서 공통적으로 나타나는 문제라고 했다. 요즘에는 고등학교 교실이나 대학 강의실, 기업에서도 질문하는 사람을 찾아보기 힘들다는 의미다.

질문은 배움의 시작이다

무엇보다 배움의 전당이라 할, 치열한 탐구와 토론이 오가야 할 대학에서조차 질문을 피하는 현상이 두드러진다는 점에 제작진은 문제의 심각성을 느낄 수밖에 없었다.

초·중·고등학교 12년 교육의 목적지라 해도 과언이 아닐 대학에서 질문이 실종되고 있다는 것은 그만큼 우리 교육의 큰 방향이 왜곡되고 있다는 것과도 상통하기 때문이다.

질문하고 자기 의견을 말하는 자연스러운 과정을 통해 사람들은 배운다. 질문은 스스로 답을 찾고자 하는 행위로 학습 능력과 사고력, 호기심 등을 키워주기 때문이다.

질문의 중요성을 누구보다 잘 이해한 사람은 고대 그리스의 철학자 소크라테스였다. 그는 끝없이 질문을 던지는 것이 인간의 의무라고 여겼다. 대화를 주고받으며 자신의 무지를 자각함으로써 지식과 지혜를 갖출 수 있다고 했다.

예컨대 이런 식이다. 길거리에서 소크라테스가 한 청년에게 "민중이란 누구인가?"라고 말을 걸었다. 청년이 가난한 사람들이라고 말하자 소크라테스는 가난한 사람이란 어떤 이들을 가리키는지 묻는다. 청년이 다시 돈이 없는 사람들이라고 대답하자 소크라테스는 "부자들도 대개 돈이 부족하다고 아우성을 친다. 그럼 부자도 가난한 사람인가?"라고 다시 질문을 한다. 청년이 당황했음은 물론이다.

질문은 역사적으로 위대한 법칙이나 진리를 발견하는 데에도 큰 역할을 했다. 영국의 물리학자 뉴턴은 '왜 사과는 아래로 떨어질까?'라는 사소한 질문으로 만유인력을 발견했다. 사과가 밑으로 떨어지는 데에는 그 어떤 힘이 작용할 거라고 추측했고, 그 답을 찾아나가는 과정을 통해 물리의 기초 이론을 세울 수 있었다.

꼭 결정적인 상황에서만이 아니라 사람은 평생 수많은 질문을 하면서 살아간다. 아기가 세상에 나와 입을 떼는 순간 주변에 대한 호기심이 폭발하면서 시도 때도 없이 질문한다.

"저건 뭐야?" "왜 하늘은 파래?" "아기는 어떻게 생겼어?" "왜 더우면 땀이 나?" 등 부모가 대답하기 귀찮을 정도로 질문을 퍼붓는다. 질문은 아이들에게 모르는 것을 하나씩 배워나가는 배움의 유일한 방식이기 때문이다.

질문은 호기심에서 나온다. 세계에 대해 관심이 있고, 독립적으로 사고하는 사람이 호기심도 뛰어나다. 이 '새로움'에 대한 갈망, 호기심은 바로 현대 사회가 원하는 인재상과도 맞닿는 부분이다. 그렇기에 질문이란 인재에게 있어 중요한 자질이자 척도가 되는 키워드인 셈이다.

우리 교육의 전반적인 문제를 짚고 있는 서강대 철학과 최진석 교수는 특히 고등 교육의 정점이라고 할 대학에서조차 질문하는 학생이 없다는 점을 주목한다. 오늘날 대한민국의 대학생들은 새로움을 바라지 않기 때문에 질문하지 않는 것일까?

최진석 교수는 학생들이 질문을 안 하는 원인은 여러 가지가 있겠지만, 현재의 호기심이나 관심을 유보하고 대학 입학이나 취업과 같은 현실적 목표에 집중하다 보니 질문할 기회가 줄어들었다고 분석했다.

과연 우리 대학생들의 현실은 어떠할까? 대학 속으로 들어가 교육 현장인 강의실을 들여다보기로 했다.

2

질문과 토론이
사라진 강의실

　　　　대학이 무엇을 가르치고 어떤 인재를 키워내는지는 그 사회
의 경쟁력과 직결된다.

　　오늘날 대학을 다니고 있는 20대는 SNS에 익숙하고 핵가족, 혹은 외
동아들, 외동딸로 자라고 자기표현에 적극적인 세대이다. 개성 넘치고
눈치 보지 않고 좋아하는 것을 거리낌 없이 표현한다.

　　그러나 이러한 20대의 특성인 당당함이 통하지 않는 곳이 있다. 바로
대학 강의 시간이다. 토론이 활발하게 오가야 할 시간이지만 20대 청춘
들은 평소 볼 수 없는 조용한 침묵의 세계에 빠진다.

　　최근 교육과혁신연구소의 이혜정 소장의 연구 결과에서도 '조용한 대
학 강의실'의 풍경은 잘 나타난다. 서울대 학생들 중 학점 4.3 만점에 평

균 4.0 이상을 받은 최우등생을 조사한 결과, 응답자의 87퍼센트가 '교수의 말을 한마디도 놓치지 않고 받아적는다'고 답했다. 학생 스스로 비판적으로 생각하기보다 교수의 말을 전적으로 받아들이는 것이다. 이처럼 책상 위에 엎드린 자세로 교수의 말을 그대로 필기하는 풍경은 대학 어디에서나 흔하게 볼 수 있다.

제작진이 찾은 한국외국어대학의 '정치 커뮤니케이션' 강의실도 여느 대학과 비슷했다. 미디어커뮤니케이션학부 채영길 교수가 언제나처럼 출석을 확인하고 나서 칠판 앞에 서서 강의를 시작했다. 조용한 강의실에는 학생들의 펜 소리, 노트북 키보드 소리 등과 그리고 교수의 목소리만이 울렸다.

교수가 질문하자 그나마 들리던 작은 소리들도 사라졌다. 학생들은 교수의 시선을 피했다. 교수는 15초 정도 학생들이 대답하기를 기다려 보지만 정적은 쉽게 깨지지 않는다.

서로가 민망해지는 시간이다. 간혹 학생 한두 명이 대답하는 경우도 있지만 그건 어쩌다 한 번이고, 강의실에서 학생들의 적극적인 대답을 기대하기는 어렵다.

이번에는 교수가 침묵을 참지 못하고 비장의 카드를 꺼내들었다. 출석부를 꺼내 대답할 학생을 지목한 것이다. 하지만 이름이 불린 학생들은 "잠시만요. 잘 모르겠습니다" "기억이 잘 안 납니다"라고 대답할 뿐이다.

질문은 고사하고 자발적으로 대답하는 학생들을 보기도 힘들다.

강의할 때 학생들이 질문하거나 대답하지 않으면 교수는 그들이 강의 내용을 충실히 따라오고 있는지 제대로 파악하기 힘들다. 이럴 때 교수가 택하는 방법은 학생들이 다 안다고 전제하고 진도를 나가는 방법뿐이다. 원래 강의는 교수와 학생의 자유로운 생각이 오가는 자리다. 하지

● 우리 대학 강의실의 흔한 풍경. 교수는 강의를 하고 학생은 경청을 하거나 필기를 한다. 적극적으로 손을 들어 질문하며 상호작용하는 모습은 찾아보기 힘들다.

만 지금처럼 상호작용이 일어나지 않으면 교수가 일방적으로 말을 하는 주입식 교육으로 흘러버린다.

수업이 끝난 뒤 채영길 교수의 마음도 그와 비슷하다. "상호작용이 없으니 학생들이 수업을 잘 따라오고 있는지 모르겠어요"라고 고백했다. 가끔 강의 시간에 질문을 해봐도 학생 대다수가 모르겠다고 대답해 정말 몰라서 그러는 건지, 남의 눈치를 보느라 그러는 건지 알 수가 없다고 했다.

그러면서도 채영길 교수는 아직까지 우리나라 대학생들은 많은 사람들 앞에서 자기 생각을 드러내거나 말하는 걸 불편하게 여기는 것 같다고 했다. 막상 과제를 내보면 교수가 생각하지 못했던 관점으로 훌륭하게 과제를 수행하는 학생들이 있기 때문이다.

그 자리에서 완벽하게 이해하지 않는 이상 교수의 강의에 질문이 생기는 건 자연스러운 일이다. 그럼에도 학생들은 왜 강의 시간에 가만히 있을까? 교수의 말처럼 많은 사람들 앞에서 자기 생각을 드러내기 불편해서일까? 아니면 우리나라 대학 문화와 관련이 있는 것일까? 제작진은 '질문맨 실험'을 통해 알아보기로 했다.

질문맨 실험_ '수업 시간에 질문 다섯 번 이상 하기'

2013년 12월, 제작진은 조용한 강의실의 흐름을 바꿀 질문맨을 섭외했다. 이번 실험의 주인공은 한 대학교에 다니는 학생이다. 이 학생의 미션 내용은 '수업 시간에 질문 다섯 번 이상 하기'이다.

미션을 전해받은 학생은 당황했다. "이거 너무 어려운 것 같은데요? 이거 괜히 했다가 이상한 사람 되는 거 아니에요?" 시작도 하기 전에 벌써부터 걱정이다.

제작진은 질문은 어떤 내용이든 상관없으니 순수하게 그때그때 궁금한 점을 물어봐 달라고 부탁했다. 그때마다 제작진은 학생들의 반응을 살펴보기로 했다.

이번 수업은 서강대 이은일 교수의 '바다의 이해' 강의다. 토요일 9시부터 12시까지 3시간 진행되는 전 학년 교양 과목으로, 수강 인원만 120명이나 되는 대규모 강의다.

시간이 되자 교수는 지난 대기 순환 수업을 상기하면서 수업을 시작했다.

"……."

역시나 말을 하는 사람은 교수뿐이다. 교수의 강의에 흥미를 보이며 집중하거나 턱을 괴고 교수의 강의를 듣는 학생들도 있었고, 커피를 마시며 딴 생각에 잠긴 학생들도 간혹 눈에 띄었다.

막중한 임무를 띤 질문맨은 긴장이 되는지 눈동자를 이리저리 굴리며 강의실의 분위기를 살피느라 여념이 없었다. 강의하는 중간에 교수는 한 번씩 질문을 했지만 그때마다 학생들은 시선을 피하기만 했다.

교수의 말 이외에는 정적만 흐르는 그때, 갑자기 정적을 깨고 누군가 손을 번쩍 들었다. 질문맨이었다. "교수님, 질문 있는데요. 해류도가 우리한테 어떤 영향을 주는지 궁금합니다."

누가 시키지도 않았는데 자발적으로 하는 질문은 강의실에서 꽤 튀는 행동에 속한다. 처음에 학생들은 질문맨의 질문에 별 관심이 없는지 무심한 표정이다.

오랜만에 학생이 한 질문에 성의껏 답변을 한 교수는 다시 강의를 이어갔다. 얼마 지나지 않아 질문맨의 손이 다시 올라갔다. "교수님! 질문이 하나 더 있습니다. 그러면 염분이 더 높은가요?" "찬물과 염분과의 관계가 많지 않습니다. ……." 질문과 대답이 오가는 좀처럼 익숙하지 않은 상황에 학생들도 서서히 신경이 쓰이는 눈치다.

수업이 막바지에 다다랐는데도 질문맨의 집요한 질문은 끝나지 않았다. "교수님, 마지막으로 질문 하나 드려도 될까요?" 질문맨의 말에 학생들의 표정이 변하기 시작했다. "가라앉는 물의 속도가 빨라지면 잘 되고, 느려지면 잘 안 되는 거죠?"

내리 계속되는 질문에 학생들이 크게 술렁거렸다. 어이없다는 듯이 질문맨을 쳐다보는 학생이 있는가 하면, '왜 저런 질문을 하지?'라는 표정으로 짜증스럽게 바라보는 학생도 보였다.

교수가 그 질문에 대답한 후 "이 수업 끝나고 질문하지 마세요. 질문하려면 지금 하세요"라며 질문맨을 응원했지만 많은 학생들이 불편한 마음을 내비쳤다. 질문에는 아랑곳하지 않고 자기 짐을 챙기는 학생도 보였다. 왠지 해서는 안 될 일을 한 듯한 분위기다.

3시간 수업이 끝나고 학생들이 강의실에서 우르르 쏟아져나왔다. 제작진이 학생들에게 오늘 수업 중 질문에 대해 짧은 감상평을 부탁했다. 학생들의 반응은 엇비슷했다. '수업에 관심이 많은 것 같다'는 긍정적 평가도 있었지만 '의아하다' '황당하다' '나댄다' '끝나는 시간이 늦어져 짜증났다' 등 부정적인 반응들이 더 많았다.

수업 중에 질문하는 게 안 좋은 거냐고 제작진이 되묻자 "질문 자체가 나쁜 건 아니지만, 많은 학생들이 듣는 수업에서 분위기상 서로 피해주지 않는 선에서 이야기하려는 경우가 많아 꺼리는 부분이 있죠"라고 대답하는 학생도 있었다. 개인적으로 해야 할 질문을 공개적으로 하는 것을 불편해 하거나 질문하는 행동을 개인의 튀는 행동으로 보는 인식이 강했다.

수업을 하고 난 질문맨의 감상은 어떨까? 질문맨은 "뒤통수가 따갑고, 긴장되고, 부끄럽기도 했어요"라고 말했다. 많은 사람들이 의식하고 쳐다보는 게 어색하기도 하고, 질문이 계속되자 학생들이 뒤에서 발끈하는 게 느껴지더라는 것이다. 그 압박감이 커서 쉬는 시간에 도망가고 싶다는 생각이 들 정도였다고 했다.

교수의 반응은 의외였다. "내가 생각하는 수업이 이런 것입니다"라고 대답한 교수는 서로 주고받는 수업이 재미있었다고 했다. 학생들의 질문이 수업의 범위에서 벗어날 때도 있지만, 그것조차 다른 각도에서 생각해 볼 기회가 될 수 있으니 모쪼록 학생들이 질문을 많이 했으면 좋겠다고 했다.

질문을 좋아하지 않을 거라는 학생들의 예상을 뛰어넘는 교수의 대답이었다. 많은 학생들이 교수가 질문받는 걸 귀찮아한다고 여기지만, 질문받는 걸 귀찮아하는 교수라면 그것대로 문제가 크다. 교수와 학생이 수업을 하는 의미부터 다시 살펴야 하기 때문이다. 앞서 강의를 한 채영길 교수나 이은일 교수의 말처럼 수업이 의미가 있으려면 질문은 계속 나와야 한다.

그럼에도 우리 대학에서 질문을 하지 않는 현실에 대해 채영길 교수는 학생들이 지금까지 질문하지 않고 받아들이는 데만 익숙해져 있고, 교수들도 전달하는 데만 너무 익숙해져 있는 것 같다고 진단했다.

'남들은 다 아는데 나만 모르는 것 아닐까'

채영길 교수의 말처럼 우리 대학에서 질문은 찾아보기 힘들다. 수업은 교수와 학생, 즉 가르침과 배움 사이의 소통이다. 교수는 학생이 배움의 언저리에서 헤매지 않도록 도와주고, 학생은 적극적으로 배우려면 교수와 질문을 주고받아야 한다. 그렇게 한번 공부가 힘을 받기 시작하면 학생은 스스로 문제를 창조하고 답을 찾아가는 연구를 하게 된다.

학기가 시작되면 교수들은 침묵을 깨려고 시도하지만 그 시도가 성공하는 일은 많지 않다. 아예 극약 처방으로 학생과의 소통을 시도하는 교수도 있다. 학생들이 대답하거나 좋은 아이디어를 말할 때마다 별을 주는 별점 제도다. 교사나 부모가 공부 안 하는 초등학생이나 중학생에게 동기를 부여하기 위해 많이 사용하던 방법이다.

그런데 성인이 된 대학생들에게도 학점을 미끼로 건 이 방법이 의외로 통한다. 보상을 해서 질문을 하게 만드는 방법이 바람직하다고는 할 수 없지만, 어쨌든 학점을 올리는 기회가 생기자 학생들의 참여가 늘어나 수업은 활기를 띤다.

질문하지 않는 원인이 학생에게만 있는 것은 아니다. 일례로 아직까지 우리 대학의 현실은 20명 미만의 소규모 세미나 수업이 많지 않다. 소규모 강의는 학생들끼리 토론 수업을 할 수 있고, 다른 사람들의 시선에 덜 신경 쓰고 질문할 수 있다는 장점이 있다. 하지만 현실적으로 80명이 넘는 대규모 수업에서는 소규모처럼 토론 수업을 하거나 질의응답이 활발하게 이루어지기 어렵다.

한편 아주대의 한 학생은 "자기한테 다른 학생들의 시선이 집중되는 게 좀 쑥스럽다"고 말했다. 다 같이 질문을 안 하는 분위기니까 자신이 질문을 하면 사람들의 시선이 쏠려 부담스럽다는 것이다.

우리나라는 다른 나라보다 사람의 시선을 많이 의식하는 경향이 있다. 수업 시간에 질문할 때도 사람들의 시선을 의식해 자기 스스로 부족한 것을 사람들에게 보여주기를 꺼린다. 질문에 소극적일 수밖에 없는 이유다.

서강대 경영학과 4학년 학생은 '남들은 다 아는데 나만 모르지 않을까'라는 생각 때문에 질문을 꺼린다고 했다. 질문을 하면 자신의 무지가 탄로날까 봐 목 끝까지 올라오는 질문을 꾹 참고 만다는 학생들도 의외로 많다.

모르는 것을 물어보는 것이 질문의 기본 원칙이다. 하지만 대다수는 자신의 무지를 드러내지 않기 위해서 질문 내용을 생각하고, 의식하고, 따지다 질문할 기회를 놓친다.

또한 질문 때문에 수업을 방해하고 남들에게 눈치를 받을지 모른다는 걱정이 질문을 가로막는 원인이 되기도 한다. 그러나 세계 명문대학에서 마주친 학생들의 시각은 이와 달랐다.

제작진은 조지워싱턴 대학 로스쿨에 재학 중인 맥스 나크만이라는 학생에게 "질문할 때 교수의 수업에 방해가 된다고 생각하지 않느냐?"고 물어보았다. 그러자 그는 조금도 당황하지 않고 "나는 배우고 싶어서 여기에 왔다. 만약 내가 뭔가를 이해하지 못한다고 생각이 들면 반드시 질문해서 내가 이해할 때까지 노력한다"고 당당히 대답했다.

그러므로 질문할 수 있는 분위기를 만드는 건 중요하다. 한 사람이 질문하고, 여기에 다른 한두 명이 동조를 하면 분위기가 역전돼 수업의 물꼬도 자연히 트이게 마련이다.

다 같이 질문에 동조하고 허용하는 분위기가 만들어져야 하는데, 그런 계기들은 좀처럼 생기지 않는다. 그래서 많은 학생들이 정말 궁금한 것은 수업이 끝난 뒤 물어보고 있었다. 질문맨 실험에서처럼 나대는 것처럼 보이기 싫다는 이유에서였다.

그러나 여기서 학생들이 놓친 중요한 부분이 있다. 바로 질문의 효과다. 질문맨이 된 학생은 질문을 했을 때와 질문을 안 했을 때의 차이를 배움의 차이로 설명했다. 그는 의식적으로라도 질문하려다 보니까 오히려 생각을 많이 하게 되었다는 점을 큰 차이로 꼽았다.

또한 궁금한 점을 그 자리에서 질문하고 바로 피드백을 받으니 스스로 학습 능률이 올랐다고 했다. 다른 때보다 더 수업에 집중하게 된 점도 이번 실험을 통해 알게 된 또다른 성과다.

질문한 쪽이 질문이 없는 쪽보다 배움의 효과가 크다는 건 당연한 일이다. 그냥 듣기만 하는 수업은 지루하고 재미없지만 질문하고 답하는 적극적인 소통이 일어나면 교수의 말을 더 열심히 듣게 되고 더 많은 내용을 기억하게 되기 때문이다.

한국 학생들이 질문을 꺼린다는 건 우리나라 사람들만 느끼는 현상은 아니다. 외국에서 유학 온 학생들이 하는 첫마디도 '한국 학생들은 질문을 안 한다'는 점이었다. 딴짓을 하는 건가 의심이 들 정도로 한국 학생들은 수업 시간에 질문도 안 하고 가만히 있는데, 그럼에도 그들의 학과 성적이 좋은 걸 보면 신기할 정도라고 말했다.

더 신기한 건 외국으로 유학을 떠난 한국 유학생들도 똑같은 말을 듣는다는 점이다.

EBS에서 기획 시리즈로 방영해 큰 반향을 일으켰던 〈최고의 교수〉라는 프로그램이 있다. 이 프로그램에 소개된 골드스타인 교수는 1979년부터 피츠버그 대학에서 '최고의 교수'로 선정된 인물로서 특히 '학생들을 이해하려는 노력'을 철저하게 기울이는 것으로 유명하다.

골드스타인 교수는 그의 수업을 듣는 한국 유학생들도 꽤 있어서 한국과도 인연이 깊다. 그는 한국 학생들의 최대 강점으로 배움의 욕구가 뛰어나다는 점을 꼽았다. 무엇이든 열심히 배우려고 한다는 것이다.

반면 골드스타인 교수는 한국 학생들이 연장자나 교수에게 자신의 생각을 당당히 말하는 데에 서투르다는 단점도 꼬집었다. 열심히 배우기는 하지만 도전 의식이 없다는 의미다.

이런 학생들의 특징은 이론적으로 잘 받아들이고 무엇을 외워도 토씨 하나 안 틀리고 잘 외운다는 점이다. 그러나 배운 그대로만 이해하려 들기 때문에 사고의 융통성이 부족하고, 자신과 다른 견해는 잘 받아들이려고 하지 않는다.

골드스타인 교수는 그 이유로 교수들의 영향을 들었다. 교수는 직업

특성상 자신이 모든 것을 알고 있다고 생각하기 쉬운데, 특히 아시아권 국가들에서 그러한 경향이 더 심각하다고 말했다. 이러한 교수들의 영향으로 아시아권 학생들은 연장자나 선생님의 말을 언제나 맞다고 생각한다는 것이다.

그러면서 그는 한국 제자들에게 다음과 같은 애정 어린 주문을 했다. 학생이라면 모름지기 교수에게 도전하라는 것! 교수가 화창한 날씨를 보면서 비가 온다고 말하면 "교수님이 틀렸습니다. 지금은 비가 오지 않습니다"라고 응수하라고 했다.

조벽 동국대 석좌교수는 이러한 한국 학생들의 특징을 '아이인 채로 대학에 진학한다'는 말로 표현했다. 그에 따르면 영미권 학생들은 중·고등학교 시절부터 스스로 학습 계획을 세워 지식을 찾고, 끊임없이 자신의 생각을 말하고 쓰는 훈련 과정을 통해 '어른'이 되어 대학에 입학한다. 반면 한국 학생들은 학교나 학원이 퍼주는 지식을 받기만 하다 여전히 '아이'인 채로 대학에 진학한다.

이 차이는 자기 주도성과도 관련된다. 자기 주도성은 스스로 사고하고 일을 처리하는 능력이다. 자기 주도적인 사람은 스스로 목표를 세우고 공부하는 법을 찾아간다. 기업이나 사회에서 말하는 인재도 스스로 학습을 하고, 어떤 문제에 부딪혔을 때 주도적으로 그 방법을 찾아나가고 해결할 수 있는 사람을 뜻한다.

그러나 한국 사회의 공부 방식은 자기 주도성과는 거리가 멀다. 아이 스스로 자기 주도성을 기를 수 있도록 훈련시키기보다는 학교나 학원에서 가르쳐주는 대로 따라하면 좋은 성적을 거두고 좋은 대학에 들어갈 수 있다고 가르친다.

중·고등학교 정도만 해도 자기 주도성이 있는 학생과 그렇지 않은 학생의 성적은 별 차이가 없지만, 대학에 들어가고 사회에 진출하면 달라진다.

자기 주도성이 있는 사람은 스스로 동기 부여를 하고 어떤 문제에 부딪혀도 해결하는 법을 스스로 찾으려고 노력한다. 하지만 자기 주도성이 없는 사람은 스스로 사고하고 일을 처리하는 능력이 떨어져 학습 부진으로 이어지고, 다른 학생들에게 추월당해 불안에 시달리기도 한다.

그렇다면 이렇게 자기 주도성 없이 대학에 들어가 수업 시간에 침묵하는 대학생들은 사회가 원하는 인재로 성장하고 있을까? 또한 대학은 진정한 인재의 탄생을 위해 제대로 역할을 하고 있는 것일까? 이를 알아보기 위해 오늘날 대학생들의 생생한 현실을 들여다볼 필요가 있다.

학점과 취업 경쟁에
내몰리는 청춘들

대학생의 현실은……

학자금 대출 "내가 왜 빚을 져서 학교를 다녀야 하는지 화가 났어요."

아르바이트 "4~5천 원 시급으로 하루 다섯 시간, 1년 일하면 겨우 등록금 벌죠."

학점 "내가 얼마나 성실하게 학교를 다녔는지 판단할 수 있는 기준."

혼밥과 아싸 "사회 트렌드인 것 같아요. 다들 자신의 취업 준비로 바쁘니까."

취업 "하반기 공채 넣는데 넣는 족족 다 떨어지는 거예요."

이상형 "마음이 넓고 세심하게 챙기는 사람."

1

세상에 나가기 위해
스스로 관계를 단절하다

대학교 앞 24시간 카페에서 노트북을 펼치고 공부하는 학생들의 모습은 요즘 흔하게 볼 수 있는 모습이다.

세종대 김시연 학생도 과제를 하려고 학교 근처 카페를 찾았다가 마침 과제하고 있는 친구와 마주쳤다. 시연이는 막차를 타고 집에 들어가려고 하지만, 그 전에 과제를 끝내지 못할 것 같아 걱정이다.

새벽 4시, 카페 직원들이 청소기를 돌리고 있다. 그 소리도 못 듣고 구석에서 쪽잠을 청하는 학생 중에 시연이도 보였다. 결국 막차를 포기한 모양이다. 6시 반에 겨우 일어난 시연이는 이른 아침 달리 갈 곳이 없어 다시 학교로 갔다.

학교 도서관도 밤늦게까지 불이 꺼지지 않는 공간이다. 어느 대학교의

● 시험 기간이면 책을 펼칠 수 있는 장소는 모두 학생들의 공부방이 된다. 밤 늦게까지 불이 켜져 있는 카페(위)와 대학교 도서관(아래).

도서관, 밤늦은 시각임에도 도서관 자리 번호표를 뽑으려는 학생들로 줄이 길게 늘어섰다. 도서관은 공부하려는 학생들로 자리 맡기가 힘들다. 특히 시험기간이면 도서관 자리 잡기 전쟁이 벌어져 적어도 새벽 5시에는 도착해야 자리를 차지할 수 있다.

학생들이 졸음을 참으며 이처럼 열심히 공부하는 이유는 무엇일까?

경기대의 한 학생은 "완전 무한경쟁 시대인데, 대학에서 여유 있게 낭만을 추구한다는 게 아예 불가능하다고 생각한다. 하고 싶어도 못한다"라는 말을 했다. 낭만을 추구하는 학생이 오히려 이상한 사람이라는 말도 덧붙였다. 그러다 보면 나중에는 도태되고 만다는 것이다.

충남대의 한 학생은 "학점에 치여서 저 사람도 밤 새고 열심히 하는데 나라고 가만히 있을 수도 없다"는 말로 바쁜 학교생활을 묘사했다. 그의 말처럼 경쟁 사회를 살아가는 대학생들에게 경쟁에서 이기는 것은 인생 최대의 과제로 다가온다.

오늘날 대학생활은 꿈을 찾기보다 취업 준비에 매달려 기업이 원하는 인재에 가까워지기 위해 노력하는 시간이다. 해마다 기업의 인재상에 맞춰 해야 할 공부는 많아지고 쌓아야 할 스펙도 늘어나기만 하는 게 현실이다.

세상 사람들은 경쟁에서 살아남기 위해 더욱 독해지라고 말을 한다. 공부도 독하게 하고, 살도 독하게 빼고, 노후 준비도 독하게 해야 성공할 수 있다고 조언한다.

세상은 과거보다 풍요로워졌지만 오늘날을 살아가는 대학생들은 불안하기만 하다. 자기 자신을 채찍질하지 않으면 낙오될지 모른다는 두려움이 크기 때문이다. 미래의 성공을 위해서는 현재의 안락함과 즐거움은 방해물이 될 뿐이다.

경쟁에서 살아남기 위해 자꾸만 독해지라고 주문하는 세상 속에서 대한민국의 청춘들은 어떻게 살고 있을까?

우리는 안녕하지 못한 대학생입니다

2013년 한 대학가 게시판에 붙은 '안녕들하십니까' 대자보가 대학가를 강타했다. 대자보는 지금과 같은 위기의 현실이 어디서부터 시작되었는가를 묻는 것으로 시작해, 안타깝게도 삶이 팍팍해지면서 많은 것들에 침묵하게 되었다는 고백으로 끝을 맺었다.

당시 언론에 보도됐던 파업에 참여한 철도 노동자들의 직위 해제, 국가 기관의 선거 개입 논란, 밀양 송전탑 건설 문제 등 우리 삶과 맞닿은 주요 사건들을 되짚어가면서 안녕하지 못한 사회에서 당신은 안녕하냐고 묻고 있었다.

고려대 주현우 학생이 쓴 이 대자보는 곧 SNS를 타고 번졌고, 이에 화답하듯이 50여 개의 대자보가 순식간에 다른 대학가에 내걸렸다. 누가 먼저랄 것도 없었다. 전국의 대학생들이 같은 목소리로 나도 안녕하지 못하다고 토로하고 서로의 안녕을 물었다. 학생들은 등록금 문제로, 취업 문제로 살기가 너무 팍팍하다고 이야기했다.

대학생들에게서 시작된 안녕함의 문제는 사회로 퍼져나갔다. 각 계층과 세대들이 여기에 호응했다. 중·고등학생들은 오로지 대학에 들어가기 위해 친구를 경쟁자로 몰고 점수로 평가받는 현실을 말했고, 초등학생까지도 마음껏 놀고 싶은데 학원 시간에 쫓겨 힘들다고 말했다.

대기업에 취업한 직장인들도 안녕하지 못하기는 마찬가지였다. 한 직

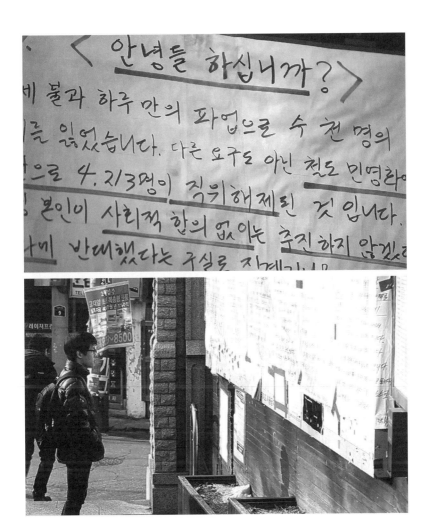

● 차별, 억압……. 그동안 우리가 침묵했던 것들을 일깨우는 '안녕들하십니까' 대자보. 살아 남기 위한 경쟁 속에 오로지 점수로 평가받는 대학생들의 냉혹한 현실에 안부를 묻는다.

장인은 남들이 부러워하는 대기업 취업에 성공했지만 빡빡한 사회생활은 기대와 달랐고, 이것이 성공이 맞는지 고민스럽다고 말했다.

안녕하지 못한 현실이 대학에서부터 촉발된 데에는 이유가 있을까? 안녕들하십니까 현상은 2년 전, "오늘 나는 대학을 그만둔다. 아니, 거부한다"고 말한 고대생 김예슬 씨의 자퇴 선언과도 무관하지 않다. 당시 김예슬 씨는 "큰 배움도 큰 물음도 없는 대학에서 나는 누구인지, 왜 사는지, 무엇이 진리인지 물을 수 없었다"라고 말했다.

대학에 입학하기까지 어른들은 줄기차게 말한다. 너희의 인생은 몇년 후 너희가 갈 대학이 결정해 줄 거라고. 1점으로 인생의 승부가 갈리는 치열한 입시 전쟁터에서 대학생이 된다는 것은 절반의 성공을 거두는 것과 마찬가지라고. 그러나 아직 모자란 성공 이력서를 채우기 위해 대학에 와서도 해야 할 일이 많다. 게다가 그 절반의 성공 뒤에서 오히려 대학생들은 더 많은 불안과 무력감에 시달리고 있다.

이 지점에서 '안녕들하십니까' 현상과 김예슬 씨 자퇴 선언은 이 프로그램의 타이틀인 '왜 우리는 대학에 가는가?'라는 질문과도 맥락을 같이하다 대학의 주인공이어야 할 대학생들은 과연 대학이란 일상이 공간에서 안녕할까라는 물음이다.

그래서 우리는 대학생 스스로 들려주는 대학생의 이야기들에 귀 기울여보기로 했다. 이것이야말로 오늘 우리 대학의 가장 적나라한 현실이기 때문이다.

이를 위해 서울대, 경기대, 부산대, 세종대, 충남대, 한국외대, 한예종, 단국대, 한동대, 연세대 전국 10개 대학 44명의 대학생들이 뭉쳤다. 대학생들은 제작진이 맡긴 카메라를 들고 6개월 동안 또래의 일상을 따라다니며 진짜 대학생들의 모습을 보여주게 된다. 촬영 분량만 거의

300시간에 달하는 대장정이었다.

'이유 있는 아픔과 청춘을 향한 영상'이라는 부제가 붙은 이번 기록에서 각 대학의 학생들은 배움, 관계, 시험, 연애, 돈, 취업 등 그들이 처한 고단한 삶을 이야기했다. 12년 동안 입시 전쟁을 치르고 대학생이 됐지만, 다시 학점과 취업이라는 장애물 앞에서 필사적으로 살아남기 위해 고군분투하는 청춘의 민낯을 공개했다.

대학생의 新풍속도 '혼밥'과 '아싸'

촉촉이 비가 내린 단국대 캠퍼스. 비가 내려서인지 가까운 학생회관 식당 안은 요기를 해결하려는 학생들로 붐볐다. 단국대생인 민형철 학생도 학생식당을 찾았다.

형철이는 오늘도 혼자 점심을 먹는다. 대학가의 새로운 풍속도인 '혼밥', 혼자 먹는 밥이다.

형철이는 혼자 밥 먹는 이유를 '친구들과 시간 맞추기도 어렵고, 지금 4학년 2학기라서 각자 하는 일이 달라서'라고 말했다. 1, 2학년 때 잘 놀았고, 이제 4학년이 되었으니, 남들보다 더 열심히 해야 할 시기가 되었을 뿐이다. 밥 먹는 게 그렇게 큰일도 아니고, 매일 먹는 일상 아닌가.

형철이의 말처럼 식당 내에서 혼자 먹는 학생들을 어렵지 않게 발견할 수 있었다. 몇 년 전만 해도 혼자서 밥을 먹으면 주변에서 불쌍하게 처다보거나 왕따 취급을 하며 힐끔거렸다. 주변의 껄끄러운 시선을 감당하느니 차라리 굶겠다는 학생들도 많았다. 하지만 최근에는 혼밥하는 학생들이 많아져서 혼자 먹는다고 딱히 이상하게 보는 사람은 없다.

혼밥은 현실이다. 무엇보다 혼자 밥을 먹는 이유는 시간의 효율성 때문이다. 거의 하루의 반을 학교에서 지내지만 친구와 서로 시간을 맞추기가 꽤 어렵다. 취업을 눈앞에 둔 4학년이 되면 더욱 그렇다. 각자 취업과 관련해 준비해야 할 것도 다르고, 시간은 모자라다.

혼밥 하는 학생들은 혼자 밥을 먹는 일이 별로 문제될 것도 없거니와 오히려 더 편한 점도 많다고 했다. 같이 먹으려면 옆 사람에게 신경 쓰고 보조를 맞춰야 하지 않는가. 게다가 대화의 기술도 필요하다. 밥 먹다가 대화가 끊어지면 그만큼 어색한 순간도 없다.

하지만 혼자 밥 먹기가 익숙하지 않거나 말 상대도 없어 밥을 서둘러 먹다 급체라도 하거나 아니면 혼자 밥 먹기가 편해져 이러다 사회성이 떨어지는 건 아닐까 하는 두려움이 찾아올 때도 있다.

이럴 때는 밥터디가 실용적이다. 밥터디는 각자 공부하다가 모여서 밥을 함께 먹는 모임이다. 밥터디는 내 공부를 하면서 규칙적인 생활을 유지할 수 있다는 장점이 있다. 혼자라는 외로움을 달랠 수도 있고, 새로 만나는 사람들과 밥을 먹으며 정보를 교환하는 등 실질적인 도움도 얻을 수 있다.

하지만 속내를 터놓을 수 있는 친구가 되는 건 사양한다. 일부러 친구들과의 관계를 줄이고 시간의 효율성을 위해 택한 길인데, 다시 친구를 만들면 원래 계획이 수포로 돌아가는 것과 다름없기 때문이다.

혼밥이 더욱 발전한 형태도 있다. 이른 아침, 부산대생인 정예인 학생이 캠퍼스 한쪽, 낙엽 떨어진 벤치에 앉아 혼자 공부하고 있다. 운치 있는 가을 풍경을 앞두고도 예인이의 표정은 심각하기만 하다. 곧 있을 면접을 준비하느라 아무것도 눈에 들어오지 않는 눈치다.

예인이는 취업 공부를 위해 주변과 관계를 끊은 지 2년째다. 사람들은

● 혼밥(위), 밥터디(아래)…… 치열한 학점 경쟁과 취업 준비를 위해 스스로 인간관계를 차단하는 문화가 캠퍼스에 확산되고 있다.

예인이와 같은 친구들을 자발적 아웃사이더, '아싸'라고 부른다.

학생식당에 자리 잡은 예인이는 집에서 준비한 도시락과 신문을 꺼내 들었다. 시간도 없고, 간단하고 편하게 먹기에는 도시락만한 게 없다. 밥을 먹으면서도 예인이는 쉬는 법이 없다. 신문을 펼쳐들고 그날의 기사와 사설들을 정독했다.

예인이의 꿈은 기자다. 주변에서 기자는 들짐승처럼 뛰어야 하는 활동적인 직업이라고 하지만 기자가 되기 위한 과정은 영어 공부, 언론사 기출 문제 분석 등 정적이기만 하다. 도서관에서 양치질을 마치고 예인이가 가장 먼저 꺼내든 것도 영어 면접 책이었다.

자발적 아웃사이더가 되기 전까지 예인이의 대학생활은 활발하고 도전적이었다. 사람을 좋아해서 만나는 선후배들도 많았다. 3학년 2학기가 되자 그녀는 그동안의 생활을 독하게 청산했다. 그때를 생각하면 '진짜 힘들었다'는 말이 절로 나온다. 지금은 그나마 막바지에 이르러 적응 단계에 이르렀다고 자평했다.

아싸에 적응하는 단계라고 말하지만 거의 매일 혼자 지내는 생활이 힘들지 않을까? 예인이는 다음과 같이 대답했다.

"소속감이 없는 게 많이 외로워요. 왜냐하면 우리는 어렸을 때부터 '어디 중학교 누구입니다' '어느 고등학교 누구입니다'라고 하고 대학교에 와서도 '어느 대학교 누구입니다'라고 자기를 소개해 왔잖아요. 이제는 '어디에서 일하는 누구입니다'라는 게 붙어야 하는데, 받아주는 데가 없어요. 나를 소개하는 글을 읽고 (기업에서) 나를 떨어뜨려요. 그 기분이 되게 묘하죠."

혼자 대학생활을 해야 하는 아싸의 가장 큰 적은 외로움이다. 하지만 그녀는 이 시간을 견뎌내지 못하면 낙오자가 될지 모른다는 두려움이 외로움마저 밀어낸다고 했다.

단국대 형철이도 인생에서 친구는 중요하지만 지금은 친구보다 취업이 더 중요한 시기라고 말했다. 혼밥을 하고 아싸가 되기 전까지 그도 친구들을 좋아하고 놀기 좋아하는 대학생이었다. 친구들이랑 시간을 맞춰 약속을 잡고 때로는 술잔을 기울이며 속엣말을 하다 보면 막차가 끊겨 밤을 새우는 일이 많았다. 자발적 아웃사이더가 된 뒤로는 집에도 더 일찍 오게 됐다.

지금의 생활이 힘들 법도 하건만, 형철이는 뚜렷한 목표가 있기 때문에 괜찮다고 말했다. 사람마다 각자의 삶이 있듯 학교에서 친구들과 함께하는 시간이 없다고 해도 아쉽다고 생각하지는 않는다. '지금 현재에 충실하면서 취업 준비를 하는 게 더 맞다'고 판단했기 때문이다.

사회구성원이 되기 위해 스스로 고립을 택하다

실제로 2012년 한 취업 포털 사이트가 대학생 443명을 설문조사한 결과 74.9퍼센트가 나홀로족으로 나타났다. 나홀로족이 혼자 하는 것으로는 도서관에서 공부하기가 가장 많았고, 수강 신청 및 수업 듣기가 뒤를 이었다.

혼자 다니는 이유로는 '시간을 효율적으로 활용할 수 있어서(46.7%)' '혼자 있는 것이 익숙하고 편해서(36.1%)'를 꼽았다.

나홀로족, 다시 말해 자발적 아웃사이더는 히키코모리와는 다르다.

우리말로 은둔형 외톨이라 불리는 히키코모리는 사회생활에 적응하지 못하고 집안에 틀어박혀 있는 사람을 가리키지만, 자발적 아웃사이더는 대인 관계에 이상이 있어서 혼자 지내는 사람이 아니다. 시간을 효율적으로 활용하기 위해 스스로 한시적으로 혼자이기를 택한 사람들이다.

초·중·고등학교의 왕따하고도 다르다. 왕따와 자발적 아웃사이더를 구분 짓는 특징 역시 자발성이다.

대학생 스스로 아웃사이더를 선택하는 이유는 대학에서 찾아야 한다. 계속되는 경제 불황에 기업의 구인율이 낮아지며 '취업의 전진기지'가 돼버린 대학 내의 상황은 더욱 팍팍해질 수밖에 없다. 《한국대학신문》이 '2014 전국 대학생 의식 조사'를 한 결과 대학에 들어온 이유로 '취업에 유리한 조건을 획득할 수 있다'고 대답한 대학생들이 가장 많았다.

자발적 아웃사이더를 선택하는 좀더 근본적인 원인으로 중·고등학생 때는 교실이라는 좁은 공간에서 마음을 나눌 수 있는 친구를 만드는 게 가능하지만 보다 넓은 인간관계를 형성하는 대학에서는 형식적이고도 가벼운 관계에 그치기 때문이라는 분석도 있다. 인간관계에 회의감을 느끼면서 최소한의 관계만 유지하고, 스펙 쌓기에 몰두하게 되는 곳이 대학이라는 이야기다.

사회 구성원이 되기 위해 고립을 택하는 아이러니한 상황이 어느 소속 집단에도 발붙이지 못하게 하고, 교감이나 공감 능력을 바탕으로 하는 공동체 생활을 더욱더 힘들게 한다는 전문가들도 있었다. 혼자 있는 편안함이 습관이 되어 불편함을 못 느끼게 된다는 주장이었다.

실제로 자발적 아웃사이더를 자처하는 학생들은 그 상황을 부정적으로 바라보는 경우가 적었다. 자신이 자발적 아웃사이더라고 대답한 학생의 절반 이상이 별 문제가 되지 않는다고 했고, 11퍼센트 정도만 대인 관계에 문제가 생길 수 있다고 답한 취업 포털 사이트의 조사 결과도 있다.

아싸가 개인의 자발적인 선택이라고는 하나 오늘날의 대학 문화가 만들어낸 새로운 인간형이라는 대학생들의 이야기는 더욱 설득력이 있다.

취업하기 위해서 학점, 어학 점수, 대외 활동 등 사회가 요구하는 스펙들이 너무 많고, 심각한 취업난에 하나라도 더 스펙을 쌓으려면 혼자 다니는 쪽이 편하다.

이들에게 관계 단절은 취업을 위한 대가일 뿐, 지금 자신의 삶이 만족스럽지는 않아도 앞으로의 만족스러운 삶을 위해 치러야 할 기회비용인 셈이다.

2

빚을 안고 시작하는
대학생활

　　대학 입시를 준비하는 학생들이 자주 듣는 말 중 하나가 "최
소 '인 서울(in Seoul)' 대학은 들어가야지"이다. 즉 서울에 소재한, 이름
을 알 만한 학교에 들어가야 한다는 말이다.

　성적이 우수한 지방 학생들은 서울 소재의 대학으로 유학하고, 졸업
후 서울에서 일자리를 구하려고 한다. 대학뿐 아니라 좋은 일자리도 수
도권에 몰려 있기 때문이다.

　미국 최고의 공립대학인 UC버클리는 미국 서쪽 끝인 캘리포니아 주
에 있다. 미국 수도인 워싱턴 D.C.에서 비행기로 6시간이 걸리는 거리다.
세계적으로 유명한 명문대인 옥스퍼드, 케임브리지 또한 영국 수도인 런
던이 아닌 잉글랜드 지역 옥스퍼드와 케임브리지에 위치해 있다. 세계의

대학들을 살펴보면 대학이 지역별로 고르게 안배되어 있어 지역 사회의 중심 역할을 하고 있다.

하지만 우리나라 대학은 수도권에 집중되어 있다. 이는 대학생들의 주거난으로 이어졌다. 그나마 저렴한 학교의 기숙사를 이용하고 싶어도 대기자가 많아 들어가기 힘들고, 대학 근처에서 하숙이나 자취를 해야 한다. 하지만 학생 신분으로 땅값 비싼 서울에서 해마다 치솟는 주거비를 부담하기란 만만치 않다.

한국외국어대 김진언 학생은 학교 근방에서 자취를 하고 있다. 저 멀리 학교 건물에 큼지막하게 쓰인 외대 로고가 보이는 곳이지만, 학교에서 가까운 편은 아니다. 조금이라도 싼 집을 얻으려면 학교에서 30분 거리에 있거나 반지하, 경사가 가파른 고개길을 오르내려야 하는 집을 고르는 수밖에 없다.

청년 주거 불안이 사회 문제로 떠오른 지는 오래다. 통계청에 의하면 만 29세부터 39세까지의 청년 가구 30퍼센트 이상이 지하나 옥탑방, 고시원 등 최저 주거 기준에 미달하는 곳에 살고 있다고 한다. 학교 문제로 서울에 상경한 대학생들이 많기 때문이다.

최근에는 주거 문제로 어려움을 겪는 학생들을 위해 연세대와 이화여대가 기숙사 신축에 들어갔다가 신촌 일대에서 임대업을 하는 주민 수십 명이 시위를 벌인 적도 있다.

전주에서 올라온 진언이가 혼자 산 지는 5년. 지금 살고 있는 곳은 쪽방 같은 원룸들이 다닥다닥 붙어 있는 곳이다. 진언이의 자취방은 단출하다. 진언이는 우스갯소리로 침실, 공부방, 드레스룸, 빨래 건조실 등 거창하게 소개하지만 둘러볼 필요도 없이 문간에 서면 한눈에 들어오는 좁은 방이다.

● 대학가 근처 덕지덕지 붙어 있는 월세 공고에 주거 불안으로 떠도는 '민달팽이족' 대학생들의 서러움이 묻어 있다.

한눈에 보기에도 알뜰한 살림살이다. 그나마 오늘은 장을 봐서 식료품이 풍성한 편이다. 큰 맘 먹고 쌀, 라면, 김, 계란과 가난한 자취생에게는 고급 반찬인 참치와 고추참치까지 샀다. 돈이 없을 때는 고추장만 큰 거 하나 사서 먹는다. 집에라도 갔다 오면 어머니가 싸쥬 반찬으로 버틸 수 있지만 그마저도 오래 안 간다.

그렇다고 집에 내려가기도 쉽지 않다. 집에 내려가려면 교통비로만 4~5만 원이 깨지니, 가난한 자취생에게는 그것도 부담이다.

진언이는 아나운서가 되기 위해 준비하고 있다. 아나운서 준비를 하려면 큰소리로 발음 교정 연습도 해야 하는데, 지금 사는 곳에서 연습하기는 불가능하다. 발음 연습을 하면 얇은 벽 사이로 소리가 새어나가 옆방에서 벽을 쿵쿵 친다. 시끄럽다는 항의 신호다.

생활비에 조금이라도 보태기 위해 일당 5만 원을 버는 아르바이트를 하고 있지만 수업 때문에 주말에만 한다. 진언이가 보증금 200만 원에 28만 원 월세방에 살고 있는 것을 부모님은 모른다. 혼자 자취하는 아들을 걱정하는 부모님에게 그가 할 수 있는 말은 그저 잘 지내고 있다는 말뿐이다.

고단한 자취 생활을 벗어날 수 있는 가장 큰 희망이 취업뿐이라는 점은 아직 팔팔한 2, 3학년생이든 취업준비생이든 마찬가지다. 진언이도 상반기 채용을 바라보며 지원서를 내고, 탈락하면 하반기 채용을 바라보며 토익 점수를 올리려고 학원을 다니거나 두꺼운 상식 책을 들여다볼 것이다. 졸업한 이후 취업의 공백이 길어질수록 점점 더 큰 불안과 공포에 시달려야 한다.

빚 청산에 바래는 청년의 꿈

취업 준비를 하는 데에도 생각보다 많은 돈이 든다. 학원을 다니거나 자격증을 따거나 공모전을 준비하는 모든 게 돈이다. 영어 학원을 수강하는 데 드는 돈은 수십만 원, 토익이나 오픽 시험을 치르려면 응시료로 4만 원에서 7만 원의 돈을 내야 한다. 추가로 자격증이라도 하나 따려고 하면 100만 원은 우습게 넘는다.

면접 비용은 물론 심지어 이력서용 증명사진을 촬영할 때도 취업 패키지라고 해서 메이크업, 헤어, 정장대여 세트로 10만 원 가까이 내야 한다. 취업을 준비하기 위해서는 공부가 급한 게 아니라 돈이 급하다.

대학생이 됨과 동시에 험난한 자취 생활을 시작한 한국예술종합대학교 08학번 정연주 학생도 사정은 비슷했다. 연주는 동기와 장위동에서 보증금 600만 원에 월세로 25만 원을 내는 곳에서 대학생활을 시작했다. 슬레이트로 지은, 제대로 된 대문도 없는 집이었다.

그래도 감지덕지, 살 집이 있다는 게 어딘가. 빠듯하게 아낀다고 아꼈는데도 월세가 감당이 안 됐다. 중간에 집을 빼고 다시 더 싼 월세를 구하기 위해 주변을 뒤졌다. 몇 달 새 월세는 5만 원, 10만 원씩 올라 있었다. 보증금 500만 원에 월세 25만 원을 마지노선으로 정했지만 그 돈으로는 부족했다.

아낄 돈도 없는 게 현실이었다. 요즘 서울에서 방을 구하려면 평균 1,000만 원 보증금에 월세 50만 원은 내야 한다. 그나마 대학가의 월세가 상대적으로 저렴한 편인데 그 점을 이용해 최근 직장인들이 대학가로 몰려오는 바람에 싼 월세를 구하기는 더욱 어려워졌다.

연주는 대학에 들어올 때부터 부모님과 한 약속이 있다. 집안 형편이 그다지 좋지 못해서 대학 입학 등록금만 집에서 받고 그 다음에는 스스로 해결해 나간다는 것이다. 그러나 혼자서 그 많은 학비를 감당할 수 없어 1학년 2학기에는 학자금 대출을 받았다.

실제로 우리나라 대학 등록금은 세계적으로도 비싸다. OECD 교육지표를 보면 한국의 대학 등록금은 미국 다음인 세계 2위, 가정에서 부담해야 하는 민간 부담 비율은 세계 1위였다.

독일 등 선진국의 경우를 보면 학생들은 무료로 대학에 다니고, 정부로부터 기숙사와 임대주택을 지원받거나 주거비를 지원받는다. 하지만 우리는 대부분 개인이 부담해야 한다. 민간 부담률이 OECD 평균의 4배에 달한다고 하니, 각 가정에서 대학 교육에 투자해야 하는 비율은 세계와 견주어도 압도적으로 높다.

여기에 주거비, 식비, 교통비, 용돈 등 최소한의 생활비까지 합치면 1년에

드는 돈은 대략 2,000만 원이다. 현실이 이러하니 대다수의 학생들은 치솟는 등록금과 생활비를 마련하기 위해 고심해야 한다.

시급 4~5천 원의 아르바이트로는 하루 다섯 시간씩, 1년을 일해야 겨우 한 학기 등록금을 마련할 수 있다. 그래서 연주는 최근 과외도 시작해 학자금 대출을 조금씩 갚아나가는 중이다.

지금까지 연주가 대출로 받은 돈은 줄 잡아 1,100만 원, 날이 대출이지 빚이 1,100만 원이라는 뜻이다. 대출금이 가난한 대학생을 위한 혜택이 아니라 빚을 지고 사는 무서운 현실로 다가왔다.

대학 졸업 후를 생각하면 더욱 암울하다. 빚을 갚는 것부터 시작해야 하기 때문이다. 지금의 상황을 바라보는 연주의 태도는 두 가지로 나뉘었다. '난 왜 돈이 없지? 내가 딴 사람보다 못난 게 뭐야? 세상은 불공평해!' 하며 돈 없는 현실에 분노하거나 물질적 부는 가치 없다고 자기 위안을 하는 것이다.

더욱 화가 나는 건 시간이 지나자 빚을 지는 상황에 익숙해지는 자신이었다. '갚아야 할 돈이 있는데 학교를 계속 다녀야 하나?' '빚을 어떻게 갚아야 하나?' 쌓이는 질문에 답은 보이지 않았다. 스물다섯의 나이에 가난이 생각보다 힘이 세다는 세상 이치를 깨달은 것이다.

3

요즘 캠퍼스에도
'사랑'이 있을까?

       취업하기 위해 아싸를 자처하고, 혼밥하며 일시적으로 관계 단절을 택한 청춘들에게 인간관계란 과연 무엇일까? 특히 청춘들의 특권이라 할 사랑과 연애는 오늘날에도 여전히 그 가치가 유효할까?

  실제로 많은 청춘들은 연애할 때도 사귀는 듯 안 사귀는 듯 가볍게 관계를 이어나가기를 선호한다. 이른바 '썸' 타기다. 사귀는 사이는 상대방이 어디서 무엇을 하는지 신경 써야 하는 책임감이 큰 반면 썸 타는 상대방에게는 책임감을 느낄 필요가 없기 때문이다.

  이러한 세태에도 누구에게나 이상형은 존재한다. 이상형은 저마다 다르지만, 청춘들이 꼽은 이상형의 공통점을 찾다 보면 대인관계에 대한 그들의 생각을 읽을 수 있다. "남녀의 사랑이야말로 이 세상에서 가장 위대하고 완벽한 정열"이라는 D. H. 로렌스의 말처럼 사랑은 관계의 정점이기 때문이다.

한동대 재학생들에게 이상형을 물어봤다. 이상형도, 그 이유도 다양했다.

"나는 얼굴 작고 까만 남자. 공유."
"다니엘 헤니요. 영어도 잘하고, 젠틀하고, 근육도 빵빵하고."
"하정우랑 이정재. 너무 좋아요."
"믿음이 좋아야 하고, 말이 잘 통해야 하고, 지적 수준, 취미가 맞는 사람."
"이민정, 눈 크고, 입술 도톰하고 매력 있잖아."

물론 현실에서는 하정우나 다니엘 헤니 같은 남자는 찾기 힘들다. 그렇다면 현실에 눈을 돌려 학생들의 주공간인 대학에서 이상형을 찾으면 어떤 결과가 나올까?

청춘들의 이상형을 찾기 위해 한동대 학생들이 독특하고 재미있는 실험을 계획했다. 이름하여 '현실적인 이상형 뽑기'다. 방법은 간단하다. 과에서 자신의 이상형을 투표하는 것. 물론 가장 많이 나온 사람이 그 과의 이상형이 되는 셈이다.

20명이 좀 넘는 학생들이 투표를 마쳤다. 결과를 기다리며 학생들은 두 손으로 바닥을 두드리고, 입으로 소리를 내며 분위기를 고조시켰다. 이상형으로 뽑힌 사람은 누구일까?

진행자가 한 여학생의 이름을 호명하자 학생들이 박수를 치며 큰 소리로 환호했다. 정작 안타깝게도 그녀는 그 자리에 없었다. 남학생들에게서 절대적인 지지를 받은 그 여학생의 매력은 과연 무엇일까? 남학생들만 모아 놓고 그녀를 이상형으로 생각하는 이유를 물었다.

"정말 결혼까지 생각하면 그만 한 아이가 없지."

"예쁘지, 성격 좋지, 성실하고."

"고등학교 때부터 이상형의 요건 중 가장 중요한 게 착한 사람이었거든요."

"밝은 에너지가 많고, 마음이 넓은 것 같아요. 어린데, 세심한 것까지 챙기는 부분이 있으니까."

어디에도 통하는 끌림의 원칙 '배려'

'내가 생각하는 완벽한 사람'. 이상형에 대한 사전적 정의다. 카메라를 든 7개 대학의 학생들이 또래 대학생에게 이상형을 물어보자 그 대답이 다양했다.

한 학생은 믿고 따를 수 있는 사람을 말했고, 다른 학생은 유머 코드가 맞는 사람을 꼽았다. 그밖에도 서로 함께 노력해 운명을 만들어갈 수 있는 사람, 배울 점이 있는 사람, 리더십 있는 사람, 가치관이 뚜렷한 사람 등 저마다 다른 대답이 나왔다.

키나 얼굴 등 외적인 면을 말한 학생은 극히 적고, 대다수가 외모보다 성격을 먼저 언급한 것은 의외였다.

한동대 이상형 찾기 실험에서 남학생들이 한 여학생을 1위로 뽑은 이유도 그녀가 주변을 세심하게 챙겨주는 마음, 즉 배려심이 깊기 때문이었다. 부산대에서 실시한 이상형 찾기 실험에서도 세심하게 잘 챙겨주는 남학생이 1위로 뽑혀 한동대와 비슷한 결과가 나오기도 했다.

SBS에서 방영한 다큐멘터리 〈성공의 비밀을 풀어라〉에서 노벨경제학상 수상자인 대니얼 카너먼은 "인생의 성공 뒤에는 끌림이 있다"고 했다.

인간은 감성적인 존재이기 때문에 끌림, 즉 호감을 주는 사람이 더 나은 삶을 산다는 의미다.

학교나 회사에서 생기는 갈등은 사람들과의 관계에 의해 생기는 경우가 많다. 그러므로 인간관계가 좋은 사람은 다른 사람들의 호감을 바탕으로 긍정적인 에너지를 발산해 뛰어난 문제 해결 능력을 발휘할 가능성이 높다.

앞서 이상형으로 뽑힌 학생들에게서 공통적으로 나타난 특징인 '배려심'도 상대를 끌리게 만드는 요소이다. 비록 청춘들은 취업을 위해 관계를 단절했지만 자신도 모르게 배려 등 함께함의 가치를 알고 있었다.

배려는 인성을 갖춘 인재상과도 부합한다. 실제 2014년 하반기 채용을 진행한 한 은행에서는 자기소개서에 배려, 행복, 지혜 등의 제시어를 주고 지원자의 가치관과 삶의 경험을 에세이로 써보게 했다. 고객과 만나는 일이 잦은 금융권의 특성상 고객과 공감할 수 있는 인성을 우선적으로 본 것이다.

그러나 지금까지 대학생들이 보여준 그들의 모습은 남을 세심하게 챙겨주고, 상대방의 입장을 헤아리는 배려 있는 행동이 아니었다. 취업을 위해 인간관계를 단절하고 스펙 쌓기에 올인하고 있었다. 이는 기업이 원하는 인재가 되기 위해서 학생들이 택한 방법이기도 하다.

그렇다면 대학생들이 선택한 지금의 방향이 올바른 것일까? 많은 기업에서는 진짜 이러한 사람들을 인재로 인정할까? 이 질문에 답하기 위해서는 진정으로 우리 사회가 원하는 인재가 누구인지에 대한 질문부터 해야 한다.

대학은 결승점이 아니었습니다.
그곳은 그저 취업으로 가는 첫 번째 관문이었죠.
우리들은 그렇게 취업 준비생이 되었습니다.
동시에 취업을 준비하는 학생들의 성적표인
이력서를 빽빽하게 채워나가야 했습니다.
대학을 가면, 스펙을 쌓으면, 취업을 하면
반드시 인정받으리라 믿고 뛰어왔던 길.
하지만 사회는 끊임없이 요구합니다.
인재가 없으니 인재가 되라고 말이죠.
오늘 청년들은 묻습니다.

누가, 인재입니까?

2부
/
인재의
탄생

당신은
인재입니까?

'인재'라는 단어가 주는 무게.

"사회에서 바라는 스물일곱은 빵빵한 스펙으로 가득 채워져 있어야 했습니다."

"지방 사립대를 졸업한 제가 사회에서 정말 가치 있는 사람일까요?"

"도대체 어떤 사람이 되어야 이 많은 자기소개서에 맞는 '인재상'이 되는 것인지

느껴보고 싶습니다."

"이 정도 학벌이면 부족한 건가요?"

1

인재의 기준을 말하다

과거 산업화 시대에는 공장이나 기계, 제품 같은 유형 자산이 국가 경쟁력이었다. 현대는 인재나 네트워크, 브랜드, 소프트웨어와 같은 무형 자산이 국가 경쟁력의 밑거름이 되는 시대다. 이에 따라 기업이나 사회에서도 핵심 인재를 확보하기 위한 전략이 치열하다. '인재 전쟁'이라는 말이 나올 정도다.

인재란 무엇인가에 대한 정의는 저마다 다르다. 골드만 삭스, 맥킨지 등 글로벌 인재들의 산실로 불리는 세계적인 기업에서 근무한 일본의 인재 전문가 도쓰카 다카마사는 자신의 저서 『세계 최고의 인재들은 왜 기본에 집중할까』에서 인재는 '기본'에 철저한 존재임을 강조한다. 화려한 스펙이 아니라 누구나 알지만 쉽게 지나치는 인간관계, 여유와 배려,

시간 엄수 등이 인재를 만든다고 말했다.

몇 년 전 SBS에서 방영한 다큐멘터리 〈인재 전쟁〉에서는 인재를 '자신이 원하는 것을 알고, 누구보다 열정적으로 그것을 즐기는 사람'이라고 정의했다.

인재에 대한 다양한 정의가 있지만 무엇보다 '인재란 무엇인가?' '어떻게 인재가 될 수 있는가?'라는 질문에 답하기 위해서는 자기 자신을 바라보는 것부터 시작해야 한다. 자신감과 자존심을 회복해야 새로운 도전에 나설 수 있기 때문이다. 어려운 일일 수 있지만, 결국 솔직한 자신과 대면하는 것, 여기서부터 인재의 탄생은 시작된다.

우리 사회에는 진정한 인재가 없다?

그렇다면 대한민국에서 대학을 통해 만들어지는 인재의 현실은 어떠할까? 제작진은 대학생 최고의 관심사인 취업을 중심에 놓고 현실적인 문제들을 짚어보기로 했다.

취업의 다른 말은 인재 채용이라고 할 수 있다. 그러므로 취업을 준비하는 대학생들에게 가장 절실한 것은 지금 자신이 사회가 원하는 인재로 성장해 가고 있는지 아닌지를 점검하는 것이다. 그 전에 과연 올바른 인재상이란 무엇인지, 내가 그에 대한 정확한 나침반을 갖고 있는지를 확인하는 것이 시급하다.

앞서 10개 대학의 학생들이 진짜 대학생들의 이야기를 들려주기 위해 카메라를 들고 대학 캠퍼스를 돌았을 때 그곳에서 만난 청춘들은 하나같이 '사는 게 힘들다'는 말을 들려줬다.

취업하려면 대학생들에게 학점, 대외활동, 영어, 해외연수 등 원하는 게 정말 많다는 것이다. 그럼에도 소위 성공한 사람들이 대중매체에 나와서 '꿈을 가져라' '너만의 길을 가라'고 말해서 학생들은 오히려 혼란스럽다고 했다. 사회가 원하는 '스펙'을 위해 달려왔는데 이제는 '스토리'를 가지라고 말한다.

많은 사람들이 아직까지 소위 명문대생이나 스펙이 많은 사람을 인재라고 부른다. 외면적인 성과나 수치로 인재를 판별하는 것이다. 그러나 글로벌 시대에 기업과 사회에서 요구하는 인재는 좀더 복합적이다.

어느 기업은 '자유 의지, 자기 실현, 자기 경영'에 적합한 인재를 요구하고, 또다른 기업은 '자신이 좋아하는 것에 미쳐야 좋은 인재가 된다'고 강조한다.

기업마다 인재상이 조금씩 다르다 보니 '인재란 무엇인가'라는 사회적 질문에 답하기란 그리 간단하지 않다. 사회 진출을 앞둔 당사자들의 혼란은 더하다.

'인재란 누구인가?' '우리 모두 인재가 될 수 있을까?' 이러한 물음으로 제작진은 우리 시대 인재의 진정한 의미와 자질을 제대로 조명해 보기로 했다.

〈인재의 탄생〉이라는 타이틀 아래 전국에서 현재 취업을 준비하는 대학생들의 고민들을 들어보고, 대학생들이 인재로서의 성장에 걸림돌이 된다고 생각하는 대표적인 것들을 전문가들과 함께 찾아보고 해결해 나가기로 했다. 이 과정을 통해 인재에 대한 올바른 기준을 세우고 구체적인 변화와 성장의 방법들을 모색하고자 했다.

우선 각 대학에 현재 취업을 준비하는 학생들에게 〈인재의 탄생〉에 도전할 지원자를 찾는 공고를 보내고, 동시에 EBS 홈페이지에도 게시해

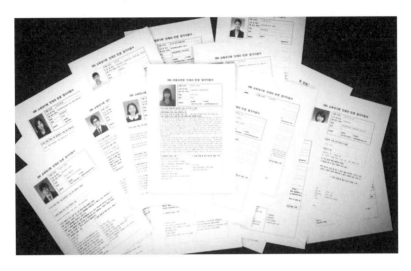

● "제가 사회에 정말 필요한 사람인가요?"라고 물어보는 듯한 수많은 지원서들. 사회 진출을 앞두고 고군분투하는 대학생들의 절박함이 그대로 묻어 있었다.

인터넷으로 신청을 받았다.

2013년 5월 〈인재의 탄생〉 공고를 내고 참가 신청서를 접수했다. 전국 곳곳에서 수많은 대학생들과 취업준비생들이 제작진 앞으로 지원서를 보냈다. 그들이 쓴 지원서에는 앞만 보고 달리느라 한 번도 갖지 못했던 의문과 질문들로 가득 차 있었다.

"사회에서 바라는 스물일곱은 빵빵한 스펙으로 가득 채워져 있어야 했습니다."

"대학이란 곳은 도대체 뭘 하는 곳이며, 내가 지금 왜 이것을 배워야 하는지, 대한민국 대학생은 진단과 처방 없이 버티고 있습니다."

"지방 사립대를 졸업한 제가 사회에서 정말 가치 있는 사람일까요?"

"도대체 어떤 사람이 되어야 이 많은 자기소개서에 맞는 '인재상'이 되는 것인지, 시대가 요구하는 '참된 인재'가 무엇인지 직접 느껴보고 싶습니다."

어떤 학생은 글을 알기 시작했을 때부터 학원과 학교를 오가다 대학생이 되었고, 대학생이 되면 자신이 하고 싶은 걸 할 수 있을 거라고 기대했지만 다시 취업이라는 현실의 벽에 부딪혔다고 했다. 자부심이 컸던 학교가 취업을 준비하는 동안 내세울 만한 학벌로는 부족하다는 걸 깨달았다는 쓸쓸한 고백도 있었다.

토플 만점에 학교 성적도 뛰어난 동기가 부럽다는 학생도 있었고, 기업에서는 열린 인재를 뽑는다고 하지만 열린 인재가 되고 싶지 않은 학생이 어디 있겠느냐고 반문하는 학생도 있었다.

사연들은 조금씩 달랐지만 그들은 한목소리로 취업의 어려움을 이야기하고 있었다. 등록금, 생활비 등 경제적 현실이 자신들을 압박해도 이를 이겨낼 것은 취업뿐이라 믿고 사회가 원하는 스펙을 쌓기 위해 이를 악물었다고 했다.

그러나 막상 스펙을 쌓고 사회의 문을 두드렸을 때 그들에게 돌아온 것은 '당신들은 인재가 되기에 부족하다. 우리 사회에는 진정한 인재가 없다'는 냉정하고 당혹스러운 대답이었다.

잇따른 취업 실패로 좌절을 맛본 학생들은 미래에 대한 확신이 없다고 말하면서도 한편으로는 또다른 자신의 가능성을 기대하고 확인하고 싶어했다. '내가 사회에 필요한 사람인가' '사회가 바라는 인재상인가'에 대한 객관적인 평가를 바라는 절박한 마음이었다.

인재는 누군가가 만들어주는 게 아니다

한 달 후 제작진은 지원서를 보낸 지원자들 중 후보를 선별해 사전 인터뷰를 하고, 최종적으로 다섯 명을 선정했다.

지방대 출신이라는 한계에 부딪혀 자신감을 잃은 엄지아(대구가톨릭대 국제행정학과 졸업, 26세), 스펙 쌓기를 성공 지표로 삼다 브레이크가 걸린 김관우(중국 베이징대 행정경영학과 3학년), 목표는 있지만 갈 길을 찾지 못하고 방황하는 김성령(서울대 법학과 졸업, 28세), 의사소통이 뛰어나지만 불안한 태도를 지닌 정세윤(동국대학교 경영학과 4학년), 창업 정신이 기업 취업에 장애가 되는 김춘식(한양대학교 정보시스템학과 졸업, 26세) 씨가 〈인재의 탄생〉의 주인공이다.

이들 다섯 명이 들려주는 고민은 지금 대다수 대학생들의 고민이기도 하다. 취업을 준비하면서 장애가 되었던 각자의 문제점들은 단순히 개인적인 고민이 아니라 우리 대학과 사회의 현실까지 폭넓게 반영하고 있다.

다섯 명이 진정한 인재의 모습으로 거듭나게끔 지원해 줄 전문가 집단도 구성됐다. 인재 전문가 조벽(동국대 석좌교수), 감정코칭 전문가 최성애(심리학 박사), 기업 인사 전문가 조미진(H회사 인재개발원 상무), 글로벌 인재 전문가 딘 우드게이트(前 호주대사관 교육부 참사관), 인재 스카우트 전문가 유순신(Y회사 대표) 씨다.

〈인재의 탄생〉 프로젝트는 기본적으로 멘토링 형식으로 진행된다. 지원자들은 조벽 교수와 함께 멘토링 과정에 참여해 단체 미션을 수행하면서 일 대 일 멘토링을 진행하게 된다. 필요에 따라 다섯 멘티와 멘토들은 개별 멘토링을 병행하게 된다.

다섯 명의 전문가들은 멘토로서 지원자들이 스스로 미션을 잘 수행하도록 독려하고, 그들이 개인적인 어려움에 부딪히면 필요에 따라 조언하는 역할을 한다.

전문가와 제작진이 이들에게 무엇을 더 가르치는 교육이 아니라 멘토링을 선택한 데에는 이유가 있다. 인재는 누가 만들어주는 것이 아니라 스스로 자신이 누구인지 아는 것으로부터 시작하기 때문이다.

그러므로 다섯 명이 자신의 능력과 재능을 어디에 어떻게 쓸 것인지 가치관과 비전을 이야기하고 자기 안에 흔들리지 않는 중심을 세우는 것이 필요하다. 그러기 위해서는 외부의 개입을 최소화하는 멘토링이 가장 적합했다. 또한 멘토가 개입하더라도 누구라도 쉽게 접하고 실천할 수 있는 방식이라야 했다.

2013년 7월, 지원자들과 멘토들이 만났다. 첫 만남은 블라인드 식사 면접이다. 3개로 나뉜 테이블이 있는 스튜디오에서 지원자들과 전문가들은 뷔페식으로 차려진 음식을 먹으며 자유롭게 대화를 나누게 된다. 지원자들의 자질과 가치관을 선입견 없이 보기 위해 멘토들에게는 지원자들의 개인 정보를 알려주지 않았다.

마찬가지로 지원자들에게도 전문가와의 만남이라고만 설명하고 나머지는 스스로 알아가도록 했다. 처음으로 얼굴을 대면한 지원자들과 멘토들은 각자 좋아하는 음식을 들고 테이블에 섞여 앉았다.

자연스럽게 자신을 소개하고 서로에 대해 궁금한 점을 묻고 답하는 소리가 스튜디오에 울렸다. 멘토들은 지원자들이 앉은 테이블을 돌며 신중하게 그들을 만났다. 어느새 가벼운 이야기와 지난 실패로 힘들었던 기억들이 허심탄회하게 오가는 자리가 되었다.

블라인드 면접이 끝나고 멘토들이 모여 블라인드 면접 동영상을 모니

● 블라인드 식사 면접을 하고 나서 멘토 다섯 명은 지원자들의 성격과 태도 등 인재로서의
특성을 복기하며 신중하게 평가했다.

●● 며칠 뒤 조벽 교수가 지원자들을 만나 멘토 다섯 명의 평가를 들려주고, 지원자들의 도
전 의지를 다시 확인했다. 지원자들은 자신들에 대한 평가에 혼란스러워하면서도 인재로 성
장하기를 간절히 바랐다.

터링하며 지원자들의 면면을 살폈다.

　3일 뒤 방송국 스튜디오에서 조벽 교수와 지원자의 일 대 일 멘토링도 진행됐다. 일 대 일 멘토링은 지원자 각자에 대한 멘토들의 평가를 가감 없이 들려주고 프로젝트에 임하는 자세와 각오를 다지는 자리였다.

　이제부터 다섯 명은 지금껏 취업에 이르는 성공 법칙이라고 생각했던 조건들에 대한 편견을 깨고, 진지하게 생각해 본 적 없던 자신의 문제와 마주하게 된다. 때로는 눈물로, 때로는 더 큰 혼돈 속에서 자신의 문제를 돌아보고 냉철하게 분석하면서 인재란 무엇인가에 대한 답을 스스로 찾아나가게 될 것이다.

2

실패에 대한 두려움에
가로막히다

스스로 한계에 자신을 가두어버린 엄지아 씨

　　　최근 공공기관을 중심으로 지방대생 채용을 확대한다는 발표가 있었다. 대기업들도 신입사원의 30퍼센트를 지방대 출신으로 채용하겠다고 발표했지만 여전히 보이지 않는 유리벽은 존재한다. 대학 지표를 취업률로 따지는 탓에 지방대의 위상은 서울 소재의 대학과 비교해 많이 떨어진다. 좋은 일자리도 대부분 수도권에 몰려 있어 취업 시즌이 되면 지방대생의 설움과 자괴감이 더욱 커진다.

　엄지아 씨도 지방 대학 출신이다. 대구 가톨릭대학교 국제행정학과를 졸업한 지 벌써 2년. 모교에서 1년간 사무 조교로 일을 하고, 조교의 경력을 살려 대학교 교직원이 되기 위해 어학원을 다니면서 토익과 토익 스피킹을 공부하고 있다.

블라인드 식사 면접에 대구에서 온 엄지아 씨가 먼저 도착했다. 지아 씨는 새벽 5시 48분 서울행 기차를 타려고 새벽 4시에 일어난 데다 전날 짐을 싸느라 3시간 밖에 못 잤다고 했다. 몇 번 안 와본 서울이 낯설고, 멘토들을 만나는 긴장된 자리임에도 지아 씨의 말과 행동에는 여유가 있었다.

스튜디오에 들어가 멘토들과 첫 인사를 나누고, 자기소개를 하며 대화를 나누는 중에도 지아 씨는 밝은 표정으로 멘토들과 눈을 마주치며 예의 바르게 대답했다.

하지만 분위기가 무르익고 진로에 대한 질문으로 화제가 넘어가자 지아 씨의 초조감이 드러났다. 졸업한 지 2년이 되어가지만 취업하지 못한 것에 대한 심적인 부담감이나 불안이 그대로 전해지는 대답이 반복됐다. 벌써 미래의 실패를 예상하고 체념한 듯한 모습이었다.

그러나 멘토들이 지아 씨에게서 느낀 첫 인상은 지아 씨의 불안이나 초조함과 같은 부정적인 면이 아니었다.

멘토들이 눈여겨 본 것은 그녀의 태도이다. 유순신 대표는 얼굴이 환하고 얘기할 때도 반드시 눈을 맞추는 지아 씨의 태도를 상기하며 "이력서나 자기소개서를 다 가리고 기업 입장에서 인터뷰해 봤을 때는 굉장히 높은 점수를 줄 수 있을 것"이라고 후하게 평가했다. 딘 우드게이트 참사관의 "직접 이야기를 나눠보면 좋은 기운과 정신력을 가지고 있는 괜찮은 여성"인 것 같다는 호평도 이어졌다.

눈을 마주치는 것은 마음을 열고 상대의 말에 공감하고 진심을 다해 듣고 있을 때 나타나는 행동이다. 자신의 이야기에 적극적으로 공감한다고 생각하면 상대도 서서히 마음의 벽을 허물고 다가가게 된다.

또한 지아 씨의 겸손하고 자만하지 않는 태도, 조리 있는 말솜씨는 이

미 인재라는 생각이 들 정도로 건강하고 매력적이라는 멘토들의 평가가
이어졌다.

떨쳐버리지 못한 지방대의 굴레

사람을 대하는 태도에서 멘토들의 극찬을 받은 반면 지아 씨가 가진
독특한 버릇도 발견됐다. 젊은 사람답지 않게 구부정한 자세였다. 최성
애 박사는 이를 "허리를 못 펴고 사니까 본인이 계속해서 좌절감을 많
이 느끼는 것 같다"고 분석한다.

나이가 들면 노화 현상으로 자연스럽게 허리가 굽는다. 하지만 젊은
나이에 허리가 굽는 건 다른 원인이 있을 가능성이 크다. 그 이유를 최
성애 박사는 심리적인 측면에서 어려서부터 많은 부담감을 느끼고 성장
한 것은 아닌지 추측했다.

예를 들어 경제적으로 어렵거나 집안에 다른 문제가 많으면 아이들은
그것을 자기 탓으로 돌리고 죄책감과 불안에 휩싸이게 된다. 꼭 그런 것
은 아니라도 빨리 성공해서 부모님에게 보답해야 한다는 부담감이 자세
에 영향을 줄 수 있다는 것이 최성애 박사의 설명이다.

조미진 : 회사 몇 개 (면접) 봤어요?

엄지아 : (공채에) 지원을 많이 안 했어요. 겁이 나서. 지원한 것은 4~5개 되
　　　　는 것 같아요.

조미진 : 그래서 면접 인터뷰 해봤어요?

엄지아 : 아니요.

조미진 : 하나도 못했어요?

엄지아 : 네.

유순신 : 하고 싶은 건 뭐예요?

엄지아 : 원래 하고 싶었던 건 NGO나 국제기구에서 일하는 거였는데 그런 꿈의 직장에 들어가는 분들은 대부분 학벌이 좋은 분들이거든요. 그게 아니면 의류회사에서 일하고 싶었는데, 그건 전공자가 아니면 힘들다고 하더라고요.

유순신 : (국제행정학과라는) 전공을 보면 공무원이 될 생각도 했을 텐데요?

엄지아 : 생각했는데, 저에게는 도박 같았어요. (공무원 시험은) 안 되면 끝이잖아요.

지아 씨는 자신의 최종 진로를 대학교 교직원으로 정한 상태다. 대학교 교직원은 공무원 못지않게 대우가 좋아 또다른 '신의 직장'으로 불리는 직업이다. 연봉도 대기업 수준에 정년이 보장되고 복지 혜택도 좋아 취업준비생들 간 경쟁이 치열하다.

처음부터 지아 씨가 대학교 교직원을 생각했던 건 아니다. 조교로 근무한 경험과 학벌 차별이 없다고 해서 최근 찾은 차선책이다. 사실 중학교 때부터 그녀의 꿈은 유엔 난민고등판무관실이나 NGO 단체에서 일하는 것이었다. 세계에서 고통 받는 사람들에게 헌신하고 싶다는 이유도 있었다.

청소년 시기에는 꿈이 여러 번 바뀐다고 하지만 그녀의 꿈은 한때로 끝나지 않았다. 외교통상부에서 근무해 국제 정세를 익힌 다음 대학원에 들어가 전문성을 쌓고 유엔으로 근무지를 옮기겠다는 구체적인 로드맵도 세웠다. 국제기구에 진출하려면 관련 학과를 전공하는 게 유리하다는 주변의 말에 대학 전공도 국제행정학과를 선택했다.

대학에 합격하면서 자신의 꿈에 가까워지는가 싶었지만 현실은 달랐다. 주변 사람들은 유엔과 같은 국제기구는 꿈의 직장이라 소위 SKY(서울대·고려대·연세대)나 외국의 유명 대학 졸업생들이 차지한다며 그녀를 말렸다. 지방대생은 자격 미달이라는 뜻이었다.

답답한 마음에 자문을 구하기 위해 찾아간 대학 교수들의 말은 더욱 냉정했다. "지방대생들은 입학할 당시의 수준부터 다르다. 유학이라도 가지 않으면 국제기구에 입사하기 어렵다"며 현재 처지로는 중소기업에 가는 것이 최선일 수 있다고 했다. 어디를 가든 학벌은 중요했다.

남은 선택은 언제일지 모를 꿈을 좇든지, 현실과 타협하든지 둘 중 하나였다. 결국 수많은 고민 끝에 지아 씨가 선택한 건 현실과의 타협이었다. 대학교 교직원으로 진로를 정하긴 했지만 그 어디에도 지방대생을 위한 길은 없다는 씁쓸함이 계속 남았다.

지방대에 대한 인식은 최근 논란을 일으키고 있는 대학 평가에서도 여실히 드러난다. 최근 교육부가 대학 구조개혁 평가를 실시해 점수에 미달하면 정원을 감축하거나 퇴출하겠다고 하자 가장 먼저 지방대가 반발했다. 취업률, 신입생 충원율 등이 주요 평가 지표로 들어 있어 지방대에 불리할 거라는 주장이었다.

물론 지방대 출신이라고 해서 성공과 거리가 멀다고 단정할 수는 없다. 광화문 한복판에 이순신 장군상 대신 '탈의 중' 박스를 세워 최근 큰 화제가 됐던 인물이 있다. 광고 천재라 불리는 이제석 씨다.

그의 경력은 화려하다. 세계 3대 광고제의 하나인 원쇼 페스티벌 최우수상을 휩쓸고, 국립현대미술관 공사 가림막에 누드 모나리자를 그려 획기적인 아이디어로 세상의 이목을 집중시켰다. 그런 그도 지방대 출신이다. 유명해지기 전까지 각종 광고 공모전에 응모하고 수십 군데 지원서를 넣었지만 고배를 맛보아야 했다. '스펙'이 밀린다는 생각에 동네에서 간판을 그리는 일을 하기도 했다.

그가 지방대생으로서 느낀 차별과 불만은 지아 씨가 말한 것과 크게 다르지 않다.

한 대학교의 설문 조사에 의하면, 지방대생 1,000명 중 48.1퍼센트가 취업에서 불이익을 받은 적이 있다고 응답했다. 또한 취업에 불이익을 받은 적이 있다고 말한 학생 10명 중 7명꼴로 출신 학교와 학력 때문에 차별을 받았다고 밝혔다.

실제 지방대생들의 취업률은 2013년 기준 평균 취업률 56퍼센트에 훨씬 밑돌고, 대기업 취업률도 10퍼센트 남짓에 불과하다는 교육부의 통계도 있다. 지방대 출신이라는 점을 극복하기 위해서 학생들은 학점, 토익, 자격증 등의 스펙을 높이는 데 더 절박하게 매달렸다.

'저 사람은 토익 몇 점이지?'

지아 씨가 학교를 졸업하고 가장 신경 쓴 것은 토익이다. 그 이유는 간단하다. 단기적으로 점수를 올릴 수 있는 취업 스펙이 토익이라고 생각했기 때문이다.

학교 다닐 때는 토익에 신경 쓰지 못해 점수가 꽤 낮았고, 남보다 낮은 점수는 의외로 큰 콤플렉스로 작용했다. 조교를 하면서 과 사람들 앞에서 당당하게 어깨가 펴지지 않았다. 최성애 박사가 앞서 지적한 허리 굽은 자세도 이와 관련이 깊다.

취업한 친구들도 많은데 아직까지 취업한다고 토익 학원에 다니고 있는 자신의 처지를 생각하면 사람들 앞에서 저도 모르게 위축되곤 했다. 지금까지 나태하게 살아온 것만 같아 반성을 하기도 여러 번이다.

지아 씨의 영어 콤플렉스는 사람을 보는 기준도 바꿔놓았다. TV에 나오는 사람들을 보면 저도 모르게 '저 사람은 토익 점수 몇 점이지?'부터 생각한다.

영어 점수가 그렇게나 중요할까 의문을 가질 수도 있지만 실제로 대학생들이 전공 공부보다 더 많은 시간을 영어 공부하는 데 할애한다. 〈인재의 탄생〉 프로그램에 지원한 많은 대학생들도 영어 점수가 좋지 않아 취업에 실패했다고 생각하기도 했다.

한 취업 포털 사이트의 조사에서도 이같은 사실을 확인할 수 있다. 공채에 실패한 대학생들에게 그 원인이 부족한 토익 점수 때문이냐고 질문하자 과반이 넘는 지원자가 그렇다고 답했다. 45퍼센트의 학생이 취업하기 위해 가장 우선적으로 준비하는 것이 토익, 토플 등 공인어학시험이라고도 했다.

토익의 변별력이 낮아지면서 토익이 합격의 변수가 되는 일은 거의 줄었는데도 대학생들은 여전히 토익 점수가 합격의 중요 수단이라고 생각한다. 한국경영자협회가 조사한 2013년 대졸 신입사원 토익 평균 점수는 703점이지만, 아직까지도 800점은 넘어야 한다는 이유로 학원 단기 속성 과정에 등록해 영어 공부에 매달리는 학생들이 많다.

지아 씨는 스스로 부족한 영어 실력 탓에 위축된다고 말했지만 멘토들은 오히려 지아 씨의 영어 실력을 칭찬했다. 우드게이트 참사관이 영어로 질문하면 그녀는 짧게라도 자신이 하고 싶은 말을 했고, 질문을 이해하지 못했을 때는 다시 물어 확인했다. 유창하지는 않았지만 당황하지 않고 차분하게 할 말을 다하는 지아 씨는 결코 영어에 자신 없는 사람이 아니었다.

블라인드 면접을 마치고 3일 뒤, 스튜디오에서 조벽 교수와 지아 씨의 일 대 일 면접이 이뤄졌다. 블라인드 면접을 하고 나서의 소감과 앞으로의 다짐, 첫 만남에서 지아 씨를 본 멘토들의 평가 등을 말하던 조벽 교수가 지아 씨에게 물었다.

> "멘토들과 이야기 나누면서 알게 된 엄지아 씨와 직접 만나본 엄지아 씨. 여기서 상당히 혼란스러운 점이 있어요. 이력서에 굉장히 눈에 띄게 이런 단어들이 많더군요. 한심, 원망, 하소연, 포기, 주저, 절망, 허탈함, 방황, 비관, 움츠러듦, 무너짐, 작아짐, 질투, 좌절……. 엄지아 씨는 본래 어땠어요? 누가 진짜 엄지아 씨예요?"
>
> 태어나서 처음 듣는 질문에 지아 씨는 좀처럼 입을 열지 못했다. 가만히 생각을 고르다 뒤늦게 지아 씨가 한 말은 부끄러움이었다.
>
> "누가 너는 꿈이 뭐냐고 물어보거나 무슨 일을 할 때 어려움을 느끼면 자꾸 탓을 했던 것 같아요. 지금도 없지 않아 그런 게 있는 것 같아요. 제 스스로가 부끄러워요."

조벽 교수는 멘토들이 본 긍정적인 표정과는 다른, 글이나 말에 나타난 부정적인 이미지에 대해 묻고 있었다. 지아 씨에게는 멘토들의 평가에도 "이것 때문에 막히고, 저것 때문에 막히고 식의 사고와 심적 부담이 많다" "미리 실패를 예상하고 체념하는 경향이 있다" "원하는 것을 생각만 하고 시도는 하지 않는다" "재능이 있어 보이는 반면 자꾸만 어딘가 억울한 마음, 원망하는 마음이 보인다"와 같은 뼈 아픈 지적들이 이어졌다.

중심을 잡아주는 힘 '긍정'

엄지아 씨는 자신의 나이가 애매한 나이라고 했다. 그녀의 나이는 26세. 지아 씨는 남자와 여자 나이 26세를 다음과 같이 비교했다. 남자 나이 26세는 흔히 군대를 다녀오고 사회생활을 시작할 창창한 나이이고, 여자 나이 26세는 위화감이 느껴지는 나이라고.

스스로 졸업한 지 2년이 다 되어가는데 이뤄놓은 것 없다고 여기는 지아 씨에게뿐만 아니라 같은 또래의 여성들에게도 취업을 앞두고 나이가 주는 무게는 상당하다.

주변에서는 지아 씨 또래에게 아직 취업하기에 늦지 않은 나이라고, 기나긴 인생으로 보면 한두 살쯤 많고 적은 것은 아무것도 아니라고 말한다. 하지만 취업에 조급해지면 그런 말은 그다지 위로가 되지 않는다는 게 그녀의 솔직한 심정이다.

지아 씨는 지방대 출신, 토익 점수, 나이, 경제적 어려움 등의 이유를 들어 취업을 못할 수밖에 없는 상황으로 자신을 몰아세웠지만 제작진이 보기에 지아 씨의 스펙은 결코 남들보다 뒤떨어지는 편이 아니었다. 지원서에 적힌 이력에는 대학생 정책 캠프라든가 통일 아카데미 등 국제기구와 관련된 대외 활동이 풍부했다.

그렇다면 지아 씨가 말한 표면적인 이유 말고 취업에 실패한 진짜 이유가 있는 것은 아닐까? 멘토들과의 대화를 살펴보면 지아 씨는 자신의 진짜 문제가 무엇인지 정확히 알고 있었다.

"생각은 되게 많은데 겁이나 걱정이 많아서 실천을 못하거든요. 잘 모르는 사람이 제가 하는 말 들어보면 '말은 거창하고 이상적인데 현실감은 떨어진다'고 생각할 수도 있고, 또 '막상 말은 그렇게 하면서 실천은 안 하는 친구다'(라고 생각할 것 같아요)."

지아 씨는 실패에 대한 두려움으로 지금까지 도전다운 도전을 해본 적이 없다. 대개 가고 싶은 회사가 생기면 다른 사람들은 되든 안 되든 우선 지원서부터 보내고 보는데, 그녀는 먼저 취약점을 떠올리면서 자신을 심하게 깎아내렸다. 지원을 포기하는 자신을 합리화시키는 것이다.

그러다 보니 지원서를 낸 곳도 적고, 포기하고 내지 않은 경우도 많았다고 했다. 설령 서류 전형에 합격했다 해도 면접관들이 전공자도 아니면서 일을 잘할 수 있겠느냐고 부정적으로 말할 거라고 지레짐작했기 때문이다.

조벽 교수는 지아 씨에게 활짝 펼쳐나갈 수 없도록 스스로 자신을 옭아매는 덫이 있다고 했다. 지아 씨를 옭아매는 덫 중 하나가 '긍정적인 마음이 부족하다'는 것이라고 했다.

긍정적인 마음은 자존감을 높여준다. 자존감은 자신을 존중하고 사랑하는 마음이다. 자존감이 있는 사람은 자신을 소중히 여기고 다른 사람의 비난이나 자신의 실수에도 쉽게 흔들리지 않는다. 다른 사람과도 좋은 관계를 유지한다.

하지만 부정적인 마음이 강하고 자존감이 약하면 스스로를 믿지 못해 자신을 낮게 평가한다. 자신의 장점보다는 단점에 치중해 다른 사람이 칭찬을 해도 잘 받아들이지 않거나 좋은 기분이 오래 가지 않는다. 지아 씨처럼 실패를 두려워하다 성공의 기회를 놓치는 경우도 많다.

조벽 교수는 그의 저서 『조벽 교수의 인재 혁명』에서 똑같은 환경에서도 사람이 실패하고 성공하는 차이는 '인생 대본'에 있다고 정리했다.

인생 대본이란 누군가 자주 말해 주어서 머릿속에 각인되어 있는 자신에 대한 대본이다. 쉽게 포기하는 사람의 머릿속에는 부정적인 인생 대본이 있으며 쉽게 포기하지 않는 사람의 머릿속에는 긍정적인 인생 대본이 있다는 것이다. 결국 성공이란 긍정적인 생각에서 비롯된다는 말이다.

쓰러져도 다시 일어나면 그뿐

일본에는 실패학이라는 학문이 있다. 진정한 성공을 위해 실패 사례들을 체계적으로 분석한 학문으로, 도쿄대의 하타무라 요타로 명예교수가 처음 만들었다.

그가 쓴 『실패를 감추는 사람, 실패를 살리는 사람』이라는 책에 보면 "인생의 80퍼센트는 실패의 연속이며, 실패를 묻어두면 계속 실패하고 실패에서 배우면 성공한다"는 말이 있다. 실패 경험을 분석하면 새로운 도전 기회를 얻을 수 있다는 의미다.

대부분의 사람들은 실패를 쉽게 인정하지 않으려고 한다. 실패를 인정하는 것을 자신의 잘못을 만천하에 공개하는 것으로 생각하기 때문이다.

실패를 성공의 걸림돌로 보는 일반적인 인식과는 달리 실패 경험을 긍정적으로 평가하는 기업들도 있다. '바람의 나라' '마비노기' '카트라이더' '메이플스토리' '피파온라인3' 등의 게임으로 기록적인 매출을 달성한 대한민국의 대표 게임업체 넥슨은 공채 선정 방법이 독특하다. 출신 학교, 전공, 영어 점수, 나이 등에 제한이 없고 지원서에는 학점을 적는 칸이 없다.

넥슨 인사 담당자는 한 일간지와의 인터뷰에서 "'제가 한번 해보겠습니다!'라고 자신 있게 말할 수 있는 열정적이고 적극적인 사람이 좋다. 이것저것 경험을 쌓고 실패를 두려워하지 않다 보면 실력은 자연스레 늘어난다"라고 자사의 인재상을 밝힌 적이 있다.

NASA는 우주 비행사를 뽑을 때 '실패 경험이 있는 사람'을 우선 채용하는 것으로 유명하다. 달 탐사선 아폴로 11호에 탑승할 우주인을 선발할 때도 실패를 극복한 경험이 없는 사람은 2단계 심사에서 탈락시켰을 정도다.

우주는 언제 어떤 일이 발생할지 모르는 미지의 공간이다. 위기에 대해 빠르게 상황을 판단하고 해결하지 못하면 목숨도 부지하기 힘들다. 그러한 절체절명의 순간에 실패 경험이 있으면 쉽게 당황하지 않고 자신의 경험을 근거로 다른 대처 방법을 찾을 수 있지만, 실패 경험이 없는 사람은 중심을 잃고 혼란에 빠져 피해가 커질 수 있다.

보통 실패한 사람은 비슷한 실패를 다시 하지 않으려고 노력한다. 결국 성공은 실패를 어떻게 극복하느냐의 문제이다. 실패를 통해 배운 것을 적용하면 성공 확률은 더 높아진다.

조벽 교수는 프로페셔널과 아마추어의 차이는 실수한 후에 어떤 태도를 보이느냐에 달렸다고 말했다. 아마추어는 실패 한방에 무너진다. 실패한 사실 때문에 자신에 대한 실망감, 창피함, 굴욕감, 다시 실패할지 모른다는 두려움, 초조함에 의기소침해진다.

부정적 감정이 꼬리를 물고 더 강한 부정적 감정으로 이어지면 결국 사람은 절망하고 쉽게 포기한다. 실패 그 자체가 사람을 망치는 게 아니라 실패에 동반되는 부정적 감정이 독이 되고 그 감정에 매몰되었다가 파괴적으로 변하는 것이다.

반면 조벽 교수는 프로페셔널은 실수하거나 실패하더라도 곧바로 자신을 진정시키고 평정심을 회복하는 힘이 있다고 강조했다. 실수해서 넘어지더라도 다시 일어서는 과정을 반복하면서 사람은 경험을 축적한다. 경험이 풍부해지면 위기 상황에서도 마음의 여유를 잃지 않게 되고, 그제야 비로소 성숙하고 중심이 잡힌 사람이 된다.

이처럼 실패나 스트레스, 위기, 역경에 대처하고 자신의 에너지를 비축히고 자신의 중심을 회복해 주도적으로 살아갈 수 있는 능력을 회복탄력성이라고 하는데, 회복탄력성은 인재가 지녀야 할 아주 중요한 자질이기도 하다.

3

내가 진짜로
원하는 것은 무엇인가?

세상이 주입시킨 꿈을 좇다 자신만의 꿈을 품지 못한 김성령 씨

대한민국에는 명문대 입학이 곧 성공이라는 믿음이 있다. 많은 이들이 명문대에 들어가지 못하면 인생 낙오자가 되고, 명문대에 들어가면 모든 것이 해결될 것이라고 생각한다.

현실은 어떠할까? 과연 명문대 입학이 행복의 보증수표가 되는 것일까? 2011년에는 카이스트 학생 네 명이 과도한 경쟁 스트레스를 이기지 못하고 잇따라 목숨을 끊으면서 사회문제로 비화되기도 했다. 서울대생 10명 중 7명은 진로 결정으로 스트레스를 받고 있다는 서울대 경력개발센터의 발표도 있었다. 생각하는 것과 달리 명문대 입학이 모든 문제를 해결해 주지는 않는다. 성공이 보장되지도 않는다.

김성령 씨의 고민도 여기에서 시작된다. 성령 씨는 우리나라 최고 대

학인 서울대 법학과 출신이다. 그녀는 자신이 뭘 원하는지도 모르고 '학생이면 학생답게 공부라도 잘해야 한다'는 주변의 말에 공부를 시작했다고 한다. 타고난 집중력이 있어서인지 성적이 잘 나왔다.

중·고등학생이 되자 가끔 공부 말고 자신이 하고 싶은 일을 하고 싶다는 생각이 스칠 때도 있었지만 그것도 으레 질풍노도의 시기라고 하는 청소년기에 나타나는 자연스러운 증상이려니 했다.

성령 씨가 처음 들어간 대학은 교대였다. 초등 교사가 되는 과정은 다시 중·고등학생 시절로 되돌아가는 것과 같았다. 배워야 할 것은 예상을 뛰어넘었다. 악기를 다뤄야 하고 그림도 그릴 줄 알아야 했다. 다른 과목은 쫓아갈 수 있었지만 예체능에는 소질이 없었다. 교사가 과연 내 적성에 맞는지 의심하는 날이 점점 많아졌다.

고민이 깊어질 무렵, 고등학교 진학 상담 때의 기억이 떠올랐다. 그때 성령 씨가 희망했던 건 교대가 아니라 법대나 의대였다. 방황하는 성령 씨에게 스물여덟, 마흔둘에 교대에 들어온 늦깎이 동기들은 '후회되는 인생을 사느니 차라리 안 사는 게 낫다'며 미련 남기지 말고 법대나 의대에 도전해 보라고 용기를 줬다. '안 되면 어떡하지?'라는 걱정은 '까짓 거 그때 돌아오면 되지'로 바뀌었다.

성령 씨가 다시 공부해 법대에 가겠다고 하자 집안에서도 환영했다. 집안에 변호사나 판사가 있으면 복잡한 송사도 해결해 주고, 살기 편해지지 않을까 하는 기대 때문이었다. 부모님의 기대가 커질수록 그 기대에 부응하고 싶은 성령 씨의 마음도 간절해졌다. 인근 학원을 다니면서 공부를 한 끝에 그녀는 마침내 서울대 법대에 합격한다.

성령 씨의 지난 이야기를 들으면 최고의 학벌에 남부러울 것 없어 보인다. 그러나 제작진이 〈인재의 탄생〉 프로그램을 찾게 된 계기를 묻자,

그녀는 뜻밖의 말을 했다.

"법대만 들어오면 행복해질 거라고, 모든 문제가 해결될 거라고 생각했어요. (법대에) 오니까, 그런 게 없더라고요. 제가 생각했던 가치, 기준이 무너지기 시작하면서 '껍데기만 살았구나' 이런 생각이 드는 거예요."

일주일 만에 깨진 최고 명문대 입학의 환상

성령 씨는 스스로 누구보다 열심히 공부한 사람이라고 말한다. 무엇을 하겠다고 마음만 먹으면 온 정신을 집중해 열심히 하는 성격이다. 이 재능은 남들은 쉽게 따라하지 못하는 그녀가 가진 강점이기도 하다.

성령 씨가 생각하는 인재상도 이와 다르지 않다. 바로 '직진하는 사람.' 뒤도 돌아보지 않고 오로지 목표를 정해 열심히 하면 그것이 곧 성공에 다가가는 길이라는 생각이다.

그러나 목표로 한 명문대에 합격하고 그것이 성공의 전부가 아니라고 성령 씨가 깨닫는 데에는 오래 걸리지 않았다. 그녀의 표현을 그대로 빌리자면 '명문대 합격의 기쁨은 딱 일주일 갔다.' 험한 산을 넘어 겨우 정상에 다다랐더니 넘어야 할 더 큰 산이 자신을 가로막았다. '그렇게 어렵게 공부해서 들어온 대학인데, 이게 내가 원하는 걸까?'

그 전까지 한 번도 생각해 보지 못한 의문이었다. 원래 내가 바라던 현실은 이게 아니라고 말하는 건 지금껏 쌓아올린 자기 인생을 전부 부정하는 것처럼 느껴졌다. 불안한 생각을 머리에서 지우기 위해서 의식적으로라도 바쁘게 지내는 수밖에 없다고 판단했다.

대학은 고등학교와는 또 달랐다. 대학생활을 잘하려면 우선 성격부터 친화적으로 바꿔야 했다. 과 사람들과 잘 지내기 위해 그녀는 소위 잘 나가는 친구들을 따라하기 시작했다.

친구들 사이에 유럽 여행 붐이 일자 성령 씨도 돈을 모아 유럽 여행을 갔다. 블로그에 여행지에서 찍은 사진도 올리고, 괜히 고민도 없으면서 자신의 정체성을 고민하는 진지한 글도 올렸다. 살을 빼려고 노력하고 대기업이 주최하는 포럼이나 캠프에는 빠지지 않고 참석했다. 학과 공부에도 소홀히 하지 않아 장학금도 탔다.

모범적인 대학생활이라고 할 수 있었지만 이상하게도 허한 마음은 사라지지 않았다. 그럼에도 자신을 향한 채찍질을 그만두지 않자 속에서 불만이 터져 나왔다. 정도가 심해져 기분이 아주 우울한 날에는 모든 연락을 끊고 잠적했다. 한 번이 두 번이 되면서 성령 씨가 대학에서 잠적하는 일이 주기적으로 반복됐다.

성공한 선배들의 이야기를 듣고 있으면 자부심보다는 의문이 커져만 갔다. 선배들은 후배들에게 밥을 사주며 최근 골프 회원권을 산 이야기, 잘 나가는 연애 이야기, 재벌가의 롤 모델 이야기로 열변을 토했다. 동기와 후배들은 선배들의 말에 고개만 주억거렸다. 고시 공부를 하면서도 그 의미를 찾지 못하니, 공부에 전적으로 매달릴 수가 없었다. 타고난 집중력도 소용없었다.

결국 성령 씨는 고시에 떨어졌다. 처음 맛보는 실패감이었다. 엎친 데 덮친 격으로 로스쿨이 시행되고, 사법 고시가 없어진다고 하자 어쩔 수 없이 그만둬야 하는 상황이 되어버렸다. 대학 입학 초기에 애써 떨쳐버렸던 생각이 다시 떠올랐다. '이게 내가 원하는 거였나?' 더 진지한 질문이

앞을 막았다. 이미 속에서는 자신이 생각했던 가치나 기준이 무너지기 시작한 뒤였다.

자기만의 세계에서 길을 잃다

성령 씨는 멘토들에게 어떤 인상을 남겼을까?

성령 씨를 처음 맞이한 사람은 딘 우드게이트 참사관이다. 우드게이트 참사관이 긴장을 풀어주기 위해 기분이 좋은지를 영어로 묻자 성령 씨는 고개만 끄덕하며 짧게 답했다. 얼굴은 이미 당황한 기색이다.

멘토들과 식사를 하면서도 성령 씨는 당황스러운 기색은 여전했다. "제가 지금 엄청 당황스럽거든요?"를 입버릇처럼 말하던 성령 씨는 뷔페 음식 앞에 줄을 서서 자유롭게 대화하는 사람들과 섞이지 못한 채 무리에서 이내 떨어져 나왔다. 음식을 앞에 두고 사람들을 기다리는 동안에도 자신도 의식하지 못한 한숨을 내쉬었다.

그뿐만이 아니다. "어떤 부분을 더 준비했으면 좋았겠느냐"고 묻는 멘토의 말에 "많이 듣죠"라고 엉뚱한 대답을 해 이야기의 흐름이 끊기기도 했다.

우드게이트 참사관은 그녀의 첫인상을 "자신의 세계에 빠져 있었다"라는 말로 시작했다. 그는 블라인드 식사 자리로 안내하기 위해 성령 씨를 만났을 때 그녀가 사람을 바라보고는 있었지만 마치 자신이 그 자리에 없는 것처럼 느껴졌다고 했다. 스스로의 세상에 갇힌 채 길을 잃은 듯 보였다는 게 그의 솔직한 평가다.

길을 잃어버린 것 같은 성령 씨의 행동은 몸가짐과 말투에서 고스란히 드러났다. 시선이 불안하고 말투는 맺고 끊음이 정확하지 않았으며 가끔 자신만의 세계에 빠져 상대 이야기를 잘 듣지 않는 모습도 포착됐다. 제작진에게 보낸 지원서 중 유난히 오타가 많았던 이도 성령 씨였다.

성령 씨의 행동을 지켜본 최성애 박사는 감정적인 불안함을 그 원인으로 분석했다. 시선이 불안한 현상은 대개 자신이 어디 있는지 잘 모를 때 나타난다. 즉 스스로 방향을 잃어 중심을 바로 잡지 못하는 경우 사람은 극도로 스트레스를 느끼고 불안해져서 시선을 못 맞추거나 말을 얼버무리는 등의 행동을 한다는 설명이었다.

그러나 이날 멘토들이 주목한 건 성령 씨의 부정적인 면이 아니었다. 화제가 어느덧 영화로 흐르자 성령 씨의 태도가 눈에 띄게 달라졌다.

한 멘토가 가장 인상적이었던 작품을 묻자 "〈제8요일〉이요. ⋯⋯저도 모르는 사이에 사람을 차별하게 되잖아요. 그런 시선이 얼마나 날카로운지, 상처가 되는지, 그 영화를 통해서 처음 생각해 봤어요"라고 대답했다. 대답에서 열의가 느껴졌다.

창의성을 뭐라고 생각하느냐고 다른 멘토가 묻자 성령 씨는 망설이지 않고 "한 발짝 떨어져서 다르게 볼 수 있는 능력이라고 생각해요. 신기한 걸 즐거워하고, 모험을 두려워하지 않는 것"이라고 대답했다.

조미진 상무가 주목한 성령 씨의 장점도 "자신에게 흥미로운 이야기가 나오면 에너지가 가동되는 모습"이다. 관심 있는 분야가 생겨 거기에 몰입할 수 있는 사람은 탁월한 능력을 발휘하게 된다. 에너지를 발산하면서 스스로 끊임없이 사고하기 때문에 좋은 성과를 거둘 수 있다.

그밖에도 멘토들은 성령 씨의 장점을 "자기 주도적으로 학습할 능력이 있다" "명석하다" "생각의 폭이 넓다" 등 다양하게 꼽았다. 잠재적인 능력이 많기 때문에 스트레스만 잘 조절해도 자신의 능력을 활짝 꽃 피울 수 있을 거라고 분석했다.

상위 1% 우등생의 '열등감'

의외의 말처럼 들리지만, 성령 씨는 명문대생은 열등감이 심하다고 했다. 명문대생은 주변에서 늘 잘한다는 말을 듣고, 스스로도 잘하는 걸 알기 때문에 다른 사람들보다 자존심이 세다. 그러니 좌절하면 누구보다 더 크게 상처를 받는다.

고시 공부에 의욕을 잃고 한 번 좌절하면서 자존심에 금이 간 성령 씨가 다음 진로로 정한 것은 PD였다. 평소에도 새로운 생각하기를 좋아하고, 우울해지면 남들에게 들려주고 싶은 이야기를 글로 끄적이고 영상을 즐겨보던 때였다. 마침 대학에 애니메이션 제작과 영상 제작 수업이 개설되었고, 직접 들어본 수업은 생각보다 재미있었다.

그러나 PD가 되겠다고 결심한 지 1년이 지났건만 계획은 더 이상 진전되지 못했다. 대학에 들어오듯이 뭐든 열심히 하면 된다고 생각했는데 이번에는 달랐다. 무얼 준비해야 하는지도 잘 모르는 상태에서 방송국 공채에 응시했으나 떨어졌다. 뒤늦게 찾아온 위기는 강력했다.

처음으로 '앞으로도 안 되면 어떡하지?'라는 두려움이 생겼다. 사람은 두려움이 커지면 포기도 빨라지고, 노력하면 다음번엔 나아지겠지 하고 자신을 위로할 마음의 여유도 없다.

특히 자존심이 센 사람일수록 실패에 서툴고 실패를 잘 견디지 못한다. 남에게 뭐든지 잘하는 사람으로 인정받기를 원하고, 스스로도 유능한 사람으로 포장하기 때문이다. 그래서 실패할 것 같으면 아예 처음부터 포기하는 방법을 택한다. 그 다음부터는 실패할 가능성이 있는 것은 안 하려고 하고 자기가 잘할 수 있는 것만 하려고 한다.

두 번의 실패로 자신감을 잃은 성령 씨는 멘토들과의 대화에서 "명문대라고는 하지만 그 외에는 스펙이 없어요"라거나 "아무것도 할 줄 아는 게 없어요"라고 입버릇처럼 말했다. 마치 스스로를 포기한 듯한 모습이었다. 특히 고시 공부하던 기억을 떠올릴 때면 감정을 주체하지 못하고 결국 눈물을 흘리기도 했다.

유순신 대표는 성령 씨를 "10년 전에 봤다면 천재성을 가지고 있고, 우리나라에서 원하는 인재였을 것이다"라고 말한다. 타고난 두뇌가 있고 몰입력이 뛰어난 데다 10년 전이면 명문대만 졸업해도 대기업에 들어가기가 상대적으로 쉬웠던 때다.

문제는 오늘날에는 공부만 잘한다고 해서 인재로 인정받지 못한다는 점이다. 리더십도 있고 의사소통 능력도 뛰어나고 사회성도 좋은 사람을 인재라고 한다. 사회가 인재에게 더욱 많은 요구를 하게 된 셈이다.

특히 성령 씨가 새로 목표로 정한 PD는 주 업무가 기획과 여러 사람을 만나는 일이다. 사람들과 잘 어울리지 못하는 성격은 PD 업무에 취약점이 될 수밖에 없다.

또한 PD는 사회에 대한 비판 정신이 생명이다. 남이 보지 못한 것을 정확하게 보고 사회의 문제점을 매섭게 분석하고 공개하는 역할을 한다. 하지만 성령 씨는 그 비판 정신이 거의 자신에게로 향했다는 점이 멘토들 사이에서 공통적으로 지적됐다. 지나친 자기비판은 오히려 세상을 넓게 보지 못하게 하는 족쇄인 것이다.

세상이 주입한 꿈에서 깨어나다

할아버지 때부터 지방에서 터를 잡은 성령 씨 집안이 성령 씨에게 거는 기대는 컸다. 그녀가 법대에 들어가자 부모님을 포함해 친척들까지 집안에서 판사나 법관이 나오는 거냐며 성령 씨에게 큰 기대를 했다.

사법고시를 보겠다는 의욕도 떨어지고 법 개정에 맞춰 로스쿨에 가기에는 경제적 부담이 커서 고시 공부를 그만두겠다고 마음먹은 성령 씨가 가장 걱정했던 것도 부모님이다. 조심스럽게 그녀가 언제까지 해야 할지 모르는 고시 공부를 그만두겠다고 하자 아버지는 선뜻 "아이고, 이제 됐다"고 말씀하셨다.

한참 지나서야 부모님은 기대했던 첫째 딸이 그대로 주저앉아버린 사실이 부모의 실패로 느껴져 더 가슴이 아팠다고 했다. 말은 안 했지만 부모님의 마음을 누구보다 잘 아는 성령 씨 또한 20대 후반이 되어서도 부모님 등골을 빼먹는 '등골브레이커'라는 생각에 자괴감이 심했다고 말했다.

조벽 교수와 김성령 씨가 일 대 일 면접으로 만났다.

조벽 교수 : 제가 슬퍼요. 정말 슬퍼요. 마치 아주 좋은 보물이 망가지고 있는 것 같아요. 그런데 타고난 선물이 어디로 가진 않았을 것 같아요. 그렇죠? 분명 어딘가에 가지고 있을 거예요.

김성령 : 제가 법대 와서 후회는 많이 하지만요. 그래도 자랑스러운 점은 그만큼 열심히 해봤다는 것. 제가 그 정도로 열심히 노력해 본 사람이라는

건 큰 장점이라 생각하거든요. 그리고 할 수 있다고 생각해요.

조벽 교수 : 제 생각도 똑같습니다. 바로 그것이 계속 (성령 씨) 안에 남아 있는 거예요. 이제 끄집어내야죠.

조벽 교수의 말을 들으며 성령 씨가 눈물을 뚝뚝 흘렸다. 코를 훌쩍이며 눈물을 흘리지 않으려고 애써보지만 한번 주체 못한 눈물은 멈출 줄 몰랐다.

성령씨의 경우 자존심을 되찾는 일도 중요하지만 그보다 더 우선해야 할 일로 최성애 박사는 스트레스 관리를 꼽았다. 일상생활에서 사람은 누구나 스트레스를 느끼고 있고, 약간의 스트레스는 적절한 긴장을 주어 오히려 생산력과 창의력을 높여준다. 하지만 스트레스를 해소시키지 못하고 반복되면, 감정적인 불편함도 커진다.

실제 우리나라 명문대 학생들의 스트레스는 매우 높은 편이다. 최고 인재들이 모인 곳에 합격했다는 성취감도 있지만 어떤 일을 해도 잘해내야 한다는 부담감도 크다. 또한 우수한 학생들 사이에서 대내외적으로 인정받으려면 그들보다 뛰어나야 한다는 경쟁 심리도 있다. 이 모든 것이 스트레스로 작용하는 것이다.

어느 기관에서 서울대생들에게 서울대를 들어온 이유를 조사한 적이 있다. '사회적으로 인정해 주기 때문에'라는 대답이 1위를 차지한 데서 알 수 있듯이 서울대생들의 학교에 대한 자부심은 대단하다. 그런데도 '평범한' 다른 대학 학생들과 마찬가지로 심각한 취업난으로 진로 고민을 해야 한다는 점도 상당한 스트레스다.

육체적인 스트레스는 잘 먹고 잘 쉬면 낫지만, 감정적 스트레스는 몇 주, 몇 달, 길게는 몇 년이 갈 수도 있다. 감정적 스트레스가 심해지면 쉽게 화나 짜증을 내고, 심해지면 우울증으로 발전할 수도 있다. 인터뷰를 하면서 성령 씨는 '슬프다'는 말을 자주 사용했는데, 이 또한 현재 감정적 스트레스가 심하다는 것을 반영하는 말이다.

조벽 교수는 성령 씨의 상황을 농사에 비유했다. 농부가 밭에 씨를 뿌리고 정성을 다해 물도 주고 거름도 주어 꽃이 피고 드디어 열매를 맺었는데, 그 열매가 자신이 원하던 열매가 아닌 상황이라고 했다. 결국 농부는 농사를 포기하고, 주인에게서 내팽개쳐진 땅은 잡초만 무성해지고 메말라 열매도 시들어버린다는 것이다.

조벽 교수는 스스로 지금의 실패를 나락으로 보지 않고 자신에게 중요하고 좋은 기회라고 달리 생각할 수 있다고 말한다. 남이 주입한 꿈에서 깨어나 실패를 딛고 자기의 비전을 찾아가는 것이 인재의 모습이기 때문이다.

4

스펙이 곧
진짜 실력은 아니다

고학력, 고스펙이 전부라고 생각했던 김관우 씨

      대부분의 취업준비생들은 대기업 취업을 희망한다. 대기업 취지을 원하는 이유로는 '높은 연봉' '복지' '안정성' 세 가지가 공통으로 꼽힌다. 그만큼 경쟁률도 치열해서 대기업의 평균 입사 경쟁률은 무려 30대 1에 육박한다.

  그렇기에 대기업에 취업하기 위해서는 다양한 스펙 쌓기가 필수다. 5종 스펙(학점, 학벌, 영어 점수, 어학 연수, 자격증)에서 어느새 공모전 입상, 인턴 경험, 봉사활동, 성형수술 이렇게 4종이 늘어나 9종 스펙 세트가 필요하다. 면접관들에게 좋은 인상을 주기 위해 성형 수술까지 고려해야 하는 시대다. 그만큼 현재 취업을 준비하는 학생들에게 스펙 쌓기는 절실한 문제다.

취업 시즌으로 바쁜 어느 날 저녁, 오랜 만에 부산대 선후배 5~6명이 모였다. 졸업을 앞두고 입사 지원서를 내고 면접을 기다리는 이들이 들려주는 취업 이야기는 지금의 처지를 잘 보여주고 있었다. 한 학생은 토익과 토픽을 배우기 위해 유명 어학원을 찾아 서울 유학을 감행했지만, 하반기 공채에 넣는 족족 다 떨어졌다고 했다.

스펙을 쌓기 위해 공모전을 준비한 한 학생은 공모전은 입상하지 못하면 그것으로 끝이라고 단언한다. 공모전은 준비하는 기간 동안 시간과 아이디어에 쫓기느라 스트레스도 심하지만 그 과정이 재미있고 보람 있는 일이라고 했다. 하지만 대기업에서는 공모전의 가치를 준비하면서 얻은 경험과 과정이 아니라 입상 증명서에 한정한다는 것이다.

배낭여행을 하면서도 자기소개서에 쓸 스토리를 건져야 한다는 스트레스에 시달린다는 학생도 있다. 자조섞인 그의 말에는 취업하기 위해서 스펙에 목숨 거는 청춘들의 고단함이 실려 있었다.

대기업과 고스펙이 인생의 최종 목적지는 아니다

중국 베이징대 행정경영학과 3학년에 재학 중인 김관우 씨는 이른바 '스펙왕'이다. 학벌이면 학벌, 스펙이면 스펙, 남부러울 것 없는 이력의 소유자다. 참가 지원서에 적힌 스펙만 봐도 화려하다.

한·중·일 국제협회 AFPLA 회장, 북경대 학생회 국제문화교류부 부장, 아카펠라 창단, 북경대 10대 아이돌 솜사탕팀 리더, 2011년 북경포럼 유학생 대표 참가, 영현대 글로벌 기자단, 한국고용노동부 해외특파원, 한국무역협회 인턴⋯⋯. 대외활동만 해도 한 페이지가 모자랄 정도이다.

토익, IELT, HSK, 18개의 컴퓨터 자격증과 미처 쓰지 못한 자격증과 봉사활동까지 더하면 짧은 재학 기간 동안 시간을 어떻게 쪼개어 보냈는지 신기할 정도이다. 이것으로도 모자라 관우 씨는 경영, 경제, 국제적 지식, IT, 금융, 중국어, 영어, 디자인 등 8가지 분야를 마스터하는 것을 앞으로의 인생 목표로 정하기도 했다.

관우 씨의 지원서에는 '스펙'이라는 말이 유난히 많이 등장한다. 그는 〈인재의 탄생〉 프로그램에 지원한 이유도 지금까지 쌓은 스펙을 검증받고 싶다는 게 가장 크다고 했다.

관우 씨는 중국에서 유학 생활을 하다 보면 한국 기업들이 원하는 스펙에 대한 정보를 찾기 어렵다고 했다. 그래서 한국에서의 취업이 목표인 자신이 제대로 스펙을 쌓고 있는지 이 프로그램을 통해 확인하고 싶다고 했다.

김관우 씨는 블라인드 면접을 하는 전 날까지도 바빴다고 했다. 며칠 전까지 기말 고사를 마치고 대기업에서 주최하는 프로그램에 일주일간 참가했기 때문이다.

바쁜 일정 속에서도 표정은 여유가 있고 말투에도 자신감이 넘친다. 긴장될 법한 블라인드 면접 대기 시간에도 그는 쉬지 않고 계획표를 짜는 등 무언가를 계속하고 있었다.

블라인드 면접이 시작되고서도 관우 씨는 여유를 잃지 않았다. 딘 우드게이트 참사관이 기분이 어떠냐고 묻자 그는 좋다고 하면서 여유 있게 대답했다. 멘토들의 질문에도 그만의 삶의 기준이 뚜렷이 드러난다.

블라인드 면접 이후 유순신 대표가 발견한 김관우 씨의 장점은 기업가 정신이다. "본인 스스로가 8가지의 성공할 수 있는 요소를 정했고, 그걸 전부 다 하겠다는 생각을 했고, 굉장히 많은 활동을 했어요. 요즘에 가장 원하는 개척정신, 도전정신은 물론, 자기 스스로 목표를 설정해서 뭔가 이루는 것, 사회성, 전부 다 갖고 있어서 훌륭합니다"라고 말했다.

듬직한 체격과 자신감 넘치는 태도, 끊임없이 노력하는 자세는 관우 씨의 최대 강점이다. 조벽 교수도 끊임없이 노력하고 더 나은 자신이 되고 싶어 하는 열정과 책임감을 높이 평가했다.

그러나 그가 계속해서 강조하는 스펙의 중요성과 대기업 중심의 사고는 좀더 면밀한 관찰과 평가를 필요로 하는 부분이었다.

멘토들과 대화하면서 관우 씨는 줄곧 학교에 대한 자부심과 함께 근로 조건이 뛰어난 대기업에 입사하겠다는 포부를 드러냈다.

그의 솔직한 표현을 들은 최성애 박사의 평가는 냉철했다. 최성애 박사는 관우 씨를 다섯 명의 지원자들 중에서 "불행으로 가는 지름길을 가장 열심히 달려가는 사람"이라고 표현했다. "스펙 쌓기를 하고 있는 전형적인 취업준비생의 모습"이라고 한 조미진 상무의 말도 최성애 박사와 비슷했다.

두 멘토는 스펙으로 따지면 기업이 원하는 핵심 인재에 가깝다고 할 관우 씨가 보지 못한 점을 공통적으로 말하고 있었다. 취업은 인생에서 중요한 요소이기는 하지만, 인생의 최종 목표는 아니다.

사람은 궁극적으로 행복하기 위해 산다.

결국 취업은 행복한 인생을 위한 다양한 목표 가운데 하나이다. 하지만 취업을 준비하는 학생들은 취업을 행복의 절대적인 조건으로 생각하고 이를 위한 화려한 스펙 쌓기에 맹목적으로 집중하는 경향이 있다는 것이다.

많은 사람들이 대기업을 고집하는 이유도 비슷하다. 남들이 알아주고 연봉도 높은 곳에 취업하면 자신이 행복해질 것이라고 생각한다. 그래서 다양한 경험을 하고 배우면서 진로 고민을 하기보다는 돈과 명예가 따르는 대기업 입사를 최우선 목표로 정할 때가 많다.

문제는 높은 경쟁률을 뚫고 힘들게 취업에 성공하고서 1년이 되지 않아 퇴사하는 신입사원들이 적지 않다는 점이다. 한국경영자총협회가 2014년 전국 405개 기업을 대상으로 신입사원 채용 실태를 조사하였다. 조사 결과 대졸 신입사원의 1년 내 조기 퇴사율이 25.2퍼센트를 기록한 것으로 알려졌다. 대졸자 네 명 중 1명은 1년이 되지 않아 회사를 그만두는 것이다..

최성애 박사는 특히 관우 씨처럼 원하는 게 뚜렷한 경우, 오로지 자신이 원하는 것만 향해 달려가다가 오히려 행복과 멀어질 수 있다고 경고한다. 자기 확신이 지나쳐 주변을 보지 못하고 더 큰 삶을 보려고 하지 않기 때문이다.

연봉이 높고 복지 좋은 직장에 가겠다는 목표가 결코 나쁜 것은 아니다. 다만 지나치게 목표 지향적이 되다 보면 어떻게 살 것인지에 대한 근본적인 고민은 소홀해지게 마련이다.

조벽 교수는 관우 씨에 대해 "가족을 부양하는 40대 가장의 삶이 보인다"라고 말했다. 자기의 뜻을 펼치고 변화를 추구하는 20대의 시기를 가정을 꾸리고 안정을 추구하는 40대로 살아가려 한다는 것이다. 이러한 가치관은 사회적 명성에 주력하고 경제적인 여유를 추구하는 40대의 완고함으로 나타날 수 있다.

게다가 또래보다 월등하게 많은 관우 씨의 대외 활동 경력이 시야를 넓혀줄 수도 있지만 자칫하면 이게 최고라는 식으로 자신의 경험에만 의존하는 사고를 낳을 수 있다는 지적도 있었다.

'구슬이 서 말이라도 꿰어야 보배'

스펙왕이란 말이 무색하지 않을 정도로 그가 스펙 쌓기에 몰두하게 된 데에는 그만한 사연이 있었다. 관우 씨는 반수를 해 대학에 다시 들어간 경우다. 중·고등학교 내내 우등생이었던 그는 대학 입학을 앞두고 평범하지 않은 선택을 했다. 서울에 있는 명문대에 합격하고서도 당시 독특한 커리큘럼과 수업 방식으로 떠오르던 신생 지방대에 들어간 것이다.

관우 씨가 처음 간 대학은 수업 방식부터 다른 대학과 달랐다. 철저히 사회가 요구하는 교육을 목표로 외국어 교육을 강화하고, 실무 전산 교육을 의무화했다. 무엇보다 배움의 기회가 다른 대학보다 넓어서 그도 경영학과 경제학을 복수 전공했다. 그때를 관우 씨는 배우는 게 정말 재미있었던 시기로 기억한다.

학교에서의 배움에 대한 만족도는 컸지만 문제는 전혀 생각하지 못한 데에서 불거졌다. 가끔 서울에 올라와 친구를 만날 때였다.

대학 이야기로 꽃을 피우다가도 친구들은 관우 씨가 다니는 대학을 "어디에 있는 대학이야?" "공부도 잘했던 애가 왜 거기에 갔어?"라고 물었다. 독특한 학사 운영으로 신문과 방송에 화제가 된 대학이라 해도 지방대와 신생 학교인 탓에 자신의 대학을 알아주는 친구는 없었다.

군대에 입대하면서 진로를 고민할 기회도 많아졌다. 생각할수록 결론은 '학벌은 매우 중요하다'로 모아졌다. 자격증을 따거나 공부만 열심히 한다고 해서 사회가 원하는 인재가 되기란 요원하다고 생각했다. 생각 끝에 군 복무를 마치고 유학을 준비했다. 그리고 들어간 대학이 지금의 베이징대이다. 베이징대는 미국과 더불어 세계 G2로 자리매김하며 잠재된 성장 동력을 가진 중국의 최고 명문대이자 학비가 저렴하다는 장점도 있었다.

관우 씨가 베이징대에 합격하자 동네 주민들의 시선부터 달라졌다. 강화도의 조그마한 섬 마을에 '베이징대 입학 축하'라는 현수막이 21개나 붙었다.

베이징대에 입학하면서 하루 생활도 바빠졌다. 관우 씨는 낭비하는 시간이 아까워 하루 스케줄을 빡빡하게 세우고 움직인다.

시간을 무의미하게 보내는 것만큼 싫은 건 없다. 군대에 다녀오면서 생활은 더욱 규칙적으로 바뀌어 어딜 가든지 6시에 일어나 12시에 잔다. 술을 마셔도, 놀러가도 규칙적인 생활을 깨뜨리는 법은 거의 없다.

관우 씨는 최근 한국 자동차 기업에 지원했다가 면접에서 떨어졌다. 당시 면접관은 관우 씨에게 남들이 보기에는 아주 화려한 스펙처럼 보여도 중국 쪽 스펙이라 한국 기업과는 안 어울릴 수 있겠다고 말했다.

면접관의 말은 두고두고 마음에 걸렸다. 그 말을 그는 지금껏 쌓아온 스펙에 더해 한국 기업에 유리한 스펙을 또 쌓아야 한다는 의미로 받아들였다.

조벽 교수가 첫 만남에 대한 느낌을 묻자 관우 씨가 솔직하게 대답했다.

"'도대체 이게 무엇일까? 내가 생각했던 인재가 아니네? 이게 과연 무엇일까?' 그런 생각을 했어요."

인재상에 의문을 제기한 관우 씨. 그가 바랐던 건 뭘까?

"제가 바랐던 건 저의 직무가 무엇인지, 영업 쪽인지, 기획 쪽인지 알려줬으면 했어요."

그의 말을 듣고 조벽 교수가 돌직구를 날렸다.

"그게 인재랑 무슨 상관이 있나요?"

관우 씨가 한순간 말을 잇지 못했다. 다음에 이어지는 조벽 교수의 날카로운 질문은 관우 씨를 더욱 혼란에 빠뜨렸다.

"변호사가 되어야만 인재입니까? 모든 변호사가 다 인재입니까?"

"아니죠. 성공한 변호사."

"(관우 씨) 이력서와 프로그램 지원서를 봤는데 그 짤막한 내용 안에 '명문대에서 내가 무엇을 얻을 것인가?' '대기업에서 내가 무엇을 얻을 것인가?' '라벨에서 내가 무엇을 얻을 것인가?' 얻을 것을 생각하고 있었어요."

불편한 시선으로 말을 듣던 관우 씨가 입을 뗐다.

"저는 몇 가지 동의하지 않는 부분이 있는데요. 제가 스펙을 많이 쌓았다고 하셨는데, 스펙이란 게 지금 사회에 엄청 많잖아요. 저는 제가 하고 싶은 분야를 했었고, 제가 한 건 한 1퍼센트 정도밖에 되지 않을 것입니다."

다른 사람이 보기에 관우 씨는 대단한 스펙의 소유자이지만 그는 오히려 스스로를 스펙이 부족해 인재가 되지 못했다고 인식했다. 이 문제는 관우 씨에게만 해당되는 건 아니다. 과연 일반 사람들의 생각처럼 스펙이 인재의 가치를 평가하는 절대적 기준이 될 수 있을까?

물론 스펙은 중요하다. 그러나 조벽 교수는 스펙 쌓기는 마치 자신에게 필요하든 필요하지 않든 상관하지 않고 무작정 남보다 더 좋은 구슬을 더 많이 모으려고 애쓰는 것과 같다고 했다. '구슬이 서 말이라도 꿰어야 보배'라는 속담처럼 스펙은 뚜렷한 가치관과 일관된 경험으로 엮어질 때 가치가 있다.

'내가 어떤 마음가짐을 가지고 살아왔는가' '그 살아가는 모습이 어떤 구체적인 경험으로 나타났는가' '그 구체적인 경험이 과연 얼마나 '나'라는 존재를 유니크(unique)하게 표현해 주는가' '그 독특함이 얼마나 의미 있고 가치 있는가' '나만이 아니라 기업, 사회 등에 얼마나 의미 있고 가치 있는가'가 드러나야 한다는 것이다.

기업은 '좋은 사람'을 원한다

그런데 이력서에 쓰는 스펙은 그 사람의 다양한 경험들을 알려주지 못한다. 단 몇 줄로 자료를 수치화할 뿐이다.

이러한 점을 보완하기 위해 최근 기업들은 각종 취업 간담회를 열어 인재상을 설명하는 데 적극적으로 나섰다. 회사들이 추구하는 인재상은 다르지만, 그 속에서 느껴지는 인재상의 변화는 스펙 좋은 사람보다 회사에 애착이 있는 사람, 직무에 관심이 많은 사람, 소통 능력을 갖춘 사람을 선호한다는 점이다. 회사마다 그 기준은 다르지만 스펙이 놓치고 있는 개인의 가치와 역량을 중점적으로 평가하겠다는 의지가 읽힌다.

SK가 추구하는 인재상은 끼와 열정이 넘치는 도전 정신을 가진 바이킹형 인재다. 인재를 뽑기 위한 채용 방식도 독특하다. 입사 지원서에서 학력과 학점, 어학 점수 기입란을 없애고, 1차를 통과한 지원자들을 합숙시킨다. 그리고 각각 미션을 전하고, 미션 수행 능력을 평가해 채용하는 방식이다. 면접관들이 보는 건 끼와 열정, 새로운 분야에 대한 도전 정신이다.

삼성의 인재상은 '몰입, 창조, 소통의 가치 창조인'이다. 열정과 몰입으로 미래에 도전하고, 학습과 창조로 세상을 변화시키며, 열린 마음으로 소통하고 협업하는 사람을 뽑겠다는 의미다.

이처럼 학점과 어학 점수를 말하던 기업들이 끼, 열정, 몰입, 창조, 소통 등의 인성을 인재를 뽑는 핵심 가치로 내세운 것이다. 업무라는 게 기본 지식과 열정은 물론 사람들과 협력해 일을 처리하는 기본적인 품성이 갖춰져야 잘 해낼 수 있는 것이기 때문이다.

예를 들어 게임 개발은 기획자, 디자이너, 프로그래머 등 각 분야의 전문가가 협업하는 팀 플레이다. 저마다 다른 사람들이 공동의 목표를 향해 갈 때 예기치 않은 문제는 늘 생기게 마련이다. 이때 서로 존중하고 배려하는 태도가 없으면 효율성은 떨어지고 완성 시기가 늦어지며 추가 개발 비용도 발생하게 된다.

처음부터 업무를 완벽하게 해내지 않아도 좋으니 다른 사람을 생각하는 배려, 인내력과 책임감 등 업무에 잘 적응하고 사람들과 잘 지낼 수 있는 인재를 기업들이 원하는 이유다.

그러나 스펙 기재란을 없애고 열린 채용을 진행하는 등 채용 방식도 서서히 변화하고 있지만 실제 취업을 준비하는 학생들의 체감 정도는 그리 크지 않다.

관우 씨도 멘토들을 만나고 나서 고민이 더욱 깊어졌다. 인재란 좋은 회사에 취직하고 고학력, 고스펙을 가진 사람이라는 지금까지의 생각이 깨지면서 혼란스러웠다.

"자기 자신을 알고 자신의 능력을 표출할 수 있는 사람이 인재다." 관우 씨는 새롭게 인재를 정의하면서 자신을 되돌아보기 시작했다.

5

진정성 있는
나만의 스토리를 찾아서

기업의 인재상에만 맞추다 자기 강점을 잃어버린 김춘식 씨

취업을 준비하는 학생들이 '나는 누구인가'라는 질문에 직면하는 순간이 있다 바로 자기소개서 쓰기다.

자기소개서를 쓰는 시간은 지난 나의 과거와 마주하는 시간이기도 하지만, 더 중요한 건 나를 어필할 수 있어야 한다는 것이다. 그러니 이 시간을 취업준비생들이 가장 어려워하는 것은 당연한 결과인지도 모른다. 수십 번 자기소개서를 고쳐 쓰면서 비로소 자신의 성향을 알게 되었다는 웃지 못할 이야기도 있다.

최근 기업들이 자기소개서에 비중을 크게 두면서, 제한된 지면에 인상적으로 나를 표현해야 하는 취업준비생의 고민도 커졌다.

취업준비생들을 겨냥해 매력적인 소제목으로 시선 끌기, 오탈자 줄이

기, 거짓말은 절대 금물 등 기업 맞춤형 자기소개서를 쓰는 요령을 소개한 기사나 취업 특강도 넘쳐났다. 심지어 학생들이 쓴 자기소개서를 첨삭해 주거나 대필해 주는 서비스도 생겼다.

한양대 정보시스템학과를 졸업한 김춘식 씨도 가고 싶은 회사를 몇 군데 정해 지원서를 냈다가 서류 전형에서만 여러 번 떨어졌다. 그는 낙방의 이유를 강력한 인상을 남기지 못한 자기소개서 때문이 아닐까 추측했다. 상반기에만 37개의 지원서를 냈고, 그중 서류가 통과한 곳은 15군데다. 하지만 결과는 모두 불합격이었다.

속속들이 면접에 떨어지면서 자존감도 떨어진 춘식 씨는 지금까지 해오던 방식 그대로 해나간다면 하반기 채용에서 합격할 확률도 없다고 생각한다. 그러한 절박함은 춘식 씨가 〈인재의 탄생〉 프로그램에 지원하게 된 계기가 됐다.

그는 '저 자신이 어떤 타입의 사람이고 어떠한 캐릭터를 가지고 있고 그걸 어떻게 꺼내서 어필할 수 있을지 발견할 수 있는 시간이었으면 좋겠습니다'라고 지원서에 적었다.

"마음이 바쁘군요"

면접을 볼 때 면접관이 보는 것은 무엇일까? 춘식 씨는 실무 면접에서는 지식, 임원 면접이나 인성 면접에서는 태도나 자세, 말하는 논리, 감정 등을 물어보는 것으로 기억했다.

마찬가지로 첫 만남은 그 사람의 태도나 자세, 생각들을 알아보는 자리다. 그 자리에서 춘식 씨는 어떤 모습을 보였을까?

블라인드 면접에서 조벽 교수가 "질문 있습니까?"라고 물었다. 아무 정보도 없이 자리에 나온 면접자들의 궁금증을 풀어주려는 배려였다. 다른 지원자들이 멘토들의 직업을 물으며 상대를 알아가려고 하는 동안 춘식 씨는 단도직입적으로 본론으로 들어갔다.

"지금 하고 계신 일을 선택할 때 제일 중요하다고 생각했던 기준이 어떤 것이었는지 (궁금합니다)."

"마음이 바쁘군요"라고 조벽 교수가 말했다. 이는 서로를 알아가는 첫 자리에 한마디로 답하기에는 어려운 문제이기도 하다. 춘식 씨는 현재 자신이 집중하고 있는 취업 말고는 다른 것에 전혀 관심이 없어 보였다.

자기 자신의 기술이나 비전, 가능성에 대해서는 말이 끊이지 않았지만, 옆 자리에 앉은 사람의 이야기에는 신경 쓰지 않는 점도 눈에 띄었다. 조벽 교수는 조급함을 내 눈앞만 보고 있는 사람에게서 많이 나타나는 현상이라고 말했다.

첫인상이 좋은 사람도 조급해 보이면 긍정적인 면이 반감될 것이다. 첫인상이 중요한 채용 면접에서 마이너스가 될 거라는 건 당연하다.

멘토들이 분서은 춘식 씨가 나중에 한 고백과도 일치한다. 춘식 씨가 가끔 친구들한테 듣는 말 중 하나가 "너는 얘길 듣는 건지 아닌 건지 모르겠다"라는 말이다. 그럴 때마다 늘 "듣고 있어"라고 하면서 딴 짓을 많이 한 적도 있었다고 했다. 일반 생활 속에서는 사람들이 이런 빈틈을 사소하게 생각하고 넘길 수도 있지만 면접에서는 이런 점들이 모두 그 사람을 평가하는 기준이 된다.

조급함과 무신경함에 대한 지적도 있었지만, 멘토들은 그보다 춘식 씨의 가능성에 주목했다. 조미진 상무는 춘식 씨의 키워드를 뚝심으로 표현했다. 자기 일을 밀어붙이면서 제대로 하고 있고, 본인의 강점에 대해서도 비교적 잘 인지하고 있다는 평가다. 처음 만남에서 최성애 박사의 눈에 들어온 건 춘식 씨의 호기심 가득한 눈빛이었다. 요즘 젊은이들에게 발견하기 어려운 눈빛이라고 했다.

그밖에도 다른 멘토들에게서 "본인의 기술과 비전에 확신이 있고, 가능성을 가지고 있다" "머리가 좋으며 행동력이 있고 재능이 많다" 등의 평가가 이어졌다.

창업 경험을 숨기고 '취업형 인재'가 되려 하다

무엇보다 멘토들이 춘식 씨에게 발견한 가장 큰 장점은 일반적인 인재상을 깨뜨린 모습이었다. 최성애 박사는 이를 두고 "기업이 원하는 사람이라고 해서 모두 인재는 아니다"라고 설명했다. 인재는 "언제, 어떤 일이 일어날지 모르는 불확실성과 다양한 가능성 속에서 재미를 느끼고 호기심을 가지고 추구하는 사람"이라고 생각한다고 했다.

그런 점에서 최성애 박사는 춘식 씨를 두고 "만약 대기업에 취업을 못해도 좋으니 장기전 치를 생각으로 진정 하고 싶은 것을 해보라고 후원하면 크게 성장할 수 있는 재목"이라고 평가했다.

최성애 박사의 말은 춘식 씨가 가진 능력과 강점이 뛰어나다는 칭찬이기도 하고, 자신의 잠재력을 억누르고 기업에 자신을 맞춰나가는 태도에 대한 지적이기도 하다.

춘식 씨의 이력은 일반 취업준비생들과는 좀 다르다. 어엿한 CEO 출신이다. 서울시 '청년 창업 1000' 프로젝트에 선정되어 창업 지원을 받고, 전국 스타트업(startup) 대회에서 세 차례 수상한 경력도 있다.

실제 창업을 시도한 경험도 있다. 친구의 아이디어에서 시작된 온라인 편곡 서비스, 대학생 MT 대행사, 돈 버는 놀이터 앱 개발, 오피스N 참여 등 웹이나 앱을 통해 서비스를 제공하는 일을 했다.

신규 인터넷 서비스를 발굴하고 창업을 활성화시키기 위해 방송통신위원회와 한국인터넷진흥원이 공모한 대회에서 '온라인 편곡 서비스'로 수상을 했지만 창업으로 이어지지는 않았다. 돈 버는 놀이터 앱은 업무최고책임자(COO)로 참여했다. 그러나 당시 여러 가지 고민으로 팀을 떠나기도 했다.

그밖에 대학생 MT 대행사 웹서비스를 개발하고, 남다른 직장인을 취재하고 좋은 기업 문화를 소개하고 복지 프로그램을 직접 진행해 주는 오피스N에 스타트업 구성원으로 참여하기도 했다.

춘식 씨의 대학생활도 남다르다. 취업 경쟁에서 낙오되지 않기 위해 1학년 때부터 취업 준비를 선택하는 학생들과 달리 그는 3학년 때까지 하고 싶은 것을 찾아 즐겼다고 했다. 무슨 일에 한번 꽂히면 일을 벌이고, 재미있다 싶으면 그것으로 만족하던 시기였다.

4학년 1학기 때 사업 아이디어를 제안하는 한 수업에서 멘토 역할을 하던 분이 "수업 프로젝트로 그치지 말고 진짜 창업을 해보라"고 권유해 실제 사업으로 시도하기도 했다.

창업은 생각보다 쉽지 않았다. IT를 통해 사람들이 창의성을 발휘할 수단을 만들고, 생활수준을 질적으로 향상시키고 싶다는 생각으로 시작했지만 창업은 엄밀하게 조직이 움직이고 돈이 오가는 사업이었다. 6개월이 지나도 결실이 나지 않았고, 결국 사업으로까지 이어지지 않았다.

실제 경험을 쌓자 차츰 창업에 대한 생각도 달라졌다. 창업은 자기 적성에 맞아야 하지만 자신의 성향도 무시할 수 없었다. 즉 무언가를 창조하는 능력도 중요하지만 사업가로서의 능력도 갖춰야 한다. 개발을 잘한다고 해도 회사의 비전을 제시하고 조직을 잘 관리하지 못하면 그 회사는 성장하기 어렵기 때문이다.

그런데 예상과 달리 춘식 씨의 이러한 창업 경험과 통찰이 기업 취업에 긍정적으로 작용하지 않은 경우도 있었다.

한 기업에서 면접 인터뷰를 진행할 때의 일이다. 그는 공대생이지만 다른 일들을 많이 해봐서 다른 부서와의 협업이 가능하다는 점, 창업 경험을 통해 직접 중소기업이나 공공기관에 찾아가 영업한 경험, 서비스 기획, 디자인 등 실무적인 일들을 두루 경험해 봤기 때문에 업무에 대한 이해가 빠르다는 점을 부각시켰지만 면접관은 예상과는 다른 질문을 했다.

"우리 회사에서 기술을 배우고 나면 다시 창업하지 않겠어요?"라는 물음이었다. 아니라고 대답했지만 면접관이 그의 대답을 신뢰했는지는 모른다.

결과적으로 회사에서는 다시 연락이 오지 않았다. 처음으로 지금까지 생각했던 강점을 기업 입장에서는 단점으로 볼 수도 있겠구나 싶었다. 그때부터 기업이 원하는 인재상이 무엇인지를 고민하고 자신을 그 인재상에 맞추려고 노력하기 시작했다.

그러나 멘토들이 춘식 씨에게서 발견한 인재로서의 가능성은 그의 판단과는 달랐다. 멘토들은 춘식 씨의 창업 정신을 가장 높이 샀다. 창업을 몇 차례 했다는 것은 성공 여부를 떠나 굉장한 도전과 개척 정신이 있다는 의미다. 사업을 준비한 경험자답게 멘토들이 질문하면 그 답이 제대로 나오는 점도 높은 평가를 받았다. 실패에 연연하지 않고 기술과 아이디어는 좋았지만 결국 사람 관리에 실패했다는 점을 스스로 분석할 줄도 알았다.

이때의 경험을 바탕으로 춘식 씨는 이베이 인턴직에 합격하기도 했다. 한 멘토가 경쟁률이 치열한 이베이 인턴직으로 어떻게 들어갔느냐고 묻자 그는 거꾸로 생각했다고 말했다. 인턴이 아니라 회사를 운영한다면 어떤 직원을 뽑고 싶은지를 고민했다고 한다. 이와 같이 생각을 바꾸면 회사가 원하는 방향은 무엇인지, 비전은 무엇인지, 어떤 스타일의 사람을 필요로 하는지를 연구하게 된다고 했다.

흔히 우리는 인재를 기업이 원하는 사람이라고 생각한다. 긴 안목으로 인재를 보지 못하고 '취업형 인재'에 한정하는 것이다. 그러다 보니 취업을 준비하는 사람들도 기업이 바라는 인재상에 맞춰 '취업 연습'을 하는 수밖에 없다. 저마다 다른 개성과 차별화된 능력을 '취업 연습'이라는 이름으로 획일화시키는 셈이다.

최성애 박사는 기업이 원하는 인재상을 설명하며 '화가'의 비유를 들었다. 기업에서는 창의적인 화가를 원한다고 말하면서 정작 채용할 때는 모작에 뛰어난 상업 화가를 뽑는다는 것이다. 설령 독창적이고 재능이 뛰어난 화가를 뽑았다 해도 그 화가가 창의력을 발휘하면 말을 듣지 않는다고 꾸짖는 식이라고 했다. 상황이 이렇게 돌아가면 생업이 필요한 화가는 어쩔 수 없이 기업의 눈치를 보면서 틀에 박힌 그림을 그릴 수밖에 없다.

기업이 원하는 인재상을 따르는 것이 취업의 필수 조건은 아니다. 오히려 기회는 그 반대에서 올 수도 있다. 중국 최고 갑부로 떠오른 알리바바 마윈은 대학 졸업 후 입사 시험에서 30번 이상 떨어졌다고 한다. 영어 강사로 시작해 통역 회사를 창업했던 마윈은 1999년 미국 시애틀 출장에서 인터넷을 경험한다. 그후 주변 사람들에게 돈을 빌려 알리바바를 창업했다.

마윈은 자신의 성공 철학을 역발상에서 찾는다. 뒤집어보고 생각한다는 뜻이다. 대부분 열에 아홉이 찬성하는 아이디어를 채택하지만 그는 이런 아이디어는 버렸다고 한다. 90퍼센트가 찬성하는 아이디어는 어디선가 진행되고 있을 가능성이 높고 이미 뺏긴 기회이기 때문이다. 일반적인 기업의 논리를 벗어난 그의 역발상은 15년 후 알리바바를 중국 최대의 전자 상거래 기업으로 만들었다.

나는 남들과 무엇이 다른가

면접 합격자들의 후기를 보면 상식적인 답변과는 다른 대답을 하고서도 당당히 합격했다는 사연을 종종 보게 된다. 이를 테면 면접관이 일반 상식을 묻는 말에 "그건 잘 모르겠지만, 제가 입사하면 열심히 공부해보겠습니다"라고 솔직히 대답해 합격했다는 것이다.

학벌이나 스펙 등을 떠나 취업 면접에 합격할 수 있는 가장 기본적인 조건은 무엇일까? 바로 말을 할 때의 표정이나 태도, 분위기에 담긴 진정성이다. 지원자가 진실하게 말하는지, 아니면 포장용인지는 자기소개서와 면접 태도로도 충분히 알 수 있다.

김춘식 씨는 취업 준비를 하는 동안 빠지지 않고 습관적으로 하는 게 있다. 자신이 불합격한 회사에서 탈락한 이유를 분석하는 것이다. 면접에서 떨어지면 그 원인은 무엇인지, 서류 전형에서 떨어지면 무엇을 잘 못 썼는지를 계속 분석하고 기록한다.

일 대 일 면접에서 조벽 교수가 중점적으로 말한 부분도 그의 원인 분석이 크게 잘못되었다는 점이었다. 춘식 씨가 스스로 생각한 불합격 원인은 크게 두 가지로 압축됐다. 회사에 대한 이해가 부족하다는 것과 스펙이 부족하다는 것이다.

조벽 교수는 다음과 같은 말로 그의 분석의 허점을 찔렀다.

"서류 전형에서 스펙은 이미 걸러냈잖아요. 서류 전형에 통과했다는 건 자격을 갖추었다는 거예요. 그런데도 면접에서 떨어진 원인을 스펙에서 찾았죠? 서른일곱 군데 중 열다섯 군데에서 면접 제의가 왔다는 건 스펙에 있어서는 별 문제가 없다는 거예요."

조벽 교수는 자기소개를 마케팅 전략에 비유했다. 휴대전화나 자동차를 살 때 고객들은 무엇부터 따질까? 예전에는 성능이나 가격을 따졌지만 요즘에는 성능과 가격은 다 비슷하다. 이제 고객들은 디자인을 먼저 따진다.

이것을 채용에 비유하자면 성능과 가격은 스펙이라고 할 수 있다. 우리가 디자인을 중요하게 여기는 이유는 디자인은 감성적인 면을 자극하기 때문이다. 마찬가지로 취업에서도 중요한 건 마음을 움직일 수 있는 자기만의 스토리와 메시지이다.

유명 대학을 나온 사람에게 기초 지식을 물어보는 건 지식을 테스트하기 위해서가 아니다. 어떻게 대답하는지를 보기 위해서다. 이력서에서는 볼 수 없는 그 사람의 다른 면모와 능력을 파악할 수 있기 때문이다.

엄청나게 노력하고 준비해도 전략이 없으면 그것은 알맹이가 빠진 것과 다름없다. 취업에서 면접이나 자기소개 전략은 하나하나의 메시지가 중요하다. 그리고 스스로 '취업에서 왜 아쉽다고 생각하는가?' '내가 무엇을 다르게 생각해야 하는가?'라는 두 가지 질문을 끊임없이 해야 한다.

'인재란 무엇인가'에 대한 답을 구하기 위해 춘식 씨가 백방으로 뛰어다니며 얻은 결론도 조벽 교수의 말과 비슷했다. 인터넷으로 검색해 보고, 취업한 선배나 친구들에게도 물어봤다. 그러나 누구 하나 명쾌하게 대답해 주는 사람은 없었다.

그는 기업들의 채용 설명회에 찾아갔다. 인사 담당자의 말은 이러했다. 채용 공고를 하면 전국 각지에서 2만 통의 자기소개서가 온다고 한다. 저마다 다른 말을 하는 것 같지만, 어디서 베낀 티가 나거나 '묻지 마 지원'을 하는 자기소개서는 애쓰지 않아도 금세 가릴 수 있다고 했다. 꼭 입사하고 싶다는 의지, 나만의 이야기가 없기 때문이다.

자기소개서는 잘 쓰는 게 중요한 게 아니다. 자신의 이야기를 들려주는 것이니만큼 그 안에 진심이 녹아 있어야 한다. 성실하게 기업들의 채용 변화를 예의주시하던 춘식 씨도 최근 기업들이 자기소개서를 스토리텔링으로 쓰도록 강조한다는 걸 어렴풋이 느끼고 있었다.

하반기 채용이 시작되면서 기업들의 채용 방식도 지원 동기나 포부, 학력과 영어 점수 등을 묻던 항목을 없애고 인문학적 소양을 강조하고, 자신만의 차별화된 스토리를 쓰는 식으로 변화하고 있었다. 진정성이 없으면 쓰기 어려운 문항들로 바뀌나가고 있는 것이다.

'나'가 있어야 할 자기소개서에 춘식 씨처럼 기업이 원할 것 같은 정답만 늘어놓는다면 결과적으로 가장 중요한 '사람'이 보이지 않게 된다. 사람이 보이지 않는 자기소개서에 매력을 느낄 사람이 있을까?

그 사람의 가능성은 진솔한 모습을 보여줄 때 나온다. 화려한 미사여구로 자신을 치장하지 않아도 된다.

기업이 보고 싶은 것도 단지 자격증을 몇 개 땄는지가 아니다. '어떤 잠재력을 가지고 있는지' '어떤 비전과 열정을 품고 살아왔는지' '어떤 의미와 가치를 추구하는지'이다. 이러한 기업의 요구를 자신이 살아온 이야기와 앞으로 살고자 하는 이야기로 풀어내야 한다.

조벽 교수는 그러기 위해서 스토리는 앞뒤 전후 맥락이 있어야 하고, 기승전결이 있고, 의미와 가치가 담겨 있어야 감동도 있다고 설명했다.

아무리 취업이 어렵고 바늘 구멍만하다고 해도 결국 취업의 성패는 충실한 내 삶의 흔적, 즉 진정성 있는 나만의 스토리를 보여줄 수 있느냐에 달려 있다.

6

누구보다도 먼저
나와 마주하기

자기 확신이 없어 불안한 정세윤 씨

4학년 졸업을 앞두고 있는 동국대학교 경영학과 정세윤 씨는 지금 힘겨운 시간을 보내는 중이다. 학생으로서 얼마 남지 않은 시간을 아껴 학점과 스펙을 다 잡아야 하는 상황이라 조급하다. 마지막 한 학기를 남겨두고 그녀는 시험과 인턴십, 공모전을 준비하고 있다.

세윤 씨의 목표는 VMD(visual merchandiser)이다. VMD는 브랜드 콘셉트에 맞춰 제품을 연출하고 전시해 매장 전체를 꾸미는 직업이다. 상품을 기획하고 구매하는 MD에 시각화하는 이미지까지 담당해야 하는 일이다. 단지 예쁘게 꾸미는 게 아니라 상품이나 서비스를 시각화해 예술적인 공간으로 만들어야 하기 때문에 미적 감각이 뛰어나야 한다. 우리나라에서는 아직 생소한 분야이지만 영국과 프랑스, 이탈리아 등 유럽권 국가에서는 잘 알려진 직업군이다.

VMD는 경력직을 많이 뽑아서 관련 경력을 쌓아가는 게 중요하다. 세윤 씨는 지금 할 수 있는 것부터 먼저 하고 있다. 당장 VMD가 되자는 욕심은 내려놓고, 매장 영업직부터 시작해 경력을 쌓는다는 계획도 세웠다.

이처럼 자신의 진로를 야무지게 설계한 세윤 씨는 왜 〈인재의 탄생〉을 찾았을까? 그녀는 이렇게 말했다. "제가 하고 있는 것들에 대해 어떻게 좀더 자신감을 가지고 살아갈 수 있을까 싶어서 프로그램에 지원하게 되었습니다. 좀더 제 자신의 가치를 찾을 수 있는 기회가 되었으면 합니다."

"지금 제 모습에 자신감이 없어요"

블라인드 면접 날, 세윤 씨는 첫 만남에 들떠서 잠을 설쳤다고 했다. 어떤 자세로 임할지, 어떤 모습을 보여야 할지, 어떤 사람을 만날지, 무슨 옷을 입고 가야 할지, 첫 만남에서 실수하지는 않을지 이런저런 생각이 많았다고 했다.

멘토들과의 만남이 설레고 긴장된다는 말과 달리 세윤 씨의 행동은 자연스러웠다. 첫 대면이라 어색했을 상황에서도 사람들과 잘 어울렸고, 멘토들의 질문에도 망설이지 않고 대답과 질문에 적극적이었다.

스스로 새로운 환경에서 다양한 문화를 가진 사람들과 만나 대화하고 아이디어를 공유하기를 좋아한다고 말한 것처럼, 멘토들은 세윤 씨의 첫 강점으로 뛰어난 소통 능력을 꼽았다. 자신의 생각을 잘 표현할 줄 알았다. 자신이 관심 있는 패션 분야에 대한 준비를 철저하게 해나가는 추진력도 있었다.

집안의 막내로 어른들의 사랑을 듬뿍 받았다고 하면서도 부모의 도움을 받지 않고 대학에 들어가거나 외국 여행을 하면서 자기 일을 찾고 아르바이트를 하는 등 자기 삶을 주도적으로 이끌어나가는 모습은 준비된 인재로서 부족함이 없어 보였다.

유순신 대표는 세윤 씨를 글로벌 시대의 인재상에 부합한다고 평가했다. 원활한 영어 소통, 강한 적응력, 모험 정신을 높이 평가한 것이다.

지금 우리 사회가 요구하는 인재라고 멘토들에게 좋은 평가를 받았지만 정작 세윤 씨는 지금의 모습에 자신감이 없다고 말했다. 그 이유는 무엇일까? 그 동기가 된 사건은 유학 시절 한 번의 큰 좌절이었다.

2013년 세윤 씨는 미국 뉴욕에 있는 한 패션 회사의 마케팅 부서 인턴으로 들어가기로 예정되어 있었다. 2년 동안 외국 여행을 하면서 자신이 패션 관련 일을 좋아한다는 걸 깨닫고 6개월 남짓 공들여서 준비한 끝에 얻은 성과였다. 좌절은 예상하지 못한 데서 찾아왔다. 마지막으로 남겨놓고 있었던 미국 비자 신청이 거부된 것이다.

뉴욕 인턴십은 세윤 씨에게 중요한 기회였다. 이 회사의 인턴십 경험이 있으면 취업에 유리한 고지를 선점할 수 있다고 생각했기 때문이다. 그동안의 노력이 허사가 되자 그녀는 어쩔 수 없이 모든 걸 접고 다시 한국으로 돌아왔다.

2년 만에 대학에 복학해 보니 학교 분위기도 변해 있었다. 어느새 한두 살 어린 후배들이 졸업 동기가 됐고, 그 후배들과 취업하기 위해 경쟁해야 했다. 그동안 소홀히 한 학점에도 신경 써야 했다. 조미진 상무는 이를 "한 사건으로 말미암아 계속 해오던 일에 대한 자기 확신이 없어졌다"고 표현했는데, 그 말처럼 세윤 씨의 자신감도 자꾸 떨어지고 있었다.

세윤 씨와 같이 인턴 활동 등을 이유로 졸업을 유예하는 학생들을 보통 대학 5학년생이라고 부른다. 많은 학생들이 4학년을 다 채우고도 졸업 논문을 남겨놓고 졸업을 미루고 있는 실정이다. 취업하지 못해 어쩔 수 없이 선택하는 5학년생이라 그 스트레스와 불안감은 재학생에 비길 바가 아니다.

세윤 씨도 다른 대학 5년생들과 비슷한 상태였다. 그 전까지 하고 싶은 일을 하느라 신경 쓰지 않았던 자신을 객관적으로 다시 보니 우선 나이가 많은 게 아닌가 하고 걸렸다.

영어만큼은 자신 있다고 생각했지만, 그것도 아니었다. 자유자재로 원어민처럼 영어를 구사하는 학생들도 많고, 후하게 봐도 자신의 실력은 다른 사람들보다 조금 나은 수준밖에 안 되는 것 같았다.

나이나 영어보다 더 걱정이 되는 건 좌절된 뉴욕 인턴십에 버금가는 스펙을 찾는 일이었다. 취업 커뮤니티에 하루에도 수십 번을 들락날락 하면서 올라오는 글들을 읽었지만 이거다 싶은 방법은 없었다. 막막한 하루하루가 계속됐다. 당장 코 앞에 닥친 시험이나 리포트, 공모전 등을 준비하느라 언제까지 고민만 할 수도 없었다.

시간은 부족했고, 부족한 시간은 잠을 줄이거나 먹는 시간을 줄이는 걸로 때웠다. 그렇게 생활 리듬이 깨지자 스트레스도 커졌다.

"너는 매사에 열정적이고, 인간관계도 원만하니 잘 될 거야"라는 엄마의 위로도, "네가 회사에 들어가면 그 회사에 도움이 될 만한 아이디어가 많이 있을 거야"라는 교수의 격려도 귀에 들어오지 않았다.

어른 vs 아이, 무엇이 진짜 내 모습인가?

그런데 세윤 씨에게 그보다 큰 문제가 있었다. 자신이 포착하지 못한 독특한 습관이었다. 세윤 씨는 이야기하는 중간중간 어색하거나 긴장될 때마다 어린 아이처럼 혀를 내밀었다.

옷차림이 블라인드 면접의 자리와 어울리지 않다는 지적도 있었다. 짧은 반바지에 평범한 블라우스 차림은 중요한 면접 자리에 어울리지 않을뿐더러 패션업계를 지망하는 사람치고는 평범하다는 말이었다.

블라인드 면접은 셀프 마케팅의 자리 아닌가. 각자가 하나의 브랜드이고, 그 브랜드가 가진 매력과 가치를 알리는 자리이다. 자신을 알릴 수 있는 좋은 기회를 그녀가 제대로 활용하지 못하고 있다는 것이다.

조벽 교수와 세윤 씨의 일 대 일 면접이 시작되자 세윤 씨의 어린 아이 같은 습관에 대해 본격적으로 이야기가 오갔다.

"정세윤 씨는 겉모습은 성숙한 여성인데, 때로 아주 어린 여자아이 같은 행동을 보일 때가 있어요. 혹시 그것을 인식하는지요?"

"물론 제가 완전히 틀릴 수도 있겠지만" 하고 전제한 조벽 교수의 말에 세윤 씨가 "막내에 부모님의 사랑을 듬뿍 받아서"라고 대답했다. 어린 여자아이 같다는 말을 어린이처럼 순수하다고 오해한 것이다. 조벽 교수가 재차 말했다.

"굉장히 두드러지게 나타나는 습관이 있어요. 그래서 '어린 아이가 숨어 있는 것이 아닌가'라는 생각이 들게 하는 거예요. 본인이 혹시 아세요?"

당황한 세윤 씨가 혀를 내밀었다. 바로 조벽 교수가 말한 두드러지게 나타나는 습관이었다. 친구들이 가끔 놀리기는 해도 특별히 잘못됐다고 생각해 본 적이 없었다. 잘 모르겠다고 말하면서 또 혀를 내밀다가 그제야 "아이고, 계속 나오네" 하고 당황했다. 그뿐만이 아니다.

"멘토들이 세윤 씨에 대해 적은 걸 보면 그쪽으로 많은 말들이 중복되어 있어요. 성숙한 여성의 모습인데 내면은 어린 모습, 불일치, 이미지 관리를 하지만 스스로는 자기 자신을 봐달라는 마음……."

유순신 대표의 말을 빌리자면, 세윤 씨는 다섯 명의 지원자들 중에서 가장 연예인 같은 사람이다. 즉 다른 사람들보다 이미지 관리에 신경을 쓴다는 것이다. 그런데 가공된 이미지가 필요하지 않은 자리에 그런 모습이라면 부담스럽고, 부자연스러워 보일 것이다.

자신의 바람과 달리 세윤 씨는 스스로 보이고 싶은 이미지랑 정반대의 이미지를 드러내고 있었다. 정작 자신의 모습이 다른 사람에게 어떻게 보이는지 모르는 데서 오는 행동은 다른 상황에서도 발견할 수 있었다.

사람은 기쁘면 웃고, 슬프면 운다. 또 화가 날 때는 화를 낸다. 이것이 사람의 자연스러운 감정 표현이다. 그런데 자신의 문제를 지적하는 심각한 상황에서 세윤 씨는 계속 웃고 있었다. 심지어 멘토의 뼈 아픈 평가에 참지 못하고 눈물이 터진 상황에서도 그녀는 계속 웃는 표정이었다.

이와 같은 부자연스러운 행동은 이미지를 관리하는 사람에게서 나타나는 특징이다. 미스코리아가 그 대표적인 예다. 미스코리아들은 사람들 앞에서 힘이 들든 불편하든 시종일관 미소를 짓는다.

조벽 교수의 말을 듣고 나서 뜻을 이해한 세윤 씨가 반사적으로 웃으려다가 멈칫했다. 그녀는 웃어야 할지 웃지 말아야 할지 몰라서 긴장이 된다고 했다. 이제야 상황을 심각하게 느낀 세윤 씨가 잘못된 습관을 고치려면 어떤 연습이 필요한지를 조벽 교수에게 물었다.

사실 겉모습과 내면을 일치시키기 위한 연습 같은 건 없다. 아기가 배고프면 울고, 기분 좋으면 웃듯이 사람은 본래 태어나기를 그렇게 태어난다. 오히려 내면과 다른 겉모습을 보여주기 위해 지금까지 연습해 온 것이 문제라면 문제다. 필요한 건 자신의 본래 모습에 충실하려는 마음가짐을 잊지 않는 것이다.

자기 본래의 모습에 충실하라는 말은 조미진 상무가 말한 자기 확신과도 관계가 깊다. 자기 확신을 한다는 것은 무엇보다 자기가 누구인지를 아는 것, 즉 자기 인식(self-awareness)을 한다는 의미다. 또한 자기 확신이 있는 사람은 자신의 능력을 믿고 쉽게 좌절하지 않기 때문에 자신의 한계를 극복할 줄 안다.

내가 누구인지 알려면 자신을 객관적으로 바라볼 수 있어야 한다. 그러나 자신을 자기가 바라보기는 어렵기 때문에 다른 사람의 도움을 받는 경우가 많다. 다른 사람과의 관계에서 나를 찾는 것인데, 이 방법이 때로는 잘못될 수도 있다. 다른 사람들이 나를 어떻게 인식하는지, 나에 대해 무어라 하는지 신경 쓴 나머지 그쪽으로 나를 맞추려고 하기 때문이다.

이런 경우 만약 자신에 대해 부정적인 소리를 듣는다면 자존감이 낮아져 사회생활을 하는 데 문제가 될 수도 있다. 그러므로 남의 말에 흔들리지 않고 자기 확신을 가지려면 먼저 스스로 물어야 한다. 내가 누구인지, 어디에서 왔는지, 나는 뭘 하고 싶은지, 어떻게 살고 싶은지, 그리고 나의 진짜 강점은 뭔지, 내 약점은 무엇인지를 수없이 고민하고 답하는 것이다.

그 과정을 통해 있는 그대로의 나를 받아들일 수 있다. 자기를 이해하는 시간을 충분히 가진 뒤에라야 무엇을, 어떻게 해야 하는지를 찾고 도전할 수 있다. 인재가 되기 위한 출발점도 바로 여기에 있다.

당신은 이미 충분히 재능을 가지고 있다

누구에게나 잠재적 재능이 있다. 하지만 누구나 재능을 발휘하는 건 아니다. 자신의 재능을 의심하고 고민만 하다 기회를 놓치는 사람도 있고, 실패할까 봐 두려워 도전을 망설이는 사람도 있다. 어떤 사람은 20대가 훌쩍 넘어서 뒤늦게 자기 재능을 꽃 피우기도 한다.

중요한 건 자신의 잠재적 재능을 알기 위해서는 자신에 대해 주의 깊게 생각해 봐야 한다는 점이다. 그것도 자신을 제대로 보고, 있는 그대로 봐야 한다. 조벽 교수가 사람들에게 보이고 싶은 이미지가 무엇이냐고 묻자 세윤 씨는 이렇게 답했다.

"저는 정말 제 자신이고 싶어요. 그게 항상 어려운 일이기도 하고 가장 고민이 되는 부분이기도 해요."

세윤 씨의 이 말은 이번 멘토링 프로젝트의 핵심 주제인 '인재란 무엇인가'와도 큰 연관이 있다. 앞으로 지원자들이 수행해야 할 미션들이 주로 자기 자신과 마주하는 시간들이기 때문이다.

'내'가 '나'이게끔 만드는 힘은 주변에 흔들리지 않고 자기 자신을 지켜나가려는 마음에 있다. 이것을 우리는 자존감이라고 부른다.

128

최근 영화《명량》이 최고의 흥행 성적을 거두면서 이순신 장군의 리더십이 새삼 화제가 됐다. 12척의 배가 남아 있는 풍전등화의 상황에서 '생즉필사 사즉필생(生卽必死 死卽必生, 죽고자 하면 살 것이요, 살고자 하면 죽을 것이다)'을 외치며 왜군의 330여 척 배를 격파하고 대승한다.

이순신 장군이 절대적으로 불리한 상황에서 낙심하지 않고 아군을 승리로 이끌 수 있었던 힘은 무엇일까? 죽음을 두려워하지 않는 용기, 냉철한 지략, 부하들을 아우르는 포용 등이 있지만 그중 빼놓을 수 없는 것이 위기의 순간에도 무너지지 않은 자존감이었다.

이순신 장군은 『난중일기』에서 집안 탓, 약한 몸 탓, 기회 탓을 하지 말라고 한다. 자신의 능력을 믿고, 주변에 흔들리지 않고 자신이 원하는 삶을 살라는 뜻이다. 자신의 잠재된 재능을 끌어내고 싶다면, 우선 자기 자신부터 믿어야 한다.

하지만 하루아침에 자신을 믿기는 힘들다. 앞으로 일정한 시간을 두고 다섯 멘토들이 주는 여러 가지 미션을 통해 세윤 씨를 비롯하여 다른 멘티들 스스로 몸과 마음을 바꿔나가고자 한다. 이를 통해 멘티들은 먼저 자신을 이해하고 차츰 자신을 믿을 수 있을 것이다.

4장

인재란
내 안에서
태어나는 것 : 자기 중심을 회복하는 9가지 미션

"한국의 젊은이들은 재능이 많고, 실력도 있고, 뛰어난 면이 많습니다. 그런데 모두 힘
들어하고 있습니다. 왜 그럴까 곰곰이 생각해 보니 자기의 중심이 바깥에 있었기 때문
입니다. 그래서 이 멘토링을 통해 멘티들이 자기 중심을 회복하고, 진정한 자기 자신의
주인이 되어 자신의 실력과 능력을 베풀 수 있는 인재로 성장하기를 원했습니다."

— 조벽 교수

1

스스로 살아가는
방식을 만들어라

앞서 다섯 명의 멘티들과 블라인드 면접과 개별 면담을 한 조벽 교수는 멘티들에게서 두 가지 공통점을 발견했다. 하나는 멘티들 모두 크게 성장하고 인재로 살아갈 수 있는 씨앗을 품고 있다는 것, 둘째는 그들이 상당히 힘들어하고 있다는 점이다.

재능 많고 실력 있는 한국의 젊은이들이 힘들어하고 절망하는 이유를 조벽 교수는 자기의 중심이 바깥에 있었기 때문이라고 분석했다. 중심이 바깥에 있다는 것은 성공과 행복의 잣대가 외부의 인정에 의해 정해진다는 의미다.

자신의 성공과 행복이 외부에 의해 좌지우지되면 스스로 인생의 여러 문제들을 결정하지 못하고 자신을 힘든 상황으로 몰아가게 된다. 순간적인 행복이나 성공은 얻을 수 있어도 오래 가지 않는다. 명문대에 들어가도 대기업에 들어가도 외부의 요인에 의해 흔들려 뿌리 없는 나무처럼 혼란스러워 한다.

그렇기에 지원자들이 스스로 자신 안에 있는 인재로서의 싹을 발견하고 틔울 수 있는 힘을 기르도록 하는 것이 급선무였다. 이러한 관점에서 조벽 교수는 〈인재의 탄생〉 프로그램에서 진행하는 멘토링이 외부에서 규정하는 조건과 자격에 나를 맞추는 결과지향적인 방법이 아닌 지원자들의 심리를 강화하고 비전을 키워가는 과정 중심의 방법들로 진행되어야 한다고 강조했다.

이러한 이유로 미션 내용은 인재로서 가져야 할 작은 습관부터 시작해 자기 중심을 회복하는 내용으로 채워졌다. 바로 자신을 성찰하고, 강점을 발견하고, 관계의 중요성을 스스로 생각해 보는 과정이다.

멘티들은 평균 한 달에 한 번 정도 그룹으로 조벽 교수와 만나 미션이 잘 수행되었는지, 다음 미션을 수행할 단계에 왔는지를 함께 파악하도록 했다. 이와 동시에 각 지원자들이 가진 재능, 비전, 여건 등이 다르다는 점을 고려해 다른 멘토들과의 개별 멘토링도 진행하기로 했다.

4천여 명의 경쟁을 뚫고 선발된 다섯 명은 미션을 수행하면서 자기 삶의 주인이 되어서 자신의 잠재된 실력과 능력을 찾아 인재로 거듭나게 될 것이다. 또한 이를 통해 오늘날 사회에서 원하는 진정한 인재상과 취업을 준비하는 학생들이 생각하는 인재상을 좁혀나가게 될 것이다.

취업해야 하는데 왜 운동인가

인재로 살아가기 위한 첫 번째 미션을 시작하기 앞서 조벽 교수는 다섯 명의 지원자들에게 "건강한 20대라면 어떤 정도의 체력 활동을 할 수 있을까"를 물어봤다.

쉽게 생각할 수 있도록 남자의 경우 팔굽혀펴기, 여자의 경우 윗몸일으키기를 기준으로 몇 개나 할 수 있는가로 질문을 좁혀보았다. 저마다 제시한 횟수에는 개인차가 있었지만 평균 20대가 할 수 있는 팔굽혀펴기와 윗몸일으키기의 개수가 어느 정도 모아졌다.

몸 풀기 식으로 가볍게 시작한 이야기는 이제부터 다섯 명이 수행하게 될 첫 번째 미션과도 관련이 깊다. 조벽 교수가 전한 첫 번째 미션은 '운동'이다.

MISSION ❶ 매일 규칙적으로 운동하기

① 일주일에 5일 이상 달리기 30분 또는 걷기 1시간을 한다. 108배를 20분간 해도 좋다.

② 한 달 뒤에는 다음을 할 수 있어야 한다.

　남자 – 팔굽혀펴기 50번 | 여자 – 윗몸일으키기 30번

③ 매일 운동한 내용을 기록하는 운동 일지를 쓴다.

④ 무엇보다 왜 이 미션을 수행하는지 그 의미에 대해 생각해 본다.

위 세 가지 중에서 1번이 주요 미션이다. 종목을 한 가지 선택해 꾸준

히 해도 되고 아니면 달리기와 걷기를 섞어서 해도 된다. 미션 점검은 한 달 후에 하되, 미션 수행은 멘토링이 끝날 때까지 계속될 것이라고 지원자들에게 알려두었다. 운동 일지에는 날짜와 운동 종목만 짧게 적으면 된다.

미션이 주어지면 왜 이것을 해야 하는지 설명하는 게 일반적이지만, 이번에는 그 의미를 생각하는 것도 미션에 포함됐다. 지원자들은 운동 미션의 이유를 생각해서 다섯 명 각자 조벽 교수에게 메일을 보내기로 했다. 그 의도를 잘 파악했다고 생각하면 조벽 교수가 답장을 하고, 그렇지 않으면 답장을 하지 않는다.

지원자들은 의미도 모르는 채 첫 미션을 받아들고 어떤 생각을 했을까?

김관우 씨는 좀 당황스럽다고 했다. 취업시켜 주는 프로그램인 줄 알고 시작했는데 취업의 요령은커녕 의미도 설명하지 않고 운동하라고만 하니, 관우 씨 말 그대로 옮기면 '아니, 이게 무슨 뚱딴지 같은 미션이냐?' 싶다. 그래도 이왕 시작하기로 마음먹었으니 '건강한 신체에 건강한 정신'을 가지라는 뜻으로 알고 열심히 하겠다고 각오를 다졌다.

며칠 뒤 제작진은 미션을 잘 수행하고 있는지 보기 위해 관우 씨를 찾아갔다. 미션 수행 전에 여의도에 있는 회사에 인턴으로 채용된 그는 가까운 곳에 집을 얻고 교통비도 아끼고 건강도 챙길 겸 걸어서 회사에 출퇴근하고 있었다. 오가는 시간은 1시간. 미션과도 겹쳐 따로 시간을 내지 않고 출퇴근 시간에 걷는 운동을 충실히 해나가고 있었다.

운동 미션에 가장 의욕을 보인 지원자는 김성령 씨다. 스스로 오타쿠라고 부르는 성령 씨는 그 전까지 방에서 컴퓨터를 보며 지내는 시간이 대부분이었다고 했다. 바깥 활동을 기피하고 집안에만 있다 보니 우울해질 때가 많아서 이번 운동 미션도 '밖에 나가서 걸으면 기분이 좀 나아지겠지'라는 마음으로 시작했다.

'매일 오후 7시, 걷기 1시간'을 목표로 정하고 구글 맵으로 집에서 1시간 남짓 거리에 있는 인근 공원을 찾아 거리 동선도 표시해 두었다. 산책로 길이라고는 하나 오르막이 있어서 만만치 않은 거리다. 걷기를 하면서 중간에 공원에 있는 운동 기구들을 이용해 윗몸 일으키기도 병행하기로 했다.

며칠 뒤 찾아간 성령 씨는 자신의 목표를 차근차근 수행하고 있었다. 걷기에 몰두하며 생각을 비우는 연습도 하고, 수동적이고 부정적인 생각의 굴레에서 벗어나 긍정적으로 생각하려는 연습도 빠뜨리지 않는다고 했다.

성실히 운동을 하는 두 사람과 다르게 나머지 세 사람의 미션 수행 상황은 좋은 편이 아니었다.

김춘식 씨는 스트레칭은 매일같이 하고 있었지만 외국계 기업의 인턴 생활이 바쁘다는 이유로 자신이 정한 달리기 운동을 게을리하고 있었다. 지금은 시간 나는 대로 공원에 나가 20분 정도 트랙을 돌며 달리기를 하는 수준.

춘식 씨는 운동 미션을 평생 가져갈 수 있는 좋은 습관을 20대에 만들라는 뜻으로 이해하긴 했지만, 그래도 운동보다는 지금 자신에게 다급한 취업 준비에 시간을 투자해도 부족하다고 생각한다.

정세윤 씨도 춘식 씨와 상황이 다르지 않았다. 학교 교수님을 따라 진행하는 프로젝트 발표와 인턴십에 대부분의 시간을 보내느라 운동 미션은 첫 주에는 4회, 둘째 주에는 2회를 한 것이 전부였다.

그녀는 몇 년 전부터 한 달만 운동을 해보자고 계획하고서 못한 적이 많아서 스스로 끈기 있게 하기가 힘들 거라고 예상했다고 한다. 운동 미션의 의미도 운동을 꾸준히 해나갈 정도의 끈기가 있어야 프로그램에 잘 참여할 수 있다 정도로 생각했는데 날마다 하는 미션이 생각보다 힘들었다. 그녀는 달리기를 하다가 날씨가 좋지 않은 날은 집 안에서 108배를 하고, 그나마도 잘 안 돼 실내 요가로 바꾸어서 하고 있었다.

다섯 명 중 가장 힘겨운 시간을 보내고 있는 사람은 엄지아 씨였다. 지아 씨는 좀처럼 미션 수행에 몰입하지 못했다. 생각이 '내가 정말 할 수 있을까?'와 '왜 하필 운동 미션을 주셨지?' 사이를 오락가락했다.

운동 미션 수행 5일차, 제작진은 대구에 있는 지아 씨를 찾아갔다. 그녀는 간편한 옷차림으로 한 시간 걷기에 도전하고 있었다. 윗몸일으키기는 더워서 처음부터 생략한 상태다.

"솔직히 많이 안 했어요"라고 고백한 지아 씨는 8월의 무더위에 거의 매일 해야 하는 운동을 버거워했다. 게다가 체력이 좋은 편이 아니라 약속이 없으면 외출도 잘 하지 않는 생활 패턴을 그대로 유지하고 있었다.

지아 씨를 더 힘들게 한 것은 걷기 운동을 하다 보면 오만가지 생각이 떠오른다는 점이다. '토익 공부는 어떻게 해야 하나?' '9월에 하반기 공채가 뜨는데 그때 서류는 어디에 내야 할까?' 등의 고민으로 마음이 더 복잡해졌다. 운동이나 하기에는 해야 할 일이 많은데 미션으로 시간을 낭비하는 듯하다.

다섯 명의 미션 수행을 점검한 며칠 뒤, 제작진과 조벽 교수에게 메일이 한 통 도착했다. 지아 씨가 보낸 것이었다.

"저의 미션 완수율은 100퍼센트 중 10퍼센트에 가깝습니다. 미션을 받은 뒤 2주 동안 제가 이 미션을 왜 해야 되는지에 대해 끊임없는 의문이 들었고, 목적이 없었기 때문에 미션 수행을 제대로 하지 않았습니다. ……멘토링 참여를 포기하고 싶다는 생각에 이르렀습니다."

미션의 의미를 찾지 못한 지아 씨가 멘토링을 포기하고 싶다고 폭탄선언을 한 것이다.

일주일에 다섯 번, 그건 살아가는 방식

그로부터 일주일 뒤 조벽 교수가 다섯 명의 지원자들을 긴급 소집하였다. 예정에 없던 만남이었다. 폭탄선언을 한 주인공 지아 씨도 불편한 마음으로 모임에 참석했다. 첫 미션에 지원자들이 혼란을 느낄 거라고 어느 정도 예상하긴 했지만, 지원자들이 전혀 감을 잡지 못하고 중도 포기 선언까지 나온 뒤라 분위기는 무겁기만 했다.

미션에 대해 전혀 감을 잡지 못하는 다섯 명에게 조벽 교수가 질문을 던졌다. "제가 여러분들에게 주는 미션, 운동하기. 별거 아니죠? 일주일에 다섯 번, 그게 무슨 뜻이라고 생각해요?"

지원자들의 대답들이 엇갈리고, 그 속에서 운동 미션을 수행하지 못한 지아 씨는 입을 굳게 다물고 있었다. 지원자들을 둘러보던 조벽 교수는 힘주어 말했다.

"걷기 한 시간, 아니면 뛰기 30분 (누구나) 다 할 수 있는 거예요. 그런데 '(그것을) 일주일에 다섯 번 하라', 그건 살아가는 방식이에요."

조벽 교수의 말처럼 인재는 살아가는 방식으로 결정된다. 타고난 머리가 좋다고 인재가 되는 건 아니다. 현재 어떻게 살아가고 있느냐가 인재인지를 말해 준다. 과거에 내가 인재가 아니었다고 해서 앞으로 인재가 아니라고 단정할 수는 없다. 현재의 내가 인재가 아니라는 말도 현재의 살아가는 방식이 인재의 방식이 아니라는 의미 이상은 아니다.

사람은 저마다 굉장한 능력을 가지고 있다. 그럼에도 그 능력을 발휘하지 못하고 인재가 되지 못하는 이유는 대개 스스로 능력을 가로막는 덫을 가지고 있기 때문이다. 그러므로 그 덫을 스스로 제거하거나 다른 사람에게 도와달라고 손을 내밀어야 한다. 멘토가 필요한 이유도 여기에 있다.

물론 조벽 교수는 멘토는 멘티가 가지지 못한 걸 주는 사람이 아니라고 단호하게 말한다. 대학 성적을 올려주지도 못하고 학벌이나 출신 대학을 바꿔줄 수도 없다. 멘티에게 없는 능력을 새로 부여하지도 못한다. 멘토의 역할은 인재로 살아가는 방식을 안내해 주는 것일 뿐, 인재가 아닌 사람을 인재로 만들어주지는 못한다는 것이 조벽 교수의 설명이다.

조벽 교수의 말은 멘토가 확실한 방향을 제시해 주기를 바랐지만 아무도 그런 메시지를 주지 않아 답답해서 포기하려고 했던 지아 씨의 마음을 잘 알고 하는 말인 듯했다. 멘토의 설명이 지아 씨에게 잘 전해졌을까?

"사실 프로그램을 하기가 너무 싫은 거예요. 그만 두고 싶었어요. 막말로 취업을 시켜주는 것도 아닌데 그래도 내가 지원했고, 이미 일은 벌어졌고…… 처음에는 화가 났는데 나중에는 부끄럽더라고요."

계속 받기만을 바라고 핑계대기에 바빴던 자신을 반성하면서 지아 씨가 한 말이다.

그러나 아무리 좋다는 것을 알아도 그것을 실천하기에는 벅찰 만큼 바쁜 세상이다. 하루에 한 시간씩 운동할 여유가 있는 사람이 과연 몇이나 될까. 하지만 조벽 교수는 여유는 생기는 게 아니라 만드는 것이라고 못 박았다.

세상에 미국 대통령만큼 바쁜 사람이 어디 있을까. 하지만 오바마 대통령은 백악관에서든 해외 순방지에서든 예외 없이 하루에 1~2시간을 운동하고 하루를 시작하는 것으로 유명하다. 기업의 CEO 등 수많은 책임을 지고 일해야 하는 이들이 오히려 체력관리에 더 신경 쓰는 모습도 얼마든지 발견할 수 있다. 유능한 사람은 일을 하고 나서 여유 있을 때 운동하는 게 아니라 운동을 하기 때문에 그 많은 일을 잘해낼 수 있는 것이다.

의도를 알면 실행에도 가속도가 붙는다. 조벽 교수와의 만남 뒤 미션을 수행하는 다섯 명에게도 뚜렷한 변화가 보였다.

가장 의욕이 없었던 지아 씨는 힘을 내 멘토링에 적극 참여해 보기로 했다. 매일 걷기는 아니라도 윗몸일으키기, 물구나무서기 등 종목을 바꿔가며 하루에 잠깐이라도 운동하기를 게을리하지 않았다.

그간 프로젝트와 인턴십을 마무리한 세윤 씨는 시간을 정해놓지는 않았지만 하루에 무조건 운동 한 종목을 하고 잤다. 운동 습관은 어느새 몸에 배어 자기 전에 운동을 안 하면 뭔가 서운하다는 마음이 들 정도다. 최근에는 어머니랑 같이 운동이나 식이 요법도 병행했다. 하루하루 건강하고 의욕적으로 살 수 있는 힘이 부쩍 늘어난 것도 운동하면서 생긴 변화다.

미션 첫날부터 꾸준하게 저녁 7시에 걷기를 하던 성령 씨는 의욕이 지나친 나머지 윗몸일으키기 200개에 도전하겠다고 했다가 조벽 교수에게 페이스가 너무 빠르다는 지적을 받기도 했다. 성령 씨에게 생긴 큰 변화는 자신 없다고 쳐다보지도 않던 영어 학원에 등록한 점이다. 미흡한 영어 실력을 남에게 보여주기 싫어 학원에 가길 꺼리던 성령 씨가 큰 용기를 낸 것이다.

춘식 씨는 팔굽혀펴기 50번이라는 미션 목표를 넘긴 상태다. 미션을 수행하면서 친구와 함께 어떤 상황에서도 핑계를 대지 않고 달리기를 매일 하자고 약속했다. 그 이후 러닝 앱과 밴드를 이용해 하루도 빠지지 않고 달리기를 하고 있다.

인턴을 마치고 중국으로 돌아간 관우 씨는 헬스 클럽에 등록해 매일 한 시간 달리기를 시작했다. 운동 목적이 보이자 열의가 생겨났고 몸무게가 13킬로그램이나 빠지는 극적인 변화도 생겼다. 30회 언저리에서 현상 유지하던 팔굽혀펴기는 목표치인 50회를 넘어섰다. 관우 씨는 군대에서도 50회까지 해본 적이 없었는데, 성공하고 나니 그 만족감은 예상보다 컸다고 했다.

2

나의 과거·현재·미래를 분석하라

      사람들은 인재가 되기 위해서는 자신의 부족한 면을 메워야 한다고 생각하지만, 그것은 내가 누구인지를 모르고서는 가능한 일이 아니다. 그러므로 내가 살아온 모습을 먼저 돌아보고 정리하는 시간이 필요한데, 그 대표적인 방법이 '기억 정리'다.

  기억 정리는 어질러진 책상을 정리하듯 우리 머리와 마음속 기억을 정리하는 방법이다. 최성애 박사가 저서 『나와 우리 아이를 살리는 회복탄력성』에서 소개한 심리 치료의 한 방법으로, 글쓰기가 마음의 상처를 치유하고 성장에 도움이 된다는 방대한 연구에 기초해 쓰기를 통해 시기별로 기억을 정리할 수 있도록 만든 것이다.

  기억을 정리하면 과거의 일을 들춰냄으로써 가치관이 충돌하는 상황마다 자신의 생각과 행동이 어떻게 변하고 무엇을 우선시하는 사람인지를 깨달을 수 있다. 마음의 상처나 걸림돌이 된 부분을 제거해 한결 홀가분해지고 새로운 경험을 할 수 있는 마음의 공간이 더 넓어지는 효과도 있다.

지금까지 무엇이 나를 기쁘게 만들고, 행복하게 만들고, 두렵게 만들었을까? 또 우리는 과거를 얼마나 기억할까?

2013년 8월, 다섯 명의 지원자들에게 두 번째 미션이 주어졌다.

> **MISSION ❷ 기억 일기 쓰기**
> 어릴 때부터 현재까지 자기 인생에서의 큰 사건을 떠올리고 시기, 기억 속의 상황이나 장면, 등장인물, 느낌과 생각을 적는다. 좋은 기억이든 나쁜 기억이든 상관없다. 가능한 자세히 쓸수록 기억 정리에 도움이 되지만 너무 시시콜콜한 일까지 적을 필요는 없다.

기억 일기의 중요한 포인트는 자신의 감정을 솔직하게 쓰는 데 있다. 기억은 바뀔 수 있다. 미국 노스웨스턴대학교 의과대학원 연구팀에 따르면, 인간의 뇌는 지난 기억들이 새로운 경험과 만나 수정되면서 과거의 기억을 새로운 기억으로 대체한다고 한다. 그러므로 정리된 기억을 보면서 새롭게 더하거나 고쳐도 된다.

기억 일기는 극히 개인적인 부분이므로 비공개로 진행했다. 지원자들은 미션을 얼마나 성실하게 임했는지 제작진과 멘토에게 알려주기만 하면 된다. 기억 일기는 한 달 뒤에 간단하게 중간 점검하기로 했다.

지아 씨는 한 달간 5~6가지의 기억을 정리하는 데 그쳤다. 대개 자신의 인생에서 15~20가지 기억을 정리하는 다른 사람들과 비교하면 적은 분량이다. 멘토들로부터 자신이 가진 좋은 아우라와 정신력을 어떤 걸림돌이 막고 있는지 이해해야 한다는 말을 들었던 지아 씨에게 기억 정리는 좋은 기억보다 나쁜 기억이 더 또렷해 진척이 더딘 듯했다.

그런 지아 씨에게 조벽 교수가 한 조언은 기억 일기는 아무도 보지 않는 것이므로 되도록 상세히, 많이 쓰라는 것이었다. 멘토의 조언을 듣고 나서 지아 씨는 자신을 객관적으로 바라보려고 하면서 내가 왜 지금의 모습을 하고 있는지 생각해 보는 연습을 같이 했다. 이후 총 8페이지에 달하는 기억 일기를 작성하는 등 미션 수행 속도도 빨라졌다.

관우 씨는 기억의 가지 수는 많았지만 자세히 써야 할 느낌과 생각은 짧게 한두 줄로 마무리 한 경우가 많았다. 기억 정리는 그때 자신의 느낌과 생각을 알아차리는 게 핵심인데, 이는 사건 중심으로 치우쳐서 생기는 오류다. 좀더 자기 감정에 집중하라는 조벽 교수의 조언에 관우 씨는 자신의 생각과 느낌을 중심으로 자신을 바라보려고 노력했다.

기억 정리를 잘 수행한 사람은 세윤 씨였다. 그녀는 버스나 지하철 안, 공강 시간을 이용해 틈틈이 기억을 정리했다. 다른 일을 하면서도 자신에 대해 생각하고, 과거의 기억이 자신에게 어떤 영향을 주었는지 알아가는 과정은 그녀가 새로 찾은 즐거움이다.

춘식 씨는 좀더 기억 정리를 세분화했다. 우선 기억을 10대 이전과 20대 이후로 나누고 그것을 다시 좋은 기억과 안 좋은 기억, 성공과 실패로 나누어 썼다. 처음에 노트 5장 분량으로 쓴 기억 정리를 다시 보고 계속 보강해 나가는 식이다. 미션에서 요구한 것 외에 그 당시의 갈등 상황을 떠올리고 자신이 어떤 선택을 했는지도 추가했다.

예를 들어 대학교를 선택할 때 적성과 이름 중 무엇을 선택했는지를 쓰는 것이다. 스스로 생각하기에도 기억 정리를 통해 자신의 성향이나 특성을 더 잘 알게 된 것 같다.

성령 씨는 약 한 달 동안 소설 형식으로 기억을 정리했다. 그 분량만 해도 A4용지로 7장이다. 기억을 떠올리는 것만으로 좋은 기억과 나쁜 기억들이 고구마 줄기처럼 우수수 튀어나왔다. 그녀는 이를 그동안 헝클어지고 버거웠던 기억들을 정리하는 기회로 삼자고 마음먹었다.

성령 씨는 기억을 정리한 자신의 글을 읽어보면서 묘한 감정도 느껴졌다. 제3자의 관점에서 거리를 두고 쓰려고 한 자신을 발견했기 때문이다. 억울하고, 분하고, 슬픔으로 가득 찬 감정을 자기도 모르게 객관화시키려고 한 건 아닐까 하는 생각이 들었다. 한마디로 쿨한 척한 것이다.

성령 씨는 감정에서 도피하지 말고 좀더 솔직해지기로 결심했다. 가령 초등학교 때 자신을 괴롭히는 아이가 생각나면, 그때 얼마나 비참했고, 그 아이가 얼마나 싫었는지 어떤 욕을 하려고 했는지 등을 쓰는 식이다.

나는 나의 삶을 어떻게 해석하고 있나?

자신을 제대로 표현한다는 건 살아가는 데 있어서 중요한 일이다.

다섯 명의 지원자들이 인재가 되기 위해 넘어야 할 대표적인 걸림돌과 그에 대한 멘토들의 쓴소리는 다음과 같았다. '중심이 흐려져 있는 모습(김성령)' '무엇을 하고 살 것인지는 정리가 되어 있지만, 어떻게 살 것인가에 대한 정리가 없다(김관우)' '독창성을 가진 사람인데도 기업이 원하는 모습에 맞춰가고 있다(김춘식)' '원하는 것을 생각만 하고 시도하지 않는다(엄지아)' '자신의 모습이 다른 사람에게 어떻게 보이는지 확인하는 경험이 부족해 보인다(정세윤)'.

다섯 명 각자에 대한 평가는 다르지만 여기에는 일관된 지적이 있다. 자신에 대한 이해가 부족하다는 점이다. 자신의 이해가 부족하다는 의미는 자신의 흥미, 적성, 성격, 장단점을 제대로 파악하지 못했다는 뜻이다.

그런 이유로 이번에는 자신의 과거, 현재를 돌아보고 미래를 계획하여 발표하는 미션이 지원자들에게 주어졌다.

> **MISSION ❸ 나의 과거 - 현재 - 미래 발표하기**
> 나의 과거 5분, 현재 5분, 미래 5분으로 배분해서 총 15분간 발표한다.
> 미래는 지금부터 죽는 날까지를 포함하는 기간으로 상상에 맡긴다.

이 발표는 두 가지가 중요하다. 청중들에게 기술적인 면과 내용을 동시에 보여줘야 한다.

다섯 명의 멘티들은 자료를 준비해 한국장학재단이 주최하는 평창 장학 앰베서더 캠프와 속초에서 열리는 한국인재멘토링네트워크 리더십 캠프에서 발표하기로 했다.

두 행사는 청년들과 사회 지도층들이 서로의 생각을 공유하는 자리다. 평창 장학 앰베서더 캠프에서는 다섯 명 가운데 단 한 명이 발표할 기회를 얻고, 리더십 캠프에서는 다른 일이 있어 참석하지 못한 춘식 씨를 제외한 네 명이 모두 발표하게 된다.

장학 앰베서더 캠프는 300여 명의 한국장학재단 홍보대사 대학생들이 참여하는 대규모 행사다. 여기서 발표할 기회는 성령 씨에게 돌아갔다. 열의도 있었고, 발표 내용이 그 자리를 찾은 대학생들에게 도움이 될 메시지였기 때문이다.

수많은 청중들 앞에서 성령 씨는 자신의 삶을 어떻게 설명할까?

자신의 영정 사진으로 독특하게 발표를 시작한 성령 씨는 죽음을 앞두고 있는 사람이 느낄 욕망, 기억, 희망을 언급하며 말문을 열었다.

성령 씨는 인생의 끝에서 돌아보는 의미 있었던 변화를 중심으로 이야기를 풀어갔다. 초등학교 때 외환위기가 시작되고 중학교 때까지 학습 부진으로 처음 공부에 불안을 느끼던 어릴 적 이야기들이 솔직하게 이어졌다.

"(고등학교 때) 목표를 서울대로 잡았어요. 그 당시 인기 직업 1순위가 선생님이었고, 2위가 의사였어요. 법대는 사람들이 선호하는 과이고 '굶어죽지는 않겠지' 이런 생각으로 지원했거든요. 결국 들어갔습니다. 들어갔어요. 서울대 법대."

"와아~" 부러움이 서인 소리가 터져 나오며 사람들이 박수를 쳤다. 그러나 뒤에 이어지는 말이 반전이다.

"법대 가서 완전 좋을 것 같죠? 일주일 좋았습니다. 이렇게 열심히 모든 걸 다 희생해서 갔는데 일주일만 좋은 거예요. 그리고 행복에 대해 궁극적으로 묻게 된 거죠. 만약 성취가 나에게 행복을 가져다준다면 다음엔 고시 통과해서 연수원 가면 행복하겠죠. 그런데 그것도 일주일 좋을 거고요."

솔직하게 자기 이야기를 하는 성령 씨의 말에 사람들이 집중했다. 엔터테인먼트 경영 동아리와 수업을 통해 PD의 꿈을 가지게 되었으나 자신감이 없어 결국 면접에서 떨어진 현재를 지나 이야기는 막바지에 다다랐다.

"길게 보면 인생은 어떻게 될지 모르는 것 같아요. 지금 이게 가장 좋은 것 같아도 돌이켜보면 아니고요. 그래서 일희일비하지 않고 내가 원하는 삶을 성실히 사는 게 제가 그리는 저의 미래입니다."

성령 씨가 발표를 마치자 청중들에게서 따뜻한 환성과 박수가 터져 나왔다. 발표를 마치고 나온 성령 씨가 눈물을 보였다. 한 고비를 넘겼다는 안도감에 터진 눈물이었다.

그런데 성령 씨의 발표를 남의 일 같지 않게 진지하게 들은 사람이 있었다. 다음 날 속초에서 같은 주제로 발표하게 될 관우 씨였다. 관우 씨는 성령 씨의 발표로 고민이 생긴 듯했다.

명문대 합격에서 방황까지 자기가 살아온 이야기를 진솔하게 발표한 성령 씨의 발표는 누가 듣기에도 감동적이었다. 특히 명문대 합격이 성공을 보장하지 않는다는 메시지가 관우 씨에게 많은 생각을 던져주었다. 그는 무엇보다 자신이 발표할 내용이 외적 활동에 치중한 점이 마음에 걸렸다. 늘 원하는 목표가 있으면 그것을 향해 전력질주했던 관우 씨에게 반성이라는 말은 낯선 단어다.

다시 원점에서 인생의 방향성을 고민하다

다음 날 속초로 숙소를 옮긴 네 명은 리더십 캠프에 참여해 자신의 일생을 발표했다. 어제와는 달리 이번에는 청중들이 네 명의 발표를 듣고 평가하는 시간도 마련됐다. 청중은 캠프에 참가한 대학생 20여 명이다.

관우 씨가 발표자로 나섰다. 그는 평창에서 성령 씨의 발표를 보고 전날 밤늦게까지 발표 내용을 고치느라 4시간 밖에 자지 못한 상태다.

그때까지 '어떤 사람이 되겠다'라고만 했지 그 방향을 생각해 본 적이 없었던 관우 씨는 사람들에게 어떤 이야기를 들려줄까?

여유 있는 표정으로 앞에 선 관우 씨는 청중들을 향해 오래 앉아 있느라 힘들 텐데, 몸을 움직이면서 피로를 풀라는 말로 인사말을 대신했다. 명확한 꿈을 가진 시절 '과거', 꿈이 바뀌고 확실치 않은 지금의 '현재', 앞으로의 계획 '미래'로 크게 나누었다는 그는 커다란 물음표가 그려진 이력서를 사람들에게 보여줬다.

"베이징대학교에서 유학생 성적 중 상위 2등이요. 경력 사항은 LG 화학, 한국무역협회, 대한민국 경찰청 본부 자격증은 토익, 아이엘츠, HSK, 그리고 통섭형 인재가 되기 위해 18개의 컴퓨터 자격증까지 갖고 있습니다."

관우씨가 바라 본 자신의 과거는 화려하기만 하다.

"주위 사람들 반응이 '와, 대단하다' '취업 걱정 없겠어' '뭘 하든 먹고 살겠어' 하고, 어떤 대기업에서는 '졸업하고 이리로 와' 이렇게 말씀하시더라고요."

"학창 시절 항상 상위 성적을 받았고, 학창 시절 전교 1등, 반장, 회장, 선도부장, 방송부장 등 리더십 활동도 했습니다."

보기 드문 화려한 스펙에 부러워하고 집중해서 듣던 사람들의 얼굴이 묘해졌다. 그의 미래에 대한 발표는 현재와는 좀 달라질까?

"경제적으로 풍요로우며 명예를 가진 사람. 세계를 두루 다니며 재미있게 일할 수 있는 사람이 되고 싶습니다."

관우 씨가 보여준 과거, 현재, 미래는 스펙이 대부분을 차지했다. 꿈을 이루기 위해 무엇을 했는지 보여주려는 의도가 스펙을 자랑하는 방향으로 흐른 것이다. 관우 씨는 파이팅을 크게 외치고 발표를 마쳤다. 성공신화를 들려주는 듯한 그의 발표를 사람들은 어떻게 봤을까?

"꿈이 변해가는 과정을 분명히 느낄 수 있어 좋았고, 본인의 계획과 목표가 분명한 것이 바람직했습니다. 한 가지 아쉬운 점은 너무 성공 사례 위주로 얘기해서 좀 아쉬웠습니다. 힘들고 좌절했던 경험도 분명히 있었을 텐데 그런 부분이 너무 없어서 같은 대학생이지만 조금 거리감이 느껴진 발표였습니다."

그때 굳은 표정으로 관우 씨의 발표를 지켜보던 조벽 교수가 뜻밖의 제안을 했다. 이 자리에 대기업 인사팀에서 일하던 분이 있으니, 관우 씨의 발표를 어떻게 봤는지 이야기를 들어보자는 제안이었다. 뒷자리에서 묵묵히 이야기를 경청하던 한 사람에게 사람들의 시선이 쏠렸다. 바로 전 대기업 인재개발원장 김수근 씨다.

"제가 만약 면접관이라면 저분을 뽑지 않겠습니다." 그가 폭탄선언을 했다. 그 이유로 그는 기둥이 너무 많다는 점을 들었다. 다시 말해 집중과 선택이 안 됐다는 것이다. 화려한 스펙이 오히려 취약점으로 작용한 셈이다. 김수근 씨는 여러 가지 기둥을 제거하고 제대로 된 기둥 몇 개를 세워나갔으면 좋겠다는 충고도 잊지 않았다.

관우 씨는 그의 말에 목례를 하며 감사를 표했지만 실망한 표정을 좀처럼 감추지 못했다. 주위 사람들이 맞다고 한 길을 착실히 갔을 뿐인데 그런 자신을 비판하니, 머리로 잘 이해가 되질 않았다.

지금까지 관우 씨가 주변에서 들었던 말은 '우리 사회는 약육강식의 세계다, 1등 아니면 안 된다'였다. 중·고등학교 때부터 선생님들에게 대단하다는 말을 듣고 살아온 그에게 전 대기업 인재개발원장의 냉정한 평가는 자신감을 깎아내리는 것만 같아 씁쓸하기만 하다. "진짜 나 쓸모가 없구나, 하고 생각했어요"라는 관우 씨의 말에 당시의 심정이 고스란히 드러났다.

발표 미션은 다른 사람들에게 공개적으로 자신을 드러내고 평가받는 자리다. 스스로 느끼는 자신의 문제점들이 여과 없이 드러날 수도 있고, 타인의 눈을 통해 생각지도 못했던 나의 다른 모습을 발견할 수도 있는 자리다.

"이 발표 미션은 자신의 인생을 어떻게 해석하고 있는가. 그리고 자기 미래를 어떻게 계획하고 있는가를 보고 싶었던 것인데, 그것이 인재로 살아가는 모습이 아니라는 메시지를 듣는 건 너무나 힘들고 고통스럽죠"라는 조벽 교수의 말처럼 관우 씨는 멘토링이 진행되면서 용기를 얻기는커녕 자신감을 잃고 혼란스러워했다.

멘토링을 하는 내내 감정을 드러내길 극도로 싫어하던 그가 처음으로 감정을 드러내며 거듭 슬프다는 말을 했다. 다른 지원자들은 나날이 발전하고 있는데 자신만 제자리인 것 같아 힘들다고 했다.

세윤 씨는 비주얼 머천다이저라는 자신의 꿈을 살리려는 듯이 화면 가득 아기자기한 그림을 보여주는 것으로 발표를 시작했다. 마치 스케치북에 그림을 그리듯이 인생을 한 그루의 나무로 이미지화했다. 그녀는 과거, 현재, 미래를 새싹부터 울창하게 성장한 나무의 성장 과정에 빗대 자신의 삶을 이야기했다.

"전라남도 전주의 단란한 가정에 선물이 내려집니다. 바로 한 여자아이가 태어난 것인데요"로 시작한 세윤 씨는 가족의 사랑을 듬뿍 받고 혼자 집에서 상상의 나래를 펼친 어린 시절을 다음과 같이 말했다.

"학원이나 과외를 딱히 받아본 적은 없기 때문에 집에서 주로 혼자 시간을 보내게 됐는데요. 그럴 때는 주로 책을 읽으면서 보냈는데, 그 작은 것들이 아이의 커다란 상상력 공작소가 됩니다. 어떤 날은 의과대학 교수가 되기도 하고요, 어떤 날은 초콜릿 공장이 되기도 하고, 어떤 날은 저만의 작은 무대가 되기도 합니다."

아름다운 동화를 들려주듯이 세윤 씨는 친근한 말투로 다른 발표자보다 많은 수식어를 사용했다. 대학에서 교환학생이나 유학을 가는 친구들이 부러워 부모님의 반대를 무릅쓰고 6개월 정도 경비를 모은 뒤 2010년 혼자 싱가포르로 해외여행을 떠난 이야기는 뉴욕의 인턴 좌절로 이어졌다. 그리고 자신의 미래에 대한 이야기로 마무리했다.

"……제가 올곧은 나무, 뿌리 깊은 나무가 되어서 흔들리지 않는 나무가 되어서 다양한 문화를 흡수하면서 저의 뿌리 깊은 모습들을 접목을 하고 싶습니다."

세윤 씨가 발표를 마친 뒤 사람들에게 들은 평가는 멘토링을 하면서 멘토들에게 듣던 말과도 비슷했다.

"하나의 동화처럼 얘기를 하시는데, 약간 어린 아이가 얘기하는 듯한 느낌이 듭니다."

성숙한 사람의 모습인데, 안에 어린 아이가 들어 있는 것 같다는 멘토의 말이 다시 떠올랐다. 성인이 아이 구두를 신고 아이 옷을 입고 있으면 뭔가 어색하고 우스꽝스러워 보일 것이다. 그 옷에 걸맞은 내면의 세계를 가져야 한다는 멘토의 지적이 한 달이 지날 때까지 고쳐지지 않은 셈이다.

세윤 씨가 멘토링 프로그램에 참여하면서 가장 동의하지 못하는 부분이 있었다. 블라인드 면접 때부터 멘토들이 지적한 '연예인처럼 참여한다, 이미지 관리를 한다'는 평가였다. 후배들에게는 어른스러운 모습을 보여 주려고 하고, 의식적으로 자연스럽게 한국어를 구사하려고 노력하는 그녀의 마음을 이해하지 못하고 멘토들이 의심하는 것만 같아 그녀는 마음의 상처가 큰 상태였다.

마음이 불편했던 상태에서 청중들에게서 멘토들과 같은 지적을 받자 세윤 씨에게도 변화가 생겼다. 그간 자신이 오해하여 경솔한 생각을 했다는 반성이었다. 세윤 씨에게는 진정으로 자기 자신을 객관적으로 볼 수 있는 브레이크 포인트가 되는 순간이다.

마지막 발표는 엄지아 씨였다. 과거의 오류로 자신을 소개하기로 마음먹은 그녀가 자신의 낮은 토익 점수 이야기를 꺼냈다.

"저는 사람 보는 기준을 가지고 있었거든요. 바로 토익이었어요. 저는 몇 년 전에는 토익 점수가 너무 낮았거든요. 이 점수면 어느 기업에 내도 '아 이 친구는 뽑지 말아야겠다' 이런 점수일 수도 있다. 그러다 보니까 '저 사람은 내가 토익 점수가 낮으니까 조금 낮게 보겠지?' 그런 저 혼자만의 생각을 하면서 계속 살았던 거예요. 또다른 사람 만날 때는 이 사람은 토익 점수가 높은가? 계속 이런 식으로 사람들을 보게 되더라고요."

토익 점수의 오류는 지방대 오류로 계속 됐다.

"저는 개교 100주년이 곧 되는 지방 사립대 출신입니다. 전 학벌에 대해서 조금 낮은 자존감을 가지고 있었어요. 제가 대외 활동 차 캠프를 갔었는데, 제가 소속된 조의 친구가 학교가 어디냐고 물어보더라고요. 어디어디라고 얘기했더니, 그 친구가 '아……' 이렇게 얘기하더라고요. 찰나의 순간이었는데, 학벌 때문에 정말 작아지는 순간이었거든요."

절망을 이야기하던 발표는 친구들과 대만 여행을 가 활짝 웃고 있는 사진으로 바뀌었다.

"현재의 또다른 나를 찾기 위해서, 바꾸기 위해서 노력을 하는 거예요. 조금만 더 노력을 한다면 이 사진들과 같이 조금 더 긍정적이고 나의 중심을 찾을 수 있고, 조금 더 재미있고 활기차게 생활하지 않았을까 이런 생각이 들거든요."

지아 씨의 발표가 끝나고 청중들의 평가가 시작됐다. 멘토들에게서 지적받았던 자신감 없는 모습은 청중들에게서 똑같이 지적됐다.

"차분하다기보다는 자신감이 없다는 느낌을 받았습니다. 그러나 다른 발표자와 다르게 자신의 과거의 문제점을 현재 어떻게 고치고, 미래 그것을 이겨내겠다는 구성으로 이루어진 것이 인상 깊었습니다."

그러나 발표 미션을 마친 뒤 가장 얼굴이 밝아진 것은 가장 자신 없다고 한 지아 씨였다. 아직까지 부정적 사고관이 어투나 자세, 어휘에 배어 있다는 사람들의 평가를 마음에 새기고 앞으로 고쳐야 한다는 점도 깨달았다.

그동안의 패배의식과 자괴감을 버리고 긍정적이고 여유 있게 마음먹는다면 미래를 맞이할 힘이 생길 것이라며 지아 씨는 변화에 기대감을 나타냈다. 지아 씨에게 생긴 긍정적인 변화다.

자신의 미래를 구체적으로 그려라

개인 사정으로 참석하지 못한 춘식 씨는 조벽 교수와 개별 멘토링을 하며 '자신의 일생'을 발표했다. 과거, 현재, 미래를 분석하며 가치를 정립하고 싶었지만, 생각이 잘 떠오르지 않아 주제를 '내가 생각하는 나'로 정했다.

그의 발표 중 첫 슬라이드 제목은 'THE END'이다. 지금을 끝이라고 생각하고, 나는 무엇에 도전하고, 무엇을 사랑하고, 무엇에 실패했는지를 이야기하려는 것이다. 2학년 때 진로를 고민하다 실패자가 되거나 대충 살 것 같아서 자진 유급한 이야기 등을 하던 그가 어느 한 날짜를 가리켰다. 2011년 4월 16일. 창업하기 위해 친구들과 뭉친 날이다. 살면서 가장 의미 있다고 생각한 날이기도 하다.

그는 창업 초기에 사람을 만나고 프로그램을 기획하고 만들면서 즐겁게 몰입했지만 끝까지 가지 못하고 중간에 내려놓고 말았던 그때가 가장 큰 실패였다고 생각한다.

하반기 공채가 다가오면서 기업에 보낼 원서를 다시 준비해야 하는 춘식 씨는 예전처럼 알맹이 없는 자기소개서를 쓰기 싫다고 했다. 그러다 보니 자기소개서에 어떤 내용을 써야 할지는 현재의 가장 큰 고민이기도 하다. 그는 조급했던 자신을 수필 『방망이 깎던 노인』 속의, 자기가 맡은 일에 최선을 다하며 여유 있는 주인공과 비교하며 발표를 마무리했다.

춘식 씨의 발표를 들은 조벽 교수가 가장 먼저 한 말은 미래에 대한 그림이 거의 없다는 점이다. 미래에 대한 발표가 부족한 건 춘식 씨에게만 해당되는 건 아니다. 다른 네 명의 지원자들도 들었던 말이다. 사람들에게 자신의 과거, 현재, 미래를 이야기하라고 하면 대개는 과거와 현재를 이야기하는 데 많은 시간을 할애하지만 미래는 간략하게 끝내고 만다.

이 멘토링에 참가한 지원자들의 나이가 평균 20대 중반, 적어도 60여 년의 미래가 남아 있다. 살아온 날보다 앞으로 살아갈 날이 훨씬 많은 나이이다. 그럼에도 과거나 현재보다 미래를 간략하게 말하는 건 자신의 꿈과 진로를 구체적으로 생각해 보지 않았기 때문이다.

미래를 어떻게 살 것인가의 문제는 인생에서 가장 중요한 부분이라고 할 수 있다. 미래의 문제는 기업 입장에서도 소홀히 넘기기 어려운 부분이다. 그래서 기업의 지원서에는 미래에 대한 질문이 거의 빠지지 않는다. 예를 들어 '10년 후의 자신의 모습을 그려본다면?' '만약 당신이 사장이 된다면?' 등의 질문이다.

특히 조벽 교수는 춘식 씨에게 자신을 찾는 것에 우선순위를 두라고 조언했다. 자신을 찾지 못하는 사람은 스펙이 좋고 독창성이 뛰어나도 회사가 원하는 답만 찾으려고 한다. 그런 사람에게 기업이 매력을 느끼는 경우는 거의 없다.

기업의 인재 채용이란 결국 사람 채용이다. 그런데 입사 지원서에 스펙은 잘 보이는데 그 사람이 어떤 사람인지 보이지 않는다면 기업의 입장에서 그 지원서를 좋게 보기는 힘들 것이다.

나의 과거-현재-미래 발표를 마친 멘티 다섯 명은 하루하루 자신이 바뀌는 기분이라고 했다. 미션에 하나씩 참여할 때마다 나에 대한 수많은 생각이 쌓여가고 인재로서의 자신을 자각하고 고민하는 시간도 늘어갔다.

3

감사를 통해
긍정적인 뇌로 바꾸다

우리가 건강을 유지하기 위해서는 육체적 운동뿐 아니라 심리적 운동도 필요하다. 이번 미션은 긍정적인 뇌의 회로를 만드는 '행복 일기 쓰기'다.

행복 일기 쓰기는 매일매일 일상 속에서 생기는 크고 작은 기쁨을 자주 느끼면 뇌의 회로가 긍정적으로 바뀐다는 점에 착안해 최성애 박사가 개발한 일기 쓰기 방법이다. '운동 일기' '다행 일기' '감사 일기' '선행 일기' '감정 일기'를 꼼꼼히 기록하는 것은 나의 신체와 정서적 상태를 알아차리도록 돕는다. 또한 아무리 나쁜 일이 있어도 좋은 쪽으로 생각하고 감사하는 일을 습관화하면 정말로 감사한 일이 생기고 행복해진다는 원리를 바탕으로 긍정성을 강화하는 효과가 있다.

날마다 노트에 한 장씩 3분 동안 행복 일기를 작성한다.

① 운동 일기 : 오늘 실천한 운동을 기록한다. 운동 시간과 종류, 느낀 점을 쓴다.

② 다행 일기 : 오늘 일어난 일 중에서 다행스러운 일이나 상태를 떠올리며 '나는 ○○라서 다행이다. 나는 ○○ 아니라서 다행이다. 나는 비록 ○○ 일지라도 ○○라서 다행이다' 형식으로 간단하게 적는다.

③ 감사 일기 : 하루 중 감사한 사람을 한 사람 선택해 감사 편지를 짧게 쓴다.

④ 선행 일기 : 하루 중 자신이 한 선행을 쓴다.

⑤ 감정 일기 : 오늘 나에게 감정을 촉발한 사건, 그때 떠오른 생각과 감정, 이 일에 대한 나의 방식, 앞으로 이런 일이 있었다면 어떻게 대처할까에 대해 쓴다.

나를 긍정적으로 바라보는 글쓰기

긍정심리학의 대가로 불리는 펜실베니아 대학 심리학 교수 마틴 셀리그만은 불안이나 우울, 스트레스와 같은 부정적 감정보다 개인의 강점과 미덕 등 긍정적 감정에 관심을 가질 때 사람은 행복해진다고 보았다. 그리고 긍정적 삶을 만들기 위해서는 외부의 도움보다 자신의 의지가 훨씬 중요하다고 강조했다.

그가 말하는 행복은 행복에 대한 시각 바꾸기에서 출발한다. 그 실천법으로 자신의 편견을 깨닫고 편견에서 벗어났을 때의 모습을 상상하기, 낙천주의자라면 어떻게 했을까 생각해 보기, 주위 사람들과 기쁨 나누기 등이 있다.

다행 일기나 감사 일기가 바로 나와 상황을 긍정적으로 바라보는 글쓰기다. 똑같은 상황이라도 내가 보는 시각에 따라 상황을 긍정적으로 혹은 부정적으로 해석할 수 있다. 다행 일기는 특히 우리의 시각을 긍정적으로 변화시킬 수 있음을 알려준다.

감사 일기와 감정 일기는 마음을 건강하게 해주는 가장 확실하고 훌륭한 방법이다. 모든 종교에서 무엇에든 감사하라는 말을 하지 않는가. 감사의 힘을 직관적으로 알기 때문에 강조하는 말이다. 자기감정을 모르는 사람은 감사함도 잘 느끼지 못한다. 그렇기에 자신의 감정을 알아차리는 것은 굉장히 중요한 능력이다.

최성애 박사는 『나와 우리 아이를 살리는 회복탄력성』에서 감사를 인성 교육의 핵심으로 강조했다. 의례적인 것이 아니라 깊이 고마움을 느끼는 감사함을 느끼면 심신 에너지가 증가하고 회복탄력성이 증가하며 인지적 유연성, 기억력, 면역 기능, 업무수행능력, 문제해결능력, 통찰력, 창의력, 행복 등이 향상된다고 소개했다. 감사함을 느끼는 것은 바로 행복의 지름길이라고 할 수 있다.

세계적인 심장과학연구소 하트매스 연구소에서 청소년 교도소의 수감자들에게 감사 훈련을 한 후 재범률이 현저히 떨어졌다는 연구 결과도 있다.

조벽 교수는 감사 일기 쓰기를 미션으로 정한 취지를 다음과 같이 설명했다. 어려운 도전에 성공하기 위해서는 나의 모든 자원을 동원시켜야 한다. 그럼 자원은 어디서 나오는 걸까? 바로 심적 요인이다. 몸도 건강하고 마음도 건강해야 한다. 그런데 감사함을 모르고, 긍정적이지 않은 사람들은 불만만 많을 뿐 도전 정신이 빈곤하다.

이번 미션에 대해 듣던 관우 씨가 반론을 제기했다.

"저는 개인적으로 감사에 대해 다르게 생각해요. 현재의 삶에 약간의 불만족이 있어야 더 높은 곳을 추구하는 게 아닌가 하는 생각이 들어요. '다행'이나 '감사'가 개인한테 꼭 필요할까 그런 생각이 들기도 합니다."

중요한 지적이다. 현재에 감사하는 일이 우리로 하여금 현실에 안주하고 도전 정신을 약화시킨다고 믿는 사람들이 많다. 스스로 약하게 만들어 지금보다 더 크고 원대한 꿈들을 추구해 나갈 때 그 의지를 꺾을 수 있다는 우려다. 그러자 성령 씨가 자기 경험을 근거로 이에 대해 반박했다.

"그건 아닌 것 같아요. 제가요, (삶에 불만족해서) 정신적으로 '아, 지쳤구나'라는 걸 느꼈거든요. 저는 그것을 인정 안 했던 것 같아요. 도망치고 싶었고. 만족한다고 해서 도전 정신이 없다고는 할 수 없을 것 같아요. 제 친구 중에도 굉장히 밝은 아이가 있는데, 그 친구는 삶에 만족하는데, 도전 정신이 있어요. 뭐든지 하려고 해요."

넓게 보면 우리 주위에 고마운 것들이 많은데, 우리는 그것을 망각하면서 산다. 그래서 삶이 더 짜증스럽게 느껴진다. 불만족이 지금보다 나은 삶을 만든다와 사소한 것에서도 행복을 찾는 게 더 나은 삶을 만든다는 두 명제가 충돌했을 때 우리가 가장 근본적으로 생각할 지점은 '행복'이다.

'내 상황이 나쁘지 않구나'

행복 일기 쓰기 미션에 가장 의욕이 불타오른 사람은 세윤 씨였다. 어려서부터 자기 전에 잘한 일 5개, 잘못한 일 5개를 꼽는 자기만의 의식을 해온 그녀는 이러한 어린 시절의 의식을 구체화해 일기로 쓰는 것 같아 재미있다고 했다. 미션이 본격적으로 진행되자 행복 일기 쓰기가 습관이 되어서 잠들려고 누웠다가도 다시 일어나 쓸 정도였다.

전날에도 '나는 즐길 줄 아는 사람이라서 다행이다' '나는 욕심쟁이가 아니라서 다행이다' '철 없이 행동하는 그런 어른이 아니라서 다행이다' '나는 비록 부자는 아니지만 그렇게 가난하지도 않아서 다행이다' 이렇게 네 가지를 적었다. 의미 없이 보내던 하루가 행복 일기를 쓰면서 기억 속에 남는 하루로 변화하게 되었다.

지아 씨도 세윤 씨처럼 행복 일기 쓰기를 충실하게 진행해 나갔다. 일기 쓰기가 3주차에 다다르자 일기 내용이 처음과 많이 달라졌다는 게 느껴졌다. 시작할 때는 감정이 좋지 않았던 사건을 집중적으로 썼는데 최근 그 부분이 많이 줄었다는 걸 스스로 느끼고 있었다.

또한 일기에 인간관계에 관한 이야기가 많다는 걸 자각하고서는 주위에 있는 좋은 사람들과 자신을 응원해 주는 사람들에게 더 잘해야겠다고 다짐도 했다.

미션을 받았을 때 생각이 달랐던 관우 씨는 앞으로 나아가지 못하고 있었다. 그는 "행복 일기 쓰는 게 대단히 큰 고통"이라고 말했다. 처음 미션들에 대해 들었을 때 행복 일기 쓰기가 가장 어려울 것 같다고 예감했는데 예감은 빗나가지 않았다.

가족의 행복이나 자신의 행복이 중요하다는 걸 관우 씨가 모르는 건 아니다. 다만 당장의 행복보다는 자신을 다그쳐서 불만족스러운 부분을 개선해 갈 때 더 나은 삶이 만들어진다고 확신했는데, 그 가치관에 혼돈이 생긴 것이다.

우선 행복 일기에 뭘 써야 할지가 최대 난제였다. 게다가 그는 감정을 어떻게 표현해야 하는지도 모르고, 다른 사람 앞에서 감정을 드러내는 건 위험하다고 줄곧 생각해 왔다. 무의식적으로 자기 감정을 숨기고, 감정이 전염될까 두려워 다른 사람의 감정도 잘 읽지 않으려고 했다. 그 날의 자기 감정을 날씨로 표현하는 감정 일기 항목에 그의 감정 날씨는 맑음이 두 번, 나머지는 흐림이나 천둥으로 채워져 있었다.

성령 씨는 행복 일기를 가방에 넣어 다니면서 생각날 때마다 틈틈이 썼다. 행복 일기를 쓰면서 다행이라고 생각한 것은 감사한 점을 찾을수록 '내 상황이 그다지 나쁘지 않구나' 하고 자신을 긍정하게 된다는 점이다. 자신이 스트레스 받는 상황을 명료하게 인식하게 된 점도 이번에 얻은 새로운 소득이다.

맏딸인 그녀는 고시에 합격해 변호사나 판사가 될 거라고 기대했다가 실망한 부모님과의 관계가 틀어졌는데, 행복 일기를 쓰면서 부모님과의 관계가 회복되고 있었다. 버릇처럼 하던 '죽고 싶다'는 말이 '좋다'는 말로 바뀌어 있었다. 이러한 변화는 성령 씨가 최성애 박사와 가진 개별 멘토링의 도움도 컸다.

춘식 씨는 행복 일기를 쓰는 것이 긍정적인 생각을 자꾸 해 근육처럼 만드는 작업이라고 생각한다. 그래서인지 같은 현상을 바라보더라도 좀 더 긍정적인 면을 보게 된다고 했다.

특히 자신이 긍정적으로 변했다고 느끼게 된 사건이 있었다. 하반기 공채를 준비하고 있을 때 아는 사람으로부터 창업에 대해 이야기해 줄 사람을 연결해 달라는 부탁을 받았다.

시간이 빠듯해 거절했을지도 모를 부탁을 그는 선행의 기회라고 생각하고 아는 기업가와 연락해서 약속을 잡았다. 신경을 써야 하는 일이긴 했지만 뿌듯함이 느껴졌다. 생각을 바꾸면 이처럼 나에게도 새로운 기회들이 늘어날 거라는 생각이 들었다.

4

내 안의
강점을 찾아라

네브라스카 대학 교육심리학과 교수이자 갤럽의 CEO였던 도널드 클리프턴 박사는 현대 사회에서 사람의 강점을 최대로 활용하기 위한 '강점 이론'을 확립했다. 이 이론의 핵심은 성공하려면 자신의 강점을 찾아서 거기에 노력을 집중해야 한다는 것이다.

그는 대개 많은 사람들이 학벌, 경력, 외모, 나이 등 약점을 극복하기 위해 노력하지만, 이는 오히려 가장 성과가 적은 일에 가장 많은 시간과 돈을 투자하는 것과 마찬가지라고 강조했다. 그러므로 약점이 아닌 강점에 집중해 자기만의 재능을 발휘할 수 있으면 개인은 차별화된 존재로 성장하고 사회도 더욱 건강해진다고 하였다.

"사람은 오직 자신의 강점을 통해서 능력을 발휘할 수 있다"는 미국의 경영학자 피터 드러커의 말처럼, 이번 미션은 본인의 강점을 적는 것이다.

> ## MISSION ❺ 강점 찾기
>
> 본인의 강점(또는 장점) 50가지를 적는다. 다 적은 뒤 가장 마음에 드는 강점 3~5가지를 선택해서 그에 대해 설명한다.
> 예를 들어 그것들이 구체적으로 무엇이고, 어떻게 강점으로 작용하게 되었으며, 왜 그게 최고의 강점이라고 생각하는가 등이다. 작성한 강점 리스트와 설명은 멘토에게 보낸다.

　자기 강점이 잘 떠오르지 않으면 먼저 자신의 큰 장점 3가지를 적고 다음에 7가지, 10가지 이렇게 조금씩 나눠서 적는다. 첫 20가지를 쓸 때까지는 좀 어려울 수 있지만 이후부터 쉽게 장점이 떠오를 것이다. '건강하다' '자기표현을 잘한다' '손이 예쁘다' 등 간단하게 쓰면 된다.

　강점이 자신의 약점처럼 보여도 상관없다. 조벽 교수는 그 이유를 다음과 같이 설명했다. 원칙을 지키는 사람이 고지식하고 융통성 없는 사람으로 보이기도 하는 것처럼, 강점은 뒤집어보면 단점이 되기도 한다. 내가 장점이라고 생각한 부분이 다른 사람에게는 단점으로 보일 수도 있고, 단점이라고 생각한 부분이 자신의 자산이 될 수도 있는 것이다.

단점은 강점으로 바뀔 수 있다

지아 씨는 장점 리스트의 반을 겨우 채웠다. 단점 쓰기라면 더 자신 있는데 장점을 쓰려니 막연했다. 그녀는 가족이나 친구들에게 문자 메시지를 보내 자신의 강점을 말해 달라고 요청했다.

그렇게 가족과 친구들이 보내온 강점까지 합치자 순식간에 40개가 채워졌다. 강점 리스트를 읽다 보면 그동안 몰랐던 자신의 모습을 알게 되어 신기할 때도 있다. 자신은 단점이라고 생각한 성격을 다른 사람은 장점으로 생각한다는 사실도 새롭게 알았다. 예를 들어 평소 남의 이야기를 듣기만 하는 자신이 싫었는데 친구들은 이를 오히려 '잘 경청해 준다'는 강점으로 생각하고 있었다.

강점 50가지를 다 채운 지아 씨는 자신이 가장 마음에 드는 강점으로 여섯 가지를 꼽았다. '무척 꼼꼼하다' '인사를 잘한다' '짧은 머리가 어울린다' '마음을 나누는 친구가 있다' '잊을 수 없는 스승이 두 분이나 계신다' '은근히 하고 싶은 말을 다 하는 편이다'이다.

'무척 꼼꼼하다'는 강점은 업무 처리와 관련된 부분이다. 문서 작업, 청소 등을 깔끔하게 처리한 덕에 학교에서 조교로 근무할 때 구성원들이 자신에게 일을 믿고 맡겼다. 영어 학원에서도 필기 정리를 꼼꼼히 해서 학원 교사들이 부교재로 쓰고 싶다고 자료를 요청한 적도 있었다.

'인사를 잘한다'는 강점에는 사연이 있었다. 학교에서 조교로 근무할 때 한 부서에 서류를 내려 갈 때마다 밝게 웃으며 인사를 하는 지아 씨에게 팀장은 간식도 챙겨주고 선물도 주었다. 그게 신기했는지 주변에서 도대체 어떻게 행동해서 팀장이 그렇게 예쁘게 보았느냐고 물어본 적도 있었다.

제작진이 세윤 씨를 다시 만난 건 학교 개강하는 날이었다. 경영학도 답게 마케팅 리서치 수업에 들어가는 길이었다.

세윤 씨는 공강 시간을 이용해 빈 강의실을 찾아가 강점을 적었다. 세윤 씨는 강점 쓰기를 하는 과정이 마치 러브레터에 내가 왜 당신을 좋아하는지 써내려가는 것 같다고 했다. 4개는 순식간에 썼지만, 그 다음에는 시간이 걸렸다. 스스로 자신을 칭찬한다는 것은 생각처럼 쉽지 않았다. 첫 번째 강점을 '긍정적이다'라고 쓴 그녀는 '사물을 다르게 보려고 한다' '사소한 것에 감사할 줄 안다' '욕심이 있다'를 차례대로 써나갔다.

그녀는 이 미션이 정신을 긍정적으로 바꿔주고 자신을 가치 있게 바라볼 수 있도록 해준다고 생각했다. 강점을 발견하는 시간이기도 했지만 역으로 자기 강점을 지속시켜 나가고자 하는 책임감이 생기기도 한 시간이었다.

세윤 씨가 가장 마음에 드는 강점으로 꼽은 것은 마지막에 쓴 '삼천포로 빠지는 것의 가치를 알고, 삼천포로 빠지는 것을 두려워하지 않는다'였다. 어쩌면 남들에게는 단점일지 모를 성격을 왜 그녀는 강점으로 소개했을까?

삼천포로 빠진다는 것은 '어떤 일이 도중에 엉뚱한 방향으로 진행됨'을 의미한다. 그렇기 때문에 세윤 씨는 삼천포에 빠지는 일을 엄격히 구분하고 선을 긋는다. 예컨대 제한 시간 안에 해결해야 할 문제가 있는 상황에서는 지양하고, 개인적인 일들은 엉뚱하게 진행되도록 유도하는 편이라고 했다.

물론 이때도 흔히 생각하듯 전혀 관련 없는 엉뚱한 방향으로 튀는 삼천포가 아니라 관심 범위를 차츰 확대시켜 나가는 방법이라고 할 수 있을 것이다.

세윤 씨가 자신의 마음에 드는 강점 중 두 번째로 꼽은 것은 '진취적이고 추진력이 좋다'는 점이다. 그녀는 마음을 먹으면 일단 하고 보는 성향이다.

예를 들어 친구들이 겨울방학에 붕어빵 장사를 해보고 싶다고 말만 할 때 세윤 씨는 인터넷으로 검색해 관련 사업자에게 전화해 상담을 받았다. 친구들이 고민을 계속하는 동안 그녀는 붕어빵 장사를 시작해 꽤 많은 돈을 벌 수 있었다. '생각이 떠올랐을 때 안 하면, 아예 못한다'는 말은 지금도 그녀의 최고 신조다.

흔히 사람들을 잘 이끄는 리더십을 강점으로 내세우는 사람이 많은데 세윤 씨는 특이하게 '잘 이끌릴 줄 안다'를 자신의 강점으로 꼽았다. 팀으로 프로젝트가 진행되는 일을 경험하며 좋은 리더도 중요하지만 좋은 팔로워가 되는 것도 중요하다는 사실을 배웠다고 한다.

자신의 강점들이 서로 상호작용을 한다는 점은 세윤 씨가 새롭게 알게 된 사실이다. 예를 들어 긍정적인 시각을 잃지 않으려는 성격은 타산지석의 자세와 다양성을 인정하는 자세를 만들어주었다는 것이다.

성령 씨는 사소한 장점으로 강점 일기를 쓰기 시작했다. 하지만 자신의 안 좋은 점을 보는 데 익숙해진 터라 부정적인 생각을 없애기 위해 노력이 필요했다. '너는 다른 장점이 있으니까 괜찮다'고 스스로 다독이기도 했다. 하지만 법대를 다닐 때의 고통스러운 감정이 여전히 생생해서 강점 일기를 쓰면서 그 불만을 터뜨리고 있다.

최성애 박사가 나서서 성령 씨와 개별 멘토링을 진행했다. 성령 씨와 심리 상담 외에 자기 마음을 이해하는 방법으로 콜라주를 진행했다. 콜라주는 캔버스에 인쇄물, 천, 쇠붙이, 나무 조각, 모래, 나뭇잎 등을 오려 붙여서 작품을 만드는 기법이다. 미술 치료에 많이 이용하는 방법으로, 자기가 원하는 게 무엇인지 정확히 모르는 때 자기 내면으로 들어가 솔직한 감정들을 밖으로 내보내는 데 효과적이다.

콜라주 작업은 다음과 같이 이뤄진다. '나의 삶의 모습' '갖고 싶은 것' 등 주제를 하나 정한다. 잡지를 보면서 주제와 관련해 눈에 들어오는 사진이나 그림, 글귀를 오려내고 그것을 도화지에 적절히 배치해 붙인다. 그 결과물을 보면 자신이 진정으로 원하는 것이 무엇인지 명료하게 볼 수 있다.

성령 씨의 콜라주 주제는 '내 삶의 모습'이다. 잡지를 뒤적이며 성령 씨가 자신과 연관된 이미지를 붙였고, 놀라운 결과가 나타났다.

콜라주로 본 성령 씨의 이미지는 매우 긍정적이었다. 과거의 미련이나 모습을 접고 과거 자신이 하고 싶었던 것을 다시 떠올리면서 앞으로 나아가고자 하는 모습이 표현되어 있었다. 자신의 희망적인 모습을 본 성령 씨의 표정도 밝아졌다. "미련이나 과거의 안 좋은 모습을 접고 앞으로 나아가는 기분"이 든다고 말했다.

남들과 다른 나만의 강점을 발견하다

관우 씨 또한 강점을 20개까지는 쉽게 쓸 수 있었는데, 그 뒤로는 생각이 나지 않아 힘들었다고 했다. 뭘 써야 할지 고민하다 '샤워를 빨리 한다'와 같은 사소한 것도 강점 일기에 적었다. 관우 씨가 50가지 강점 중 가장 자신 있게 꼽은 세 가지를 소개하면 다음과 같다.

첫 번째는 '사람 사귀기를 좋아하며 새로운 사람들을 잘 사귄다'는 점이다. 한국인이든 외국인이든 가리지 않고 처음 보는 사람에게 스스럼없이 다가가는 성격 덕에 친구들이 많고, 친구들과 어울려 무언가를 하기를 좋아한다.

'외향적인 성격으로 발표할 때도 떨지 않고 나서야 할 자리에서는 리더로 활동한다'를 두 번째로 적은 관우 씨는 그 덕에 베이징대에 입학하고, 각종 컴퓨터 자격증과 다양한 대외활동에 참여하는 등 좋은 결과를 얻었다는 점을 강조했다.

'아침 6시 기상, 12시 취침의 규칙적인 생활을 한다'는 그가 세 번째로 꼽은 강점이다. 수업을 빼먹거나 약속시간에 늦는 법이 없으며 규칙적인 생활 덕에 건강한 식습관과 신체 균형을 이루었다고 했다.

자기 강점이 얼마나 많은지 잘 아는 사람들은 그다지 많지 않다. 자신의 강점이 50가지나 될지를 의심하는 사람들도 많지만 대부분 50가지 강점 리스트를 다 채운다. 스스로 작성한 강점 리스트는 자신이 생각보다 강점이 많다는 것을 알려준다. 게다가 자신이 무엇을 잘하는지 알 수 있다.

춘식 씨의 장점 쓰기 미션 또한 자기 발견의 기회가 되고 있었다. 그중 하나가 '편향된 성향이 없어서 양쪽 입장이나 이해관계를 객관적으로 바라보고 이해할 수 있다'는 것인데 전에는 장점으로 생각하지 않았던 자신의 모습이다.

자기소개서를 쓸 때 상황 묘사나 감정 묘사가 기계적이라는 말을 멘토에게 들었던 춘식 씨는 자기 강점을 디테일하게 바꾸도록 노력했다.

춘식 씨가 최고의 강점으로 생각한 것은 실행력이 강하다는 점이다. 대학교 2학년 때 책을 읽고 UN에 근무하는 관계자를 찾아간 일, 페이스북을 활용해 만나고 싶은 분을 찾아가 좋은 에너지를 받은 일을 떠올렸다. 사람들과 나눈 대화를 바탕으로 창업 공모전에 도전해 입상하는 등 소기의 성과도 거둘 수 있었다.

'누구와 대화하든 편안한 분위기를 만들려고 노력한다'는 그가 두 번째로 꼽은 강점이다. 인상, 말투, 표정을 통해 사람들에게 다가가도록 노력했고, 그 결과 사람들과 마음을 열고 다양한 이야기를 나눌 수 있었다.

춘식 씨가 세 번째로 꼽은 강점은 '서로 도움될 만한 사람들을 서로 잘 연결해 준다'는 점이다. 적재적소에 연결해 줘 사람들 간 시너지를 끌어낼 수 있었고, 나중에 자신에게도 좋은 기회를 만들기도 했다.

춘식 씨는 강점 리스트를 적으면서 관계, 성격, 직업 등 다양한 분야를 골고루 적으려고 노력했다. 리스트를 작성하고 보니, 어떤 분야는 충분히 장점이 나오는데 어떤 분야는 부족하다는 게 한눈에 들어와 객관적으로 자신을 판단할 수 있었다.

실제 강점 찾기는 취업에도 도움이 되는 미션이다. 대부분 자기소개서에는 강점을 쓰는 곳이 있다. 보통 지원자들은 '적극적이다' '소통을 잘한다' 등 인사 담당자들이 진부할 수 있는 강점들을 주로 쓴다. 하지만 50가지의 자기 강점을 쓰다 보면 남들과 다른 자신만의 강점을 찾을 수 있다.

과거와 화해하고 자신의 중심을 단단히 세운다

각자 강점 쓰기 미션이 완료되었을 때, 지아 씨와 성령 씨는 최성애 박사와 개별 멘토링을 진행하며 과거를 매듭짓는 추가 미션이 주어졌다.

성령 씨에게 주어진 미션은 어머니, 아버지의 장점 50개를 쓰고 그것을 부모님께 전달하는 것이다. 장점 쓰기는 어렵지 않았지만 그것을 전달하는 방법을 떠올리지 못해 고민하던 그녀는 부모님의 장점을 주간 달력으로 만들어 부모님께 전달하였다.

지아 씨에게는 학교에 대해 좋았던 점, 자랑스러운 점, 도움을 주었던 점을 써보도록 했다. 마지막으로 수업에서 얻은 것에 대해서도 리스트를 만들어보도록 했다. 지아 씨가 다녔던 학교의 좋은 점을 찾아보는 것이다. 그것을 발견하는 순간 지아 씨가 가지고 있던 학교나 학벌에 대한 콤플렉스는 점차 극복될 것이다.

우리는 과거에 대해 두 가지 선택을 할 수 있다. 바로 과거 자신의 잘못을 부각해 스스로 불쌍한 사람으로 만들 것인지, 좋은 점을 찾고 그것을 나의 것으로 만들 것인지 둘 중 하나다. 무엇이 나의 피와 살이 될지는 온전히 자신의 선택에 달려 있다.

추가 미션을 위해 학교에 간 지아 씨는 평생 갈 것 같았던 학교에 대한 애증이 많이 줄어든 것을 발견했다. 대학 후배들과 친구들도 다시 만나기 시작했다.

조벽 교수는 강점 찾기는 자신감과 자존감을 회복하는 과정이기도 하지만 그보다 더 큰 역할이 있다고 했다. 바로 자기 중심을 세우는 것이다. 자기 강점을 아는 사람은 자기 중심이 서 있기 때문에 외부 평가에 흔들리지 않고 자기 미래를 창조해 나갈 수 있다.

강점 찾기 역시 좀더 깊이 생각하게 만드는 미션이다. 자기 자신을 성찰하고, 주변 사람들과 환경 등을 생각하지 않으면 작성할 수 없다. 이를 통해 현상도 긍정적으로 바라보고 자신에게 도움이 될 만한 부분을 좀더 알아차릴 수 있다.

5

질문하고
답을 탐구하라

우리는 하루에 얼마나 많은 질문을 할까?

이번 미션은 종이든 스마트폰이든 메모할 수 있는 도구를 소지하고 하루에 질문 세 가지를 적는 것이다.

머릿속에 떠오르는 질문을 적되 가급적 '오늘 점심 뭐 먹을까?'와 같은 지나치게 일상적인 질문은 제외한다. 질문에 대해 답을 하려고 애쓸 필요 없다. 만약 모든 질문에 답을 찾아야 한다면, 아마도 이 미션을 모두 포기할 것이다.

일주일이 지나 21개의 질문이 생기면 하나를 정해 생각을 적어본다. 질문이 질문에만 그치지 않고 조금 더 깊이 탐구하는 것에 의미를 두자는 뜻이다. 하루 세 가지 질문은 운동 일기, 행복 일기와 병행한다.

매일매일 질문 리스트 만들기

성령 씨는 메모 도구를 챙겨 쓰기로 했다. 좋은 생각도 많이 하고, 웃긴 생각도 많이 하는데 늘 메모하지 않고 있다가 금세 잊어버리기 때문이다.

수첩에 질문을 꾸준히 하고 답도 달고 있으나 아직 누군가에게 보여주기에는 민망한 수준이라고 했다. 이 미션을 수행하며 오타쿠의 세계로 빠져들게 했던 철학, 문화, 역사 분야의 글도 읽고 뉴스도 다시 보고 있다. 소극적인 행동에서 벗어나 다시 생각하기 시작했다는 것으로도 고무적이다.

성령 씨는 질문을 하는 동시에 답에 대해 고민하는 성격이다. 스스로 답을 냈다고 해도 그것을 다시 글로 쓰자니 힘들다.

■ 김성령의 질문 리스트 ■

대학의 의미?

거절을 하지 못하는 사람이 거절을 하는 방법?

질투를 극복하는 방법?

사람이 공격적으로 행동하는 이유?

앎이 인간을 자유롭게 하는가?

은둔형 외톨이의 해법은 무엇인가?

현재 사회의 코드는 무엇인가?

경쟁에서 승리자가 행복하지 못하다면 그 경쟁의 의미는 무엇인가?

현대의 절대적 가치 부정, 다양한 철학과 사상의 난립은 어떠한 의미가 있는가? ……

성령 씨는 여러 질문 중 '하이데거 본래적 삶, 현실에서 가능한가?' '질투를 극복하는 방법'에 대한 생각을 정리해 멘토에게 메일로 보냈다. 다음은 그중 하나다.

■ 질투를 극복하는 방법 ■

질투는 인류 역사에서 매우 친숙하고 자연스러운 감정이다. 남의 떡이 더 커 보인다는 식의 말은 각 문화권마다 다양한 비유로 존재하며, 다양한 이야기 속에서 모습을 드러낸다. 그리고 이 유구한 질투는 자본주의 사회를 만나 더 중요해졌고 친근해졌다. 경쟁이 무엇보다 중요한 환경에서 질투는 훌륭한 원동력이 된다. 옆집의 중형세단이 부러워서 앞집은 더 열심히 일하고, 더 좋은 세단을 사려고 힘쓴다. 자본주의의 중요한 축인 생산과 소비가 질투로 굴러가는 것이다.

그럼에도 이 질투에게 박수를 치고 마냥 긍정해 줄 수는 없다. 타인에 대

174

한 비교, 그에 대한 질투로 말미암아 타인에게 공격적으로 행동하거나 자기 파괴적으로 행동하는 것은 매우 흔하다. 왕따나 묻지마 범죄, 은둔형 외톨이 등 사회의 병폐라 불리는 것들은 들여다보면 질투가 그 근원이다. 더군다나 질투라는 감정이 무서운 것은 쉽게 주인 행세를 한다는 것이다. 단지 부러워서, 지기 싫어하는 행동들이 삶을 지배하면서 그는 그 자신을 위해서가 아닌 질투를 위해서 살게 된다.

그렇다면 이 질투에서 자유롭게 살 수 있는 방법은 없는가? 한걸음만 나가도 휘황찬란한 상징들이 질투하라고 외치는 사회에서 그 방법은 요원해 보인다. 그럼에도 한 가지 제안하고 싶은 것은 질투로 나아가기 전에 세상의 수많은 가치 중 자신이 이미 가진 가치를 소중하고 자랑스레 여겨보라는 것이다.

당신이 질투하려 하는 그 가치를 당신이 가지지 못한 것은 당신이 못났기 보다는 인간 서로가 다르기 때문이다. 세상의 수많은 기준에서 분명 근사한 구석을 당신은 가지고 있다. 그리고 그것은 소중하다. 질투에 분해 나를 몰아붙이기보다는 멈춰서 자신을 들여다보는 것, 사실 진부하지만 가장 확실한 방법이다.

자기 삶의 질문을 정확히 아는 자가 인재다

춘식 씨에게 질문하기는 익숙한 일이다. 평소에도 학교를 오가면서 질문하는 것이 몸에 배어 있다. 지하철을 탈 때도 '지하철을 처음 만든 사람이 누구지?' 하고 유래를 찾아보는 등 당연하다고 생각하는 것들에 대해 질문을 많이 하는 편이다.

그는 9~10월에 작성한 질문 리스트를 보내왔다. 질문은 범위를 가리지 않고 종횡무진하며 다양한 그의 사고를 보여주었다.

9/25 개발과 기획의 차이는 무엇일까?

신분당선은 왜 좌석이 주황색과 파랑색으로 색이 나뉘어 있을까?

지하철 내 쇠기둥은 왜 3갈래로 되어 있을까?

9/26 밀크커피를 마시면 때때로 배에 가스가 차는 이유는 뭘까?

내 머리인 직모를 관리하려면 어떻게 해야 할까?

잠에 일찍 드는 방법은 뭐가 제일 좋을까?

10/1 국군은 언제부터 존재하기 시작했을까?

SNS는 필요에 의해 만들어졌을까, 만들어진 후 필요해진 것일까?

10/2 샷시는 왜 이름이 샷시일까? 패혈증은 왜 걸리는 걸까?

기업을 선택함에 있어 내 기준은 무엇일까?

10/3 왜 우리나라는 IT, 통신이 이렇게 일찍 발달했을까?

금융사기의 절차는 무척 간단하다. 예컨대 문자를 누르기만 해도 돈
이 결제되는데, 왜 일반 결제 솔루션들은 복잡한 절차를 거칠까?

우리는 왜 남을 의식하며 사는 걸까?

세윤 씨는 기억 일기와 행복 일기 쓰기, 질문하기를 오가며 세 미션
을 수행하고 있었다. 행복 일기를 쓰면서 '행복이란 무엇인가?' '어떤 사
람으로 살아가고 죽고 싶은가?' '꿈은 무엇인가?'를 질문하다 보니 질문

은 어느새 '왜 나에게 이런 문제점들이 생겼는가?'에 대한 생각으로 이어졌다. 그렇게 과거에 일어난 일들을 떠올리며 기억이 차츰 자리를 찾고 정리가 되는 느낌이 들었다. 또한 질문이 꼬리를 물고 이어지다가 '사람은 성장을 멈출 때 죽는 것'이라는 문구가 떠오르면서 인재에 대해 다시 생각해 보는 계기도 되었다.

관우 씨는 이즈음 죽음에 대한 질문이 머릿속에서 떠나지 않았다. 9월 26일, 관우 씨 할머니가 돌아가셨다. 레슬링을 좋아하고 흰 머리를 갈색으로 염색해 젊게 사시던 분이다. 알츠하이머로 아이처럼 변하셨지만 손자를 끔찍이 사랑하셨다. 관우 씨는 휴대전화에 저장해 둔 할머니 사진을 꺼내 보면서 처음으로 죽음이 무엇인지 생각해 보았다.

죽음이란 출발선이 각기 다른 사람들이 다양한 방식으로 살아가다가 마지막으로 같이 도달하는 것. 이것이 그가 내린 죽음의 정의다. 죽는다는 건 한 사람이 가지고 있는 어마어마한 지혜가 사라진다는 의미이기도 한데 그렇다면 자신이 지금 살아가는 방식이 옳은 것인지에 대해서도 진지하게 생각할 시간도 필요했다.

빌 게이츠는 "나는 개인용 컴퓨터 업계에 혁명을 일으킨 사람보다는 아프리카의 질병을 감소시키는 데 작은 역할이나마 했던 사람으로 먼저 기억되기를 원한다"라고 했다. 그에 대해 떠올리며 관우 씨는 자신의 묘비명에는 어떤 글이 새겨질지 생각하다 보니 인생의 끝에 대한 생각이 이어졌다. 이전에는 생각해 본 적 없는 질문이라 머리가 조금 아프기도 했다.

우리는 매순간 수많은 질문을 던지고 산다. 결국 어떤 삶을 살 것인가 하는 문제는 자신에게 어떤 질문을 던지느냐에 달려 있다고 해도 과언이 아니다. 인재란 자기 삶의 국면에서 중요한 질문이 무엇인지를 알고 이에 대해 스스로 답을 찾아가는 존재인지도 모른다.

6

인생은 혼자가 아니라
함께 가는 것이다

"행복하고 건강한 삶에도 일정한 법칙이 있을까?"라는 주제로 시작된 그랜트 연구는 인류의 행복의 비밀을 밝혀낸 역사적인 연구로 평가받고 있다. 하버드대학 연구팀은 1937년부터 75년간 하버드대생 268명의 생애를 대학 시절부터 노년까지 종단 연구를 한 결과, 인간관계가 사람의 삶을 결정하는 가장 중요한 변수라는 점을 밝혀냈다.

바로 이번 미션은 나의 인간관계를 돌아보고 성찰하는 것이다.

2013년 10월, 다섯 명의 멘티들에게 새로운 활동이 주어졌다. 바로 인왕산 등반이다. 이번에도 제작진은 미션의 의미는 밝히지 않고 다섯 명이 각자 생각해 보도록 했다. '체력 테스트와 목적 의식 생각해 보기(엄지아)' '혼자 생각해 보기(정세윤)' '산에 오르며 호연지기 배우기(김관우)'

MISSION ➐ 인왕산 등반하기

인왕산 등산로 입구에서 윤동주 시인의 언덕으로 가서 정상에 오른다.

천천히 정상에 오르면서 떠오르는 생각에 집중해 본다.

'기분 전환(김성령)' 등 다양한 추측이 쏟아졌다.

인왕산을 오르는 다섯 명에게 제작진은 깜짝 선물을 준비했지만, 그것에 대해서도 말하지 않았다. 그 비밀은 정상에 오르면 밝혀진다.

조벽 교수는 한국의 대학생들이 힘들어하는 것 중 하나가 외로움이라고 했다. 아무데도 의지하거나 도움을 청할 데가 없다고 생각하고, 결국 혼자라는 외로움이 학생들을 더 깊은 절망으로 몰아간다는 것이다. 그러나 돌아보면 힘들어하는 매순간 자신의 주위에 동반자나 지지자, 후원자가 있다는 사실을 우리는 놓치고 산다.

어차피 인생은 혼자라고 사람들은 말하지만, 세상은 결코 혼자 사는 것이 아니다. 혼자라고 생각하며 관계를 포기하는 것이야말로 스스로를 외롭고 힘들게 만드는 일이다. 누군가 옆에 있다고 생각하면 우리 삶이 여유로워지고 풍요로워지고 행복해질 수 있다.

정상에서는 무엇이 우리를 기다리고 있을까?

다섯 명은 정상을 향해 천천히 오르면서 자신이 가장 힘들었을 때를 떠올리고 있었다.

춘식 씨는 산을 오르며 예전에 다른 멘토가 들려준 '등산하는 사람에는 세 부류가 있다'는 말을 떠올렸다. 뒷산 오르는 사람과 한국에서 제일 높은 산을 오르는 사람, 세계에서 제일 높은 산에 오르는 사람이다.

등산은 어디에 오를지에 따라 체력이나 장비를 준비해야 한다. 예를 들어 뒷산을 오르려면 운동화만 신으면 되지만 한국에서 제일 높은 산에 오르려면 체력도 길러야 하고 등산 장비도 갖춰야 한다. 세계에서 가장 높은 산에 오르기 위해서는 엄청난 체력과 고급 장비를 가져야 한다.

마침내 정상에 올라 산 아래를 바라보며 춘식 씨는 여러 가지 생각에 잠긴다. 그는 취업 문제 때문에 초조했던 마음을 다독이고 가족을 떠올렸다. 가족은 개인적으로 힘들어할 때마다 가장 힘이 되어주는 존재다. 취업을 하면 아직 부족한 점은 많지만 어머니에게 도움이 되고 싶고, 잘해드리고 싶다고 다짐해 본다.

한편 제작진이 미션을 알려주지 않은 까닭에 성령 씨는 치마를 입고 나타났다. 등산에 전혀 어울리지 않는 차림이다. 그래도 평소 운동을 열심히 했으니 인왕산 정상두 오를 수 있을 거라며 그녀는 가볍게 발걸음을 뗐다.

정상에 올라보니 제작진의 깜짝 선물이 기다리고 있었다. 바로 친구 민정 씨였다. 생각지도 않은 만남에 성령 씨가 울컥했다. 고시 준비 로 가장 힘들었던 때에 성령 씨의 능력을 믿어주고 격려해주며 버팀목이 되어준 친구다.

올라오면서 등산에 대한 의미도 다시 생각해 보았다. 인생은 혼자가 아니라 함께가는 것이다. 친구처럼, 서로 알고 소통하고 공감하는 관계가 있다는 것은 행복한 일이다.

지아 씨는 그간의 운동 효과 덕인지 수월하게 산을 올랐다. 산을 오르며 지아 씨가 가장 많이 떠올린 분은 어머니다. 자신이 추구하는 행복한 삶을 살면 그게 어머니에게 효도하는 일이라고 생각한다.

지아 씨의 생각을 읽었는지, 정상에 오르자 그녀를 기다리고 있는 사람은 어머니였다. 서로를 본 두 사람이 누구라고 할 것 없이 울기 시작했다. 아침까지 같이 있었으면서도 마치 오랜만에 만난 것처럼 손을 꼭 잡은 채다. 우리 어머니들의 마음이 그러하듯이 지아 씨 어머니는 지아 씨가 이제 그만 아픔을 내려놓고, 상처받지 않았으면 좋겠다고 말했다.

세윤 씨는 등산을 혼자 생각해 보는 시간으로 삼았다. 멘토링에 참여한 지금의 시간을 올해 가장 힘든 시간으로 꼽은 세윤 씨는 길을 잃고 막막하고 자신도 없고 실망스럽다던 생각이 어느 순간 변해가고 있다는 걸 느꼈다.

정확하게 그 변화의 순간은 멘토의 촌철살인이 있은 다음부터다. 발전이 없다는 멘토의 말이 상처가 될 때도 있었지만 시간이 지난 지금은 그러한 시련들이 삶을 바라보는 시야를 넓혀주었다고 생각한다. 그나마 취업에 급급한 세윤 씨 옆에 어머니가 힘이 되어주어서 지금까지 버틸 수 있었다.

정상에 오른 세윤 씨가 감탄사를 연발했다. 내려다보는 경치도 좋고 선선한 바람도 좋다. 사진을 찍으려고 주변을 둘러보던 세윤 씨가 깜짝 놀랐다. 바로 어머니가 그녀를 기다리고 있었던 것이다.

등산을 하며 한 계단씩 올라오는 과정이 우리 인생과 비교가 되었다는 어머니의 말씀이 세윤 씨에게 등산의 의미를 전해주는 것 같았다. 딸을 만나기 위해 산을 오르면서 힘든 일을 겪어도 정상에 가면 행복한 일이 있을 것이라고 생각했다는 어머니의 말씀이 묵직하게 다가왔다.

관우 씨는 산을 오르면서 아버지를 떠올렸다. 어렸을 적 아버지와 등

산을 했던 기억 때문이다. 그때 아버지는 나무를 사람이라 생각하고 마주보며 "나는 할 수 있다"를 외쳐보라고 했었다. 그런 행동이 밑바탕이 되어 지금까지 자신감을 가지고 열심히 노력했던 것 같다.

정상에 오른 관우 씨가 바위 꼭대기에 올라섰다. 한눈에 내려다보이는 서울을 보고 있는 관우 씨 뒤로 "관우야~" 부르는 소리가 들려왔다. 다름 아닌 부모님이었다. 생각지도 못한 제작진의 선물에 관우 씨가 환하게 웃었다. 부모님은 친구들과 북악산에 갔다 온다고 이야기한 뒤라 깜짝 이벤트처럼 등장한 부모님이 더욱 반갑기만 하다.

"부모님이 갑자기 나오셨잖아요. 그리고 그 의미에 대해서 곰곰이 생각해 보면서 인생은 혼자 가는 것이 아니라 여럿이 함께 전진하는 것이라고 생각했어요. 그 전에는 가슴으로는 생각을 못했는데, 그때부터 가슴으로 좀 안 것 같아요."

아픈 만큼 성장한다

등산을 다녀온 뒤 멘티들에게도 뚜렷한 변화가 있었다.

졸업 후 취직 외에 다른 일은 생각하지 않았던 춘식 씨는 멘토링을 통해 예전에 가지고 있던 좋은 마인드를 잃어버렸다는 점을 깨달았다. 마음이 조급해서 자신을 축소시키고 있었던 것이다. 이 발견 자체가 그에게는 큰 의미였다.

지아 씨는 요즘 사람들을 만날 때마다 '키가 큰 것 같다' '얼굴이 환해졌다'는 말을 자주 듣는다. 자신이 원래 파이팅 스피릿이 있는 사람이라는 걸 새삼 느낀다. 자세가 구부정한 원인이 패배감 때문이라는 것을 알게 된 뒤로 어깨를 펴고 더 당당해지려고 노력하고 있다.

9월 말까지 멘토링에 집중하지 못할 정도로 바빴던 세윤 씨는 아르바이트와 학원 등록을 취소하면서 가지치기를 하고 있었다. 이것은 세윤 씨에게 큰 용기이다. 자신도 모르는 새 완벽하게 살아야 한다는 마음이 이미지 관리 등의 보여주기 식으로 나타났고 스스로를 피곤하게 만들었다. 이제 그녀는 어느 정도 내려놓고 시각과 관점을 넓히려고 노력하고 있다.

성령 씨는 아직 자신이 불안하다고 했다. 제로에서 시작한 게 아니라 마이너스에서 출발했다고 말하는 그녀는 이제 목적지의 50퍼센트에 다다랐다고 했다. 나머지 50퍼센트는 이제부터 꿈을 찾아 채워나가야 한다. 현실적으로 취업한다든지 극적인 변화는 없었지만 마음은 변화가 있었다. 스스로에 대한 자신감이다.

관우 씨는 멘토들과 가장 많이 만난 당사자이기도 하다. 성공을 하겠다는 단순한 생각에서 좀더 시야를 넓혀 과거나 지금 속해 있는 그룹에서 모범과 희망이 되는 사람이 되고 싶다는 소망을 가지게 됐다. 성공 외에는 한번도 생각하지 않았던 그가 자기 자신과 가치 있는 삶에 대해 생각하게 된 것은 큰 변화다.

그는 지금처럼 바쁜 때에 가슴으로 느끼는 것은 사치라고 생각했지만 요즈음 자신에 대해, 삶에 대해 생각하면서 가슴으로 느끼는 시간이 점차 늘고 있었다.

7

생활반경을 넓혀
다양한 경험을 쌓아라

취업을 준비하는 사람들은 생활반경이 한정적이다. 학교와 집, 때로는 인턴하는 회사나 아르바이트 장소를 오가는 게 거의 전부이다. 그렇기 때문에 익숙한 공간과 환경에서 벗어나 좀더 넓은 시야를 기를 수 있는 기회에 자신을 노출해 보는 것이 필요하다.

조벽 교수는 자신이 좌장으로 있는 '2013 글로벌 인재 포럼'에 멘티들을 초청할 예정이라고 미리 공지했다.

'2013 글로벌 인재 포럼'은 각국 장관 및 국제기구 관계자, 글로벌 기업 대표, 세계 대학 총장 등 각 분야 인사들이 1년에 한 번 한자리에 모여 인재의 중요성과 개발 방향을 공유하는 행사이다. 이번에는 '벽을 넘어서(Beyond Wall)'란 주제로 개최되었다. 멘티들이 시야를 넓히고 글로벌 인재들을 직접 만날 수 있는 흔치 않은 기회이다.

멘티들이 몇 달 동안 마음의 작업을 하고 어느 정도 성장하고 준비가 된 상황에서 조벽 교수는 글로벌 인재 포럼에서 각자가 수행할 개별 미션을 주었다.

세계 수천 명의 인재들이 모이는 행사에서 멘티들은 무엇을 관찰하고 배우고, 지혜를 얻을까?

MISSION ❽ 글로벌 인재 포럼에서 개별 미션 진행하기

- 김성령 : 글로벌 인재 포럼 연사와 패널 리스트 중 한 명을 선택해 10분 인터뷰를 한다. PD가 되어 내용은 스스로 정하고 카메라를 동반해 실전 인터뷰를 하듯이 진행한다.

- 엄지아·김춘식 : 포럼 마지막 날, 오후 프로그램 중 취업 관련 세션에 참여한다. 각각 1분씩, 면접을 보듯이 청중 앞에서 자신의 능력과 비전을 홍보한다. 언어는 영어와 우리말 중에서 선택한다.

- 정세윤 : 한국 홍보 대사가 되어 외국 연사 중 한 명에게 한국을 홍보한다. 무엇을 홍보하고 어떤 식으로 할지는 스스로 정한다.

- 김관우 : 포럼 마지막 날, 오찬 행사 담당자에게 연락하고 행사 도우미를 자원한다. 그쪽에서 어떤 도움이 필요할지, 도우미를 원하는지의 여부도 본인이 직접 확인한다.

도전하는 과정을 즐겨라

성령 씨는 제작진의 도움을 받아 미션을 수행했다. 인터뷰에 앞서 인터뷰할 곳의 자리도 확인하고, 웃는 표정 연습도 했다. 딱딱한 인터뷰보다 진솔한 이야기를 들을 수 있는 인터뷰를 할 예정이다. 인터뷰할 대상은 삼성경제연구소 정권택 전무이다.

인터뷰에 들어가기 전에 인터뷰에서 물어볼 내용도 준비했다.

① 20년 전 인재상과 현재의 인재상을 비교했을 때, 몸소 느낀 차이점이 있다면 무엇입니까?

② 인재상의 변화에 있어서 일정한 방향성이 있다고 보십니까?

③ 전무님께서 생각하는 미래 인재의 중요한 요소를 하나 꼽자면 무엇인가요?

④ 한국 취업준비생들의 현실과 기업 측의 고민을 모두 아는 입장에서 현실적으로 필요한 인재의 요건이 있다면 무엇이라고 생각하십니까?

⑤ 사회에서 각광받는 인재는 소수일지라도 자신이 만족하는 일을 찾아 열심히 살아가는 것은 누구나 가능한 꿈이라고 생각합니다. 전무님께서는 자신의 일에 대해 어떻게 생각하시는지, 만족하시는지 궁금합니다.

⑥ 그리고 만족하셨던 순간을 한 부분 공유해 주셨으면 합니다.

⑦ 일을 해나가는 데 있어서 전무님이 생각하는 행복이란 어떤 것입니까?

⑧ 자신의 자리를 찾은 선배로서 요즘 방황하고 있는 후배들에게 직업을 선택할 때 해주고 싶은 말이 있다면 무엇입니까?

⑨ 일을 하면서 힘들 때마다 도움이 되었던 생각, 혹은 말이 있다면 알

● '기업 관리자의 입장에서 인재를 보겠지' 하고 냉소적으로 생각했던 성령 씨가 자기 자신을 되돌아보게 만들었던 대기업 관계자와의 인터뷰. PD를 꿈꾸는 인터뷰어로서 자신이 원하는 직업을 간접적으로나마 체험해 볼 수 있었다.

러주세요.

⑩ 자녀분이 있으리라 생각되는데, 부모로서 20대 청년들에게 해주고 싶은 말이 있다면? 혹은 '부모'로서 '부모'들에게 하고 싶은 말이 있다면 한 말씀 해주세요.

10분 동안 10개의 질문이다. 과거와 현재의 인재상에 대한 변화를 묻는 질문에 정권택 전무는 "인재상은 없다. 자기가 잘하는 것이면서 즐길 수 있고, 열심히 할 수 있는 것을 찾아야 한다"고 했다. 부모들에게 당부하는 말로는 "청년들을 그냥 놔주면 좋겠다"고 말했다. 부모 세대 때 잘나갔던 직업을 자녀에게 떠미는 경우가 많은데, 자녀들의 세대는 바뀔 것이기 때문이다.

침착하게 정권택 전무와의 인터뷰를 마친 성령 씨는 자신의 인터뷰 미션 수행이 만족스럽지 않다고 말했다. 하지만 앞으로 더 잘할 수 있는 기회가 있고, 이것도 인재가 되는 과정이라고 생각하기로 했다.

인재 포럼에 온 많은 사람들 앞에서 자기소개를 할 지아 씨는 단점을 극복하고 새롭게 다시 도전하는 자신의 장점들로 발표 내용을 정리했다. 평창과 속초에 이어 세계적인 석학과 사회 인사들의 발표가 이어지는 인재 포럼에서 짧은 자기소개를 하게 되는 각오도 새롭다.

보기 드문 기회를 잡은 만큼 사람들에게 새로운 면모를 보여주고 싶다는 마음도 있다. 지아 씨는 자신의 참신하고 똘똘한 모습을 사람들이 알아봤으면 좋겠다고 생각하고 주어진 단 1분에 발표가 끝날 수 있도록 발표문을 계속 다듬고 있었다. 긴장이 되면 '나는 나다'라는 말을 계속 되뇌었다.

'대졸자 취업 역량, 무엇이 문제인가?' 주제로 패널 토론에 할애된 단 1분의 시간. 청중석 맨 앞자리에 앉아 있던 지아 씨가 자기 차례가 되자 마이크를 들고 발표했다. 평범하게 자신을 소개한 지아 씨에게 청중들의 시선이 쏠렸다. 그 짧은 시간 동안 지아 씨는 자신의 어떤 모습을 보여줄까?

지난번 속초에서의 발표와 확연하게 차이나는 점은 지아 씨의 파이팅 스피릿이다. 과거와 현재의 부정적인 모습에 집중했던 그녀는 이제 그를 넘어 긍정적인 면을 부각시키면서 당당하게 말했다.

"많은 분들에게 저의 배려심, 책임감, 그리고 긍정심에 대해 많은 칭찬과 사랑을 받았습니다. 저는 이러한 평가가 정말 자랑스럽습니다. 왜냐하면 저에게 닥쳤던 사회적 도전과 경제적 어려움을 저 스스로 극복해 낸 결

● "저는 지방대 출신이라는 편견을 깨고 엄지아라는 사람을 먼저 볼 수 있게 노력할 것입니다."
멘토링 초기의 부정적이고 자신감이 없는 모습에서 크게 변화한 모습이었던 지아 씨.

과이고, 저는 이 자리에 섰고 저에게 파이팅 스피릿이 있다는 증거이기
때문입니다.

저에게 많은 분들이 지방대 출신이라고 안 된다고 단호하게 말씀하십니
다. 그러나 저는 그 편견을 깨고, 엄지아라는 사람을 먼저 보실 수 있게
노력할 것입니다."

지아 씨는 자신을 포장해 좋은 점을 내세우는 대신 당당하게 자기의
모습을 있는 그대로 보여주었다. 지난번 발표할 때에 자신감이 없다는
평가를 받았던 지아 씨는 이번에는 사람들과 눈을 마주치며 또렷하게
발표를 했다. 놀라운 변화다.

지아 씨의 뒤를 이어 발표에 나선 춘식 씨는 평소에도 자기소개나 면
접을 준비하기 때문인지 한결 여유 있어 보였다. 완벽해야 한다는 마음

보다는 생각이 안 날 때는 발표 내용을 보기도 하면서 시간도 자연스럽게 맞출 예정이다.

발표 내용도 지아 씨와는 사뭇 다르다. 지아 씨가 인성 중심으로 발표했다면 춘식 씨는 자신의 강점인 창업 경험을 내세워 구체적이고 사실적인 이력에 중점을 둘 생각이다.

단, 관심 분야가 명확하고 자신 있는 태도로 자신이 열심히 살아온 과정에 초점을 맞추기로 했다. 1분이라는 짧은 시간에 자기를 소개하기 위해 열심히 노력했다는 점을 밀고 나갔다.

발표를 끝낸 춘식 씨는 시간 제약으로 발표를 서두르고 스펙 중심으로 발표한 것을 못내 아쉬워했다. 물론 소득도 있다. 자신이 한 다양한 활동에 대해 리마인드의 계기가 되었다. 자신이 관심을 가지고 마음을 열어둔다면 사회나 기업이나 주변에 적게나마 도움을 줄 수 있을 것 같다.

한국 홍보 대사라는 중요한 역할을 맡은 세윤 씨는 우선 포럼이 개최되기 며칠 전 연사 두 분에게 양해를 구하는 메일을 보냈다. 카메라를 동반해 촬영하는 것에 대해 양해를 구한다는 내용이었다. 한국을 홍보하는 방법으로는 간단한 퀴즈를 내기로 했다. 3단계 난이도로 퀴즈를 내어 다 맞히면 기념품을 준다는 계획도 세웠다.

최선을 다해 준비하고도 불안하고 초조한 모습을 보였던 세윤 씨는 이번에는 실수해도 괜찮다며 자신을 다독였다. 결과로 보자면, 세윤 씨의 인터뷰는 연사들이 급히 공항에 가야 하는 이유로 성사되지 못했다. 결국 미션에는 실패했지만, 성공이든 실패이든 내가 거기에 진정성을 가지고 최선을 다했기 때문에 후회는 없다.

미션을 마친 뒤 세윤 씨는 조벽 교수에게 메일을 보냈다. 긴 시간과 열정을 투자해 임하면서도 결과가 어떠하든 그 과정에서 내가 흥미를 느끼고 누군가가 즐거워했다면 그것으로 충분히 행복하고 의미가 있음을 깨달았다고 했다.

우연찮게도 인재 포럼 연사로 나선 한 사람이 인재를 볼 때 세 가지를 보는데 그중 하나가 '성숙함'이라고 한 말은 두고두고 세윤 씨의 기억에 남았다. 사신이 멘토링에서 지적받은 부분이었기 때문이다. 미션 내내 따라다니던 어린 아이와 같다는 평가에 대해 다시 성찰하게 되었다.

자기보다 더 큰 곳에 의미를 두고 베풀어라

행사 도우미 역할을 하게 된 관우 씨는 학생 등록과 사진 찍기를 도왔다. 다른 지원자들과 대비되는 특별한 미션이다. 다른 사람들은 자기소개나 인터뷰 등 독자적인 미션을 준 반면, 관우 씨는 다른 사람과 협력하고 도와줘야 하는 봉사 미션이다.

여기에는 특별한 이유가 있었다. 관우 씨가 멘토들에게 가장 많이 들은 말은 '자기 중심에서 벗어나 시각을 넓히라'는 것이었다.

조벽 교수는 "인재로 살아간다는 것은, 어린 아이가 아니라 어른스럽게 살아가는 것"이라고 말했다. 어린 아이가 받는 존재라면 어른은 주는 존재다. 베푼다는 것은 성숙함의 핵심이다.

결국 인재는 더 많은 연봉과 혜택 등 오로지 자기만을 위해 자신의 능력을 발휘하는 존재가 아니라 자기보다 더 큰 곳에 뜻을 두고 베풀며 살아가는 존재이다. 그러므로 조금 더 베풀고 배려하는 연습을 하라는 의미로 자신보다 나이 어린 학생들에게 봉사하는 미션을 준 것이다.

그 의도를 아는지 관우 씨는 자신에게 봉사 미션이 주어진 이유에 대해 전체의 활동 중에서 보이지는 않지만 꼭 필요한 파트를 담당하는 것에 미션의 의미를 두고 있었다. 포럼 참여는 많이 해봐서 낯설지는 않은 편이라 맡은 일에 개의치 않고 즐거운 마음으로 참여하고 싶다고 말했다.

주최측 담당자의 이야기를 듣고 테이블 세팅을 도운 뒤 관우 씨는 테이블 배치도를 보고 1번부터 이름에 맞는 명패를 놓았다.

이 모임은 중·고등학교 학생들로 특별 학급을 정해 그들에게 기업가가 되기 위한 지식재산, 기업 정신, 도전 정신을 가르치는 프로그램이다. 학생들은 기업가를 만나 멘토링을 받고, 나중에 대학원에 갔을 때 그 지식을 바탕으로 창업할 수 있는 기회를 갖게 된다. 발표 미션보다 흥미가 덜할 것 같았던 이번의 봉사활동을 관우 씨는 즐기고 있는 듯했다.

시야를 넓히고 눈높이를 높여라

조벽 교수는 인재 포럼 참석 미션을 '글로벌 인재를 만나면서 시야를 넓히고 자기 눈높이를 높이는 경험'이라고 설명했다. 누구에게나 주어지는 기회는 아니었다.

다섯 명의 멘티들 모두에게 인재 포럼에 참석하기 위해 몇 주 전부터 준비하면서 조금 더 새롭게 생각하고 성장할 수 있는 기회였다.

예를 들어 자존감이 부족한 사람(엄지아)은 어려운 자리에서 발표를 함으로써 자신이 해냈다는 자신감과 부가적으로 따라오는 자존감을 얻을 수 있다. 자기소개서를 많이 써왔으나 실패한 사람(김춘식)에게 1분 발표는 자신의 인생이나 목표, 가치관을 압축해 나가는 훈련으로 유용하다.

자기 진로에 관심이 많으나 실제로 경험해 보지 못한 사람(김성령)은 그 관심이 추상적인 상태에 그치면 진로를 결정하기가 어렵다. 원하는 진로로 가야할지 말아야 할지 판단할 근거가 없기 때문이다. 그러므로 자신이 선택하고자 하는 직업을 직접 겪어볼 기회가 필요하다.

취업 준비 과정에서 스스로 실망을 많이 한 사람(정세윤)에게는 자신의 강점, 예를 들어 대인관계나 커뮤니케이션을 마음껏 활용해 볼 수 있는 시간을 열어준다면 자기 비하나 실망에서 빠르게 회복된다. 남에게 조금 더 베풀 줄 아는 사람(김관우)이 되려면 행사 도우미로 보이지 않는 곳에서 준비하고 도와주는 연습을 통해 배려를 배울 수 있다.

2013 글로벌 인재 포럼에 참석한 전문가들은 한 신문과의 인터뷰에서 미래 인재의 조건을 다음과 같이 꼽았다. 기술 발전에 따른 다양한 커뮤니케이션과 자유로운 생활 방식, 사무실에 매이지 않고 자유롭게 일하면서 성과를 올리는 능력, 복합적인 사고력, 공동체를 위한 감각과 지혜, 풍부한 감정을 토대로 한 빠른 실행력, 열정과 공감의 능력 등이다. 그리고 일생에 걸쳐 새로운 것을 배워나가고 받아들이는 태도를 가진 사람이 성공할 것이라고 강조했다.

글로벌 인재 포럼에서 세계 석학들이 말한 미래의 인재는 〈인재의 탄생〉 프로그램이 지향하는 바와 다르지 않았다. 조벽 교수는 진정한 미션의 성공은 단지 그것을 열심히 수행하는 게 전부가 아니라 '왜 그것을 하고자 하느냐' 의미를 묻는 것에 있다고 했다. 즉 스스로 즐겁게 하고 싶어 하는 일을 추구하고 주변에 있는 사람들에게까지 베풀 수 있어야 한다고 강조했다.

집중과 선택에도 단계가 있다

유순신 대표와 성령 씨, 지아 씨의 개별 멘토링이 이뤄졌다.

성령 씨는 멘토링을 통해 본인이 가진 것이 많다는 것을 알았지만 다부진 면이 부족하다고 생각한다. 그 점을 말하자 유순신 대표는 그것은 너무 빨리 잘하려는 욕심이라고 했다. 21세기에 중요한 감성을 살리고, 실제 돈을 벌어 보는 것도 좋은 경험이라고 했다.

그러면서 성령 씨에게 제안한 것은 언론사 인턴 기자를 해보면서 그 환경을 알고 그다음에 영화로 뛰어들어보라는 조언을 해주었다.

유순신 대표는 여기에 3단계의 과정을 제시했다. 1단계는 실질적으로 돈도 벌고 현장을 느껴보는 것이다. 자신이 가고 싶은 영화 제작사 리스트를 뽑아서 정리하고, 그중 하나의 고리를 만들어서 시작해 보는 것이다. 2단계는 자기를 들여다보는 것, 3단계는 내가 30년 뒤에 무엇이 되고 싶은지를 그려보고, 그 꿈과 관련 있는 사람들에게 연락해 만남을 가지는 것이다. 잘못될까 봐 두려워하기보다는 자신의 장점인 겸손과 배려로 사람들과의 관계를 풀어나가면 된다고 격려했다.

유순신 대표는 지아 씨의 첫인상에 대해 이야기하는 것으로 지아 씨와의 멘토링을 시작했다. 자기소개서도 정성껏 쓰고 인상도 좋고, 조금만 꿈과 목적에 대해 이야기해 주면 자기 갈 길을 잘 찾을 것 같았다고 했다. 그런데 대화를 해보니 자긍심이 없었고, 패션 회사와 사회 공헌이라는 서로 잘 안 맞는 축의 꿈이야기를 했다.

심리 상담과 인재 포럼 미션 후 자신감이 붙은 지아 씨에게는 일단 패션 회사에 들어가 사회 공헌 쪽으로 길을 모색해 보는 것 등을 제안하였다. 인턴이든 시간제이든 우선 자기가 하려고 하는 일과의 접점을 만드는 것이 중요하기 때문이다.

지아 씨의 꿈을 좀더 구체적으로 만드는 일도 필요했다. 지아 씨는 사회 공헌과 패션 회사 취직이라는 두 가지 바람 사이에서 아직 결정을 내리지 못하고 있었다. 외국계 패션 회사의 경우 영어 실력과 신입사원을 뽑지 않는 문제가 있지만 본인이 이력서를 넣고 자신을 어필하면 인터뷰를 보고 수시 채용 기회를 만들어낼 수도 있다.

관심 있는 회사를 찾아 인사부에 먼저 이력서를 보내는 것도 방법이다. 산업에 대한 연구도 필요하다. 소비자의 마음을 읽고 브랜드의 장점을 잘 설명하는 판매 분야부터 시작하는 방법도 있다.

지아 씨의 본래 꿈인 사회에 공헌하는 길은 더더욱 좁다. 대구에서 복지사 자격증을 딴다고 해도 내가 하는 일을 더 잘하기 위한 것이지 취업으로 보지 말라는 충고도 이어졌다.

지아 씨는 자신의 관심 분야에 대해 구체적인 이야기를 들으니 뭔가 할 수 있을 것 같은 자신감이 들었다. 이를 바탕으로 가고자 하는 분야에 대해 확실히 아는 것에 집중하기로 결심했다.

일 대 일 멘토링

'너 자신을 알라'

개별 미션이 끝난 뒤, 춘식 씨와 관우 씨는 조미진 상무와 개별 멘토링을 실시했다. 이번에는 모의 면접을 보고 평가하는 방식으로 진행했다. 두 사람 모두 취업에 집중해 있기 때문에 본인에게 가장 흥미로운 프로세스를 거치면 학습효과도 그만큼 클 것이라고 예상했다.

질문은 주로 인성에 중점을 두었다. 여러 사람과 더불어 일할 원만하고 유연한 인성을 가진 인재를 원하는 기업들의 요구에 맞춘 형식이다. 창업 경험을 통해 벼랑 끝까지 가본 춘식 씨에게는 인성 관련 질문이 유리한 질문일 수도 있다.

취업을 준비하는 학생들이 가장 고민하는 부분 중 하나는 다양한 기업의 인재상이나 핵심 가치에 일일이 맞춰서 준비해야 하는가이다.

여기에 대해 조미진 상무는 기업별로 요구하는 인재에 다 맞출 필요는 없다고 강조했다. 그럴수록 소신 지원을 하고, 기본으로 돌아가 살아가면서 자신이 중요하게 생각하는 가치가 무엇인지 고민하라는 것이다. 그 다음에는 내가 좋아하는 것이 무엇이고, 누구인가에 대한 고민도 함께 해야 한다.

한마디로 자기 정체성을 찾아가는 과정인데 자기 정체성 확립은 기업이 요구하는 인재의 조건과도 다르지 않다. 조미진 상무는 이를 "삶이라는 큰 그림 속에서 나를 찾는 것"의 중요성으로 정리했다.

또한 대한민국 엘리트 코스를 밟으며 많은 혜택을 누려왔다면 내가 사회나 주변 사람에 대해 가져야 할 책임은 없는지를 생각해 보아야 한다. 나에 대한 인식은 자기 스스로 인식하는 것도 중요하지만 다른 사람이 나를 어떻게 생각하느냐에 대해서도 깨어 있어야 한다.

관우 씨의 경우 관심사와 경험이 다양하다는 점이 장점이 될 수 있지만 반면 자존심이 강해 잘난 척하는 느낌을 줄 수 있다는 조언도 이어졌다.

조미진 상무가 춘식 씨에게 한 조언은 아직 기업에서 일하고 싶은 진정성이 보이지 않는다는 점이다. 춘식 씨의 대답이 형식적인 대답처럼 느껴진다고 했다.

예를 들어 자기소개서에 '선한 자극을 주고 싶은 사람'이 되고 싶다고 했는데, 선한 자극은 주변의 작은 일부터 시작된다는 점을 깨달아야 한다고 강조했다. 그 진정성은 회사와 함께 성장할 수 있다는 자신감과 동기가 설득력 있게 보일 때라야 나타난다.

마침 임원 면접 중인 회사가 있었던 관우 씨는 회사 생활을 잘하는 법과 업무 효율, 인간관계에서 어디에 비중을 두어야 할지 조미진 상무에게 자문을 구했다. 조미진 상무가 관우 씨의 질문에 대해 한 말은 'so what?'이다. 아직까지도 해법만을 찾고 있는 관우 씨에게 해법 찾기는 마지막 결과일 뿐 그 과정에 관심이 없으면 결국 인간관계에서도 대화의 벽이 생긴다고 강조했다.

8

인재는 자기 중심을
잃지 않는 사람이다

드디어 길고 긴 6개월의 멘토링이 막바지에 다다랐다. 그동안 미션을 해나가면서 때로는 어려움에 부딪히고 지치기도 했을 멘티들에게 조벽 교수가 메일을 보냈다.

'엄지아 : 파이팅이 있다, 검소하다, 예의가 바르다.'

'김성령 : 창의력이 뛰어나다, 감정이 풍부하다, 분석력이 좋다.'

'정세윤 : 매력적이다, 언어 감각이 좋다, 국제적 감각이 있다.'

'김관우 : 듬직하다, 목표의식이 강하다, 미래 지향적이다.'

'김춘식 : 배려심이 많다, 추진력이 대단하다, 꾸밈이 없다.'

지금까지 보아 온 멘티들의 강점을 하루에 2, 3개씩 적어 보내면서 마지막까지 응원하겠다는 의미였다.

1. 식사 준비 : 한 달 후 마지막 모이는 날 본인들과 멘토들을 위한 식사
   를 준비한다. 기본 재료부터 준비해 메뉴를 정해 만든다. 식사 준비는
   공동 작업이다.

2. 엔터테인먼트 : 30분 정도의 시간으로 모인 사람들을 즐겁게 해주는
   엔터테인먼트를 준비한다. 각자 스스로가 무엇을 함으로써 즐거움을
   주는 것이어야 한다. 단, 모든 멘티들이 처음부터 끝까지 한 번씩은
   부분적으로 참여해야 한다.

3. 최종 프레젠테이션 : 처음에 작성했던 15분 프레젠테이션을 보완해
   다시 발표한다. 각자 주어진 시간은 5~10분이다. 과거와 현재는 압축
   하고 미래를 풍요롭게 보여주어야 한다.

마지막 미션은 다섯 멘티와 멘토들이 한자리에 모여 멘티들이 준비한 식
사를 하고 엔터테인먼트를 함께 하는 것이다. 그후 지난 발표에 이어 멘티
들이 자신의 미래에 대해서 구체적으로 최종 프레젠테이션을 하는 것이다.

프로그램 중간에 취업이 되어 사정상 마지막 모임에 참가하지 못한
춘식 씨를 제외하고 네 명이 자리를 함께했다.

지아 씨는 새로 태어난다는 의미로 미역국을 준비했다. 관우 씨는 연
어 샐러드와 유자차에 석류를 넣어 후식을 만들었고 세윤 씨는 돼지고
기 야채볶음을 했다. 평소 먹던 음식으로 밥이랑 국이 있으니 고기가
있어야 할 것 같아서란다. 성령 씨는 멘티들이 협력해서 대접하라는 의
미를 살려 비빔밥을 만들었다. 맛도 맛이지만, 메뉴에 담긴 뜻이 좋다고

멘토들이 응원의 말을 건네주었다.

엔터테인먼트는 멘티와 멘토가 함께 폭탄을 전달하면서 서로 칭찬을 하는 칭찬 샤워게임으로 시작됐다. 이어 관우 씨가 불이 꽃으로 변하는 마술을 했고, 성령 씨가 스무고개를 했다. 이어 몸동작으로 사물 맞히기, 다 함께 랩이 들어간 합창을 하며 엔터테인먼트를 마무리했다.

마지막 프레젠테이션 : 어떻게 살아갈 것인가

엔터테인먼트 후 최종 프레젠테이션이 시작되었다. 멘토링 과정을 통해 자신의 변화들을 보여주는 시간이다.

관우 씨는 멘토링 전·중·후로 나눠 발표하고, 개척자가 되고 싶다는 말로 마무리하였다.

"돈 보고 네임밸류 보고 간 친구들이 회사를 이직하는 것도 봤고, 크나큰 아픔이었던 할머니가 돌아가신 것을 계기로 죽음과 가치 있는 삶에 대해 생각해 보게 되었습니다. 그리고 베푸는 것에 대해 생각해 보게 되었습니다. 이 과정을 통해 저는 '함께하는 삶'에 대해 배웠습니다. 그리고 제 자신의 길을 찾을 수 있었습니다. 바로 '개척자의 삶'을 사는 것입니다. …… 저는 어느 환경이든 어느 나라에서든 시장을 먼저 개척하거나 발굴하여 다른 한국 사람들이나 기업들이 올 때 그들을 도와줄 수 있는 삶을 살고 싶습니다."

조벽 교수는 "관우 씨의 마음으로부터 변화가 진짜 바깥으로 발산되는 느낌이에요"라며 관우 씨의 변화를 칭찬했다. 남의 시선을 의식하던 마음에서 벗어나 온전히 내 안에서 시작된 변화다. 재능은 많지만 자기 중심적인 길을 걷는다고 생각했는데 이제 진정한 인재의 길을 걷는 것 같다는 평가도 나왔다.

지아 씨는 '과거의 꿈, 지금 모습, 미래' 세 부분으로 나누어 발표했다. 멘토링 과정에서 그동안 뜸했던 사람들에게 먼저 전화를 걸어 연락을 주고받게 된 좋은 변화들, 미래의 결혼과 일, 사회 공헌 활동 등 그동안 갈피 잡지 못했던 꿈의 확신과 당찬 포부들이 있었다.

"(예전에는) 부정적인 저를 버리고 새로운 나를 찾기 위해 애썼지만 저는 오히려 멘토링 과정을 통해서 그것을 품었어요. 세일즈 어드바이저로 H사에 입사했고 현재 트레이닝 중입니다. 능숙한 직원들을 닮는 것, 똑소리 나게 일을 하는 것이 저의 꿈이고요. 저는 지금 긍정적이고, 매력적이고 밝음을 지닌 사람이 되었습니다. 저만의 중심을 찾았고요. 그래서 더 이상 남과의 비교는 하지 않고 저만의 중심을 찾고 자신감과 자존감을 높이면서 살아가도록 하겠습니다."

지아 씨는 자신이 꿈꾸던 과거의 모습과 현재 모습이 신기하게도 거의 일치한다는 말로 마무리했다. 이에 대해 조미진 상무는 "아주 구체적이고 정말 실현 가능성이 있는 꿈들 같아서 마음이 즐겁고 행복했어요"라며 그녀의 변화를 축하해 줬다.

성령 씨가 생각하는 자신의 변화 키워드는 '긍정심'이다. 그래서 자신에 대한 긍정, 소중한 사람에 대한 긍정, 세상에 대한 긍정에 대해 발표하였다. 오랜 시간 '명문대 입학은 성공'이라는 세상의 기준에 맞춰 살았던 그녀는 실패로 인해 자신이 상처받을 것에 대한 두려움, 미숙한 인간 관계가 부각되면서 비틀어진 사고방식으로 살아왔다고 고백했다.

그녀가 자기 이야기에서 많은 부분을 할애한 건 새로운 길에 대해서다.

"지금 당장 하는 일이 내 존재를 결정짓는 것은 아닙니다. 제가 아무리 하찮은 일을 할지라도 제가 꿈을 갖고 노력을 한다면 분명 변화가 일어날 것이라 생각합니다. 큰 목표를 잊지 말고 바라기를 멈추지 않고 제 삶에 모든 것들이 나의 거름이라는 것을 알았으면 좋겠습니다. 사실 좋은 일도 있지만 힘든 일도 있을 거라 생각합니다. 그게 삶이니까요."

성령 씨의 첫 인상을 '길 잃은 듯한 모습'이라고 평했던 딘 우드게이트 참사관은 성령 씨의 발표를 어떻게 봤을까?

"오늘 당신의 변화를 볼 수 있었어요. 당신의 내적 성찰은 우리 모두를 위한 교훈이라고 생각해요. 우리 모두 자기 자신에 대해 생각해 봐야 하니까요. 어떨 때는 방어벽을 쳐놓을 수도 있지요. 그 벽을 허물면 터널 끝의 빛이 보이기 시작합니다."

성령 씨의 미래 꿈은 2년 안에 개봉 영화 만들기, 10년 안에 흥행 영화 만들기, 15년 안에 애니메이션 만들기이다. 성령 씨의 대단한 습득력과 배운 것을 더 높은 단계로 수행하는 모습이 멘토링 과정을 즐겁게 해 주었다는 멘토들의 격려도 이어졌다.

세윤 씨는 멘토링 전후의 자신의 모습을 발표했다.

"저는 제게 중요한 것과 소중한 것이 무엇인지 물어볼 수 있는 용기가 생겼습니다. 나중에는 직면하고 싶지 않았던 문제, '나는 왜 좌절했을까'를 묻게 됐습니다. 저는 행복하지 못한 채로, 좌절감, 불안감, 조급함, 그리고 인정하지 않으려는 모습 때문에 중심이 없던 삶을 살았다고 인정하게 되었습니다. 그렇게 중심을 찾고 나니까요, 그 전에는 중요해 보이지만 사실은 중요하지 않은 것들이 제 자신을 얽매도록 내버려두었다는 걸 깨달았습니다."

불안함과 조급함을 떨쳐내고 다행인 것과 감사한 것을 생각하는 세윤 씨에 대해 최성애 박사는 성장통을 겪은 한 사람으로서의 모습을 이야기해 주었다.

"성장통이라는 게 굉장히 고통스러울 수 있습니다. 자신이 이미 익숙한 것을 놓으려고 하면 너무나 두렵고 불안할 수 있어요. 세윤 씨를 보면서 그런 안타까움을 느꼈는데 그럼에도 불구하고 스스로 선택해서 더 진실한 것을 찾았다는 것이 기뻐요."

다른 멘토들은 세윤 씨의 자연스러움을 칭찬했다. 어른 아이의 모습을 하고 연예인처럼 부자연스럽게 행동한다는 말을 듣던 세윤 씨에게 나타난 큰 변화다.

'나는 누구인가'에 대한 발견이 모든 것의 시작

과연 인재란 누구인지 정의를 내려볼 적절한 시기에 〈인재의 탄생〉 프로그램이 시작되었다. 진행 과정에서 인재는 단지 스펙이나 학벌로만 설명될 수 없다는 점이 분명하게 드러났다.

진정한 인재로 태어나기 위해서는 인재라는 말 속에 숨은 우리 사회에 뿌리 깊은 오해들을 깨는 것부터 해야 한다. 취업의 관문이라는 스펙 쌓기에 열올리고 누구나 남보다 앞선 성공과 목표를 향해 달려가지만 자기 자신을 모르고서 제대로 된 성공과 행복에 도달할 수 없다는 것을 발견했다.

그러나 취업준비생들에게 자신에 대해 얘기해 보라고 하면 자신이 어떻게 살아왔고 어떤 꿈이 있는지를 이야기하는 사람은 드물었다. 스스로를 잘 파악하지 못한 채 무턱대고 하는 노력들이 오히려 인재로 성장하는 데 걸림돌로 작용한 것이다.

지금 세상이 원하는 인재는 단순히 최대한의 지식을 가진 사람을 뜻하지 않는다. 대신 기본적인 지식에 자신감과 도전 정신, 조직 사회에서 서로 대화할 수 있는 소통 능력, 자기 자신과의 약속을 지킬 줄 아는 책임감, 여러 사람들과 함께 해나갈 수 있는 인성 등을 요구한다.

2013년 한국을 방문한 드루 파우스트 하버드 대학 총장은 하버드의 인재 양성 방향에 대해 이렇게 말했다.

"우리는 학생의 삶을 전반적으로 관찰한다. 호기심이 많은지, 창조적인지, 학교일 외에 어떤 것을 하고 있는지, 음악을 하는지, 운동을 잘하는지 등 다양한 면을 본다. 단순히 시험 점수, 등급이 아니다. 특히 학생들의 성품을 중시한다. 다른 학생들도 그를 보고 배울 수 있어야 한다."

이는 인성을 중심으로 한 인재 양성이 대학의 주요 역할임을 말해 주는 대목으로, 글로벌 시대 사회 전반에서 요구되는 것임을 반증하는 것이기도 하다.

그렇다면 인재가 되기 위해 무엇을, 어떻게 준비해야 하는가? 그 질문에 대한 답은 '내가 하고 싶은 것, 꿈을 어떻게 실현시킬 것인가, 이것을 위해 무엇을 갖추어야 하는가'를 스스로 묻는 데서 시작된다.

지난 6개월 동안의 단체 미션과 개별 멘토링을 통해 만나온 다섯 명의 지원자들에게 〈인재의 탄생〉 프로젝트는 내 안의 인재 가능성을 만나는 과정이었다. 그리고 인재의 조건은 뛰어난 능력이 아니라 자신을 이해하고 주변과의 관계를 소중히 하는 등 우리가 놓치고 있었던 것들에 있었다. 지금까지 미션에서 줄곧 지켜왔던 것도 스스로에 대해 발견할 수 있게끔 생각을 자극하는 일이었다.

조벽 교수는 인재란 무엇인가에 대한 질문에 우리 사회는 너무 많은 목소리들과 이야기들이 오고간다고 했다. '네가 알아서 해라, 너의 인생이다.' '인생을 마음껏 살아라.' '좋아하는 것을 추구하라.' '잘하는 것을 추구하라.' 인재 공해라고까지 부를 정도로 인재 개념이 혼란스러운데, 이는 역으로 그만큼 인재가 절실한 사회의 분위기를 반영한 것이라고 할 수 있다.

이에 덧붙여 조벽 교수가 강조하는 것은 인재의 모습은 옛날이나 지금이나 다르지 않다는 점이다. 이미 우리는 인재로 타고났다는 것이다. 단지 그 인재의 모습에 무엇을 담아낼지는 각자의 몫이다.

그 그릇에 저마다 타고난 기질, 능력, 실력, 재능, 꿈, 비전을 담아 다양하게 만들어나갈 때 세상에 필요한 능력을 갖추었다고 말할 수 있을 것이다. 그런 사람을 사회가 원하는 진정한 인재라고 말할 수 있지 않을까.

인재란 누구인가?

• **최성애** 감정코칭 전문가(심리학 박사)

인재란 높은 수준의 직무수행력을 갖추고, 사회적인 책임을 실천하면서 일과 개인 생활이 균형과 조화를 이루는 사람입니다. 우리나라는 지난 수십 년간 '높은 수준의 업무력'에만 치중해 교육을 한 결과 나머지 두 요소가 불

균형을 이룬 이들이 지도자 역할을 해오지 않았나 생각합니다. 앞으로 교육이 올바른 방향으로 나아가고 여기에 개인의 노력이 더해진다면 더 큰 인재들이 나올 것이라고 기대합니다.

• 조미진 인사 전문가(H회사 인재개발원 상무)

인재는 다음 세 가지 요소들을 가진 사람이라고 생각합니다.

첫째는 나와 주변에 대해 관심과 애정이 있고, 긍정적인 관점과 생각을 가져야 한다는 점입니다.

둘째는 자기에 대해 확실하게 인식하는 사람입니다. 내가 누구이고, 어디서 왔고, 내가 무엇을 좋아하고 무엇을 잘하는지, 자신의 본질을 정확하게 인식할 수 있어야 합니다.

마지막으로 조직에서의 인재란 적재적소에 배치할 수 있는 사람을 뜻합니다. 이때 지식과 다양한 역량도 필요하지만 그보다 더 중요한 게 있습니다. 매사에 열심히 일하고 긍정적인 사람들은 어떤 상황에서도 열심히 해나간다는 사실입니다.

• 유순신 인재 스카우트 전문가(Y회사 대표)

요즘에는 창의적 인재를 가장 선호하지요. 즉 남들이 보지 못하고 느끼지 못하고 생각하지 못하는 것을 사업화해서 가치를 끌어내고 사회에 가치를 주는 사람을 인재라고 인정합니다.

이렇게 말만 들으면 인재 되기가 어렵다는 생각이 들지만, 이 말을 조금 더 풀어보면 인재란 사회에 이익이 되거나 도움을 주는 사람, 조직에 꼭 필요한 사람이라고 할 수 있습니다. 나아가 내가 있는 세상을 조금 더 나은 세상으로 만드는 사람이 인재라고 할 수 있습니다.

인재가 되기 위해서는 무조건 남들처럼 똑같이 대기업에 들어가서 취업을 하겠다는 목표를 세우기보다는 먼저 내가 가장 잘할 수 있는 것이 무엇인가를 정해야 할 것 같습니다. 그리고 이를 위해서 스펙을 쌓고 실현가능성 있는 액션 플랜을 세워서 실천하는 것이 나에게도 좋고 사회에도 기여하는 길일 것입니다.

그런 점에 비추어 인재의 가장 첫 번째 정의는 내 꿈을 찾아서 뭔가를 만들어가는 사람이라고 생각합니다.

왜 대학에 가느냐고 물으면
나도 모르게 당황합니다.
이유를 묻지 않은 채
우리는 한곳을 향해 달렸으니까요.
우리는 왜
대학에 왔을까요?

대학은 큰 배움이 있는 곳이라고 합니다.
대학에 가면
내가 누구인지,
어떻게 살아야 하는지
무엇을 하고 싶은지
무엇이 진리인지
찾을 수 있을 거라 믿었습니다.
하지만 대학은 더 이상 진리의 상아탑이 아닙니다.
큰 배움도, 큰 물음도 사라져버린 이곳에서
우리는 다시 묻습니다.

무엇을, 어떻게 배워야 하는 것일까요?

3부

/

대학의
탄생

5장

말문을 터라,
생각을 터라

출제 문제 : 꿈을 향해 나아가는 과정 중에 어려움이 생기면 어떻게 해야 할까요?

윤재 아버지 : "최선을 다해 극복한다."

윤재 어머니 : "멘토를 정해서 조언을 구한다."

윤재 : "열심히 한다."

세 사람 모두 오답이었다.

정답은 '꿈을 지키기 위해 노력한다'이다.

1

정답 프레임에 갇힌
우리 교육

　　최근 세계 명문대에 합격한 한국 학생들이 학교 생활에 적응하지 못하고 중도에 그만두는 경우들이 발생하고 있다. 2008년 새뮤얼 김 씨의 컬럼비아대 박사 논문인 「한인 명문대생 연구」에 따르면, 미국 명문대에 입학한 한국 학생의 중퇴율이 44퍼센트라는 충격적인 결과도 있었다.

　한국에서 두각을 나타냈던 학생들이 세계 명문대에 적응하지 못하는 데에는 이유가 있을 것이다. 무엇보다 한국의 교육 과정이 지향하는 방향과 세계 명문대가 지향하는 방향이 다르기 때문에 빚어진 현상일수도 있다. 그 차이점을 알아보기 위해 제작진은 한 가지 실험을 하기로 했다. 우리의 초·중·고등학교 과정에 나오는 시험 문제를 한국인과 외국인이 풀어보고, 우리가 12년간 학교에서 배우는 내용과 교육 과정의 특성을 알아보는 실험이다.

'이상한 시험 시간' _ 우리는 학교에서 무엇을 배우는가?

햇살이 무르익은 10월의 어느 날, 한강 물빛 공원에 조그마한 세트장이 만들어졌다. 책상과 의자가 놓이고, 책상 위에는 작은 칠판이 놓였다. 잠시 후 이곳에서 이상한 시험이 치러졌다. 한강에 놀러온 가족들과 사람들에게 제작진이 내는 문제였다. 제작진이 참석자들에게 문제를 출제하기 전에 다음과 같이 설명했다.

"지금부터 문제 몇 개를 내려고 합니다. 문제를 듣고 나면 30초 정도 함께 푸시는 분들과 상의할 시간을 드리겠습니다. 상의를 한 뒤 본인이 생각하는 답을 작은 칠판에 적어주시면 됩니다. 상의했다고 해서 같은 답을 쓸 필요는 없습니다."

참석자들에게는 재미있는 퀴즈를 푼다고 생각하고 가볍게 문제를 풀어달라고 부탁했다. 책상에 앉은 참석자들은 어리둥절하면서도 호기심이 생기는지 고개를 끄덕였다. 문제 푸는 데 소요되는 시간은 약 30분. 출제되는 문제는 객관식 5문제, 주관식 5문제 모두 10문제다.

다음은 그때 나온 시험 문제의 일부이다.

처음 문제를 푼 가족은 사당동에서 온 윤재네 가족이다. 유치원생인 윤재와 아버지, 어머니, 이렇게 세 식구가 자전거를 타러 한강에 나왔다가

1. 친구가 교통사고를 당했을 때 해야 할 일로 바르지 않은 것은 무엇입니까?

① 주위에 어른들에게 도움을 요청한다.

② 119에 전화를 걸어 도움을 요청한다.

③ 112에 전화를 걸어 사고를 신고한다.

④ 친구를 부축하여 빨리 병원으로 간다.

⑤ 사고를 낸 자동차의 번호를 적거나 외운다.

2. 인생의 꿈과 행복은 언제 결정될까요?

① 10대   ② 20대   ③ 30대   ④ 40대   ⑤ 50대

3. 많은 사람들이 가장 살고 싶어 하는 집은 어떤 집일까요?

① 화려하고 큰 집   ② 동물이 많은 집   ③ 나무가 많고 큰 집

④ 편리하고 깨끗한 집   ⑤ 게임기와 오락시설이 많은 집

4. (주관식) 꿈을 향해 나아가는 과정 중에 어려움이 생기면 어떻게 해야 할까요?

5. (주관식) 친구가 교내 그림 그리기 대회에서 상을 받았을 때 어떤 말을 해줘야 할까요? 본인의 생각을 쓰세요.

6. (서술형) 자기 자신에게 거짓말을 할 수 있는가?

답) 1. ④   2. ①   3. ④   4. 꿈을 향해 지키기 위해 노력한다.   5. 축하한다.   6. 정답 없음

이상한 문제 풀기에 도전했다.

제작진이 1번 문제를 읽어주자 아버지는 ④번을 골랐다. 다친 친구를 부축하고 데리고 갔다가 오히려 더 큰 부상을 입을 수 있기 때문에 119가 올 때까지 그 자리에서 기다려야 한다고 했다. 윤재는 ⑤번, 어머니는 ②번을 적었다. 이 문제의 정답은 ②번. 112에 전화하면 우리나라는 자동으로 119로 신고가 넘어가기 때문에 112에 전화를 해야 한다.

제작진이 정답을 발표하자 아버지의 입에서 탄식이 흘렀다. 대부분 우리는 사람이 다치면 119에 전화하라고 교육받지 않았던가. 문제의 정답이 사실이라면 대다수의 사람들이 잘못 알고 있거나 잘못 교육받고 있는 것이다. 1번 문제는 실제로 초등 2학년 바른생활 시험에 나왔다.

가장 논란이 많았던 문제는 2번이었다. 2번 문제의 답으로 어머니는 ①번을 골랐다. 대학교에 진학하기 전 고등학생 때 진로를 가장 많이 고민한다는 게 이유였다. 윤재와 아버지는 ②번을 골랐다. 아직 어린 윤재는 대학생일 때가 가장 좋을 거라고 대답했고, 아버지는 지금껏 살아보니 20대 때가 가장 행복했고 꿈이 많았던 시기라고 했다.

제작진이 공개한 2번 문제의 정답은 ①번. 정답이 못미더운지 이번에는 아버지의 반격이 이어졌다. 이 문제에 어떻게 정답이 있을 수 있느냐는 의문이었다. 경험해 보면 꿈은 늦게라도 이룰 수 있고, 행복이라는 것은 자기 확신이 있는 결정을 할 때 찾아왔다고 했다.

10대 때의 결정이 한 번도 바뀌지 않고 평생 갈 때도 있지만, 그렇지 않은 사람들이 더 많지 않은가. 그런데도 행복이 결정되는 시기가 10대라고 단언할 수 있을까? 이 문제는 중학교 1학년 도덕 시험에 나왔던 문제이다.

3번 문제의 정답은 ④번이다. 이제 40대에 들어서 자연친화적인 환경을 원하는 아버지는 나무가 많고 큰 집을 골랐고, 동물을 좋아하는 윤재는 동물이 많은 ②번 집을 골랐다. 어머니는 남편과 같은 나무가 많은 집을 원했으나 문제의 정답은 편리하고 깨끗한 ④번 집일 것 같다고 했다. 이번에도 문제를 맞힌 사람은 어머니 혼자였다. 취향이나 연령에 따라 선호하는 집은 다를 수 있지만, 이번에도 답은 정해져 있었다.

3번 문제는 중학교 1학년 도덕 시험에 나왔던 문제이다.

4번 문제는 서술형 문제이다. 4번의 정답은 '꿈을 지키기 위해 노력한다'이다. 아버지는 '최선을 다해 극복한다', 윤재는 '열심히 한다', 어머니는 '멘토를 정해서 조언을 구한다'로 적었다. 10대나 20대는 주위에서 조언이나 충고를 해서 잘못된 길로 가지 않도록 잡아주는 역할을 해줄 사람이 필요하다는 게 어머니의 이유였다.

세 사람 모두 오답이었다. 서술형 문제는 정답대로 쓰지 않으면 모두 오답으로 처리한다. 5번의 정답은 '축하해'이다. 비슷한 말인 '잘했어' '잘 그랬어'는 오답이다.

이 문제는 초등학교 2학년 바른생활 시험에 나왔던 문제이다.

드디어 마지막 문제에 다다랐다. 앞의 문제와는 다른 문제가 나오자 어머니가 고개를 계속 갸우뚱했다. 이런 질문 자체를 처음 받아봐서 좀 오래 생각해야 할 것 같다고 말했다. 그렇게 고심해서 나온 어머니의 답은 '자기 자신에게는 거짓말을 할 수 없다'는 결론이었다. 거짓말은 속인다는 말인데, 자기 자신을 속일 수 있느냐는 것이다.

반대로 아버지는 타인에게 선의로 한 거짓말이든 악의에 찬 거짓말이든 할 수 있다면 자기 자신에게도 거짓말을 할 수 있다고 말했다.

6번의 정답은 무엇일까? 정답은 없다. 우리나라에서는 보기 어려운 이 문제는 프랑스 대입 자격 시험인 바칼로레아에 출제된 문제이다. 정답은 없지만 이 문제는 내용이 타당한지, 주장 전개가 논리적인지로 판단하여 점수를 준다.

하나의 정답, 하나의 프레임

같은 문제를 한국의 대학교수들에게 들고 가보았다. 서강대학교 철학과 최진석 교수와 아주대학교 심리학과의 김경일 교수였다. 결과는 어땠을까? 4번에 대해 '피한다' 등을 답한 두 교수는 모두 정답을 맞추지 못했다. 이에 대해 최 교수는 "이런 것이 문제와 정답으로 출제될 때, 천편일률적인 학생들로 길러낼 수밖에 없을 것 같다"고 소감을 토로했다.

이번에는 이 문제들을 한국 어학당에 다니는 외국인 대학생들에게 풀어보라고 했다. 문제를 다 풀고 난 후 정답을 들은 외국인 대학생들의 소감은 냉정했다. 자신의 경험을 기준으로 다른 답이 나올 수 있는 주관적인 문제를 지극히 객관화시켜 버렸다는 것이다.

2번 문제의 답을 들은 프랑스에서 온 기욤은 즉각 논쟁의 여지가 많은 답이라고 응수했다. 기욤은 20대까지 자신은 무엇을 하고 싶은지 몰랐다고 한다. 공부를 마친 다음 취업해서 인생에서 무엇을 하고 싶은지 알아보기로 했다는 것이다.

20대나 30대, 40대에도 꿈을 찾을 수 있고, 그때 꿈을 찾는 것도 결코 늦은 일은 아니다. 50대에 인생이 바뀐 사람들도 있지 않은가. 기욤은 사람은 나이와는 상관없이 결국 자신이 좋아하는 것을 계속해서 찾게 될 것이라고 했다.

윤재 아버지는 지금까지 푼 문제가 실제 초등학교와 중학교 시험 문제

216

라면 정답을 못 맞췄을 것 같다고 했다. 그는 "만약에 그게 정말로 정답이었다면 좀 슬퍼요"라고 덧붙였다. 틀림과 다름의 차이가 분명 있는데, 생각이 다른 것을 우리 교육에서 틀리다고 강요하는 느낌이 든다고 했다.

우리의 초·중·고등학교 12년 동안 정답이 하나가 아니라 여러 개가 될 수 있다는 사실을 교과서에서는 가르쳐주지 않는다. 각자의 경험이나 주관에 따라 다양하게 답할 수 있는 문제도 우리 교육에서는 그 답을 열어놓기보다는 한 가지로 정해두고 정답은 하나라고 가르친다. 그러다 보니 자기 생각을 정리하고 말하기보다는 암기 위주의 공부를 할 수밖에 없다. 오히려 생각이 많을수록 틀릴 수 있다는 걸 배운다.

인터넷에도 재미삼아 가끔씩 초등학생들이 쓴 오답이 올라오지만, 틀렸다고 하기에는 엉뚱하고 한편으로는 고개가 끄덕여지는 답들도 있다.

특히 서술형 문제에서의 오답은 논란의 여지가 많다. 서술형은 개방형 문제로, 답도 다양하게 나올 수 있고 아이들의 창의력과 논리력도 반영되어야 한다. 그런데도 정해진 답 외에는 모두 오답으로 처리하는 방식은 아이들 각자의 다양성을 무시하고 수동적인 인재로 키우는 부작용이 생길 수 있다. 결국 정답을 강조하는 우리 교육이 호기심과 창의력의 싹을 틔우는 아이들의 말문을 막은 셈이다.

세계의 명문대가 지향하는 교육은 이와 다르다. 하나의 정해진 답을 신봉하기보다 스스로 질문하고 답을 찾아가는 창의적인 문제해결력을 중시하고 남과 의견이 다르더라도 이를 당당하게 주장할 수 있는 태도를 기르도록 한다. 그렇기에 하나의 프레임에 길들여진 우리 학생들이 뛰어난 재능에도 불구하고 그 벽을 넘지 못하는 경우가 많은 것이다.

2

손들어 질문하던
그 많던 학생들은 어디로 갔나

앞서 '이상한 시험' 실험과 G20 폐막식의 일화는 질문하지 않는 한국 사회의 단면을 그대로 보여주며 그 바탕에 깔린 우리 교육의 문제점을 드러내고 있다.

말문을 막는 교육. 제작진은 직접 유치원과 초·중·고교를 찾아가 교실에서 일어나는 수업을 관찰하기로 했다. 이른바 '침묵 관찰 실험'이다.

고등학교_ "수업량이 많아서 질문할 때를 놓쳐요"

경기도 안양에 있는 한 고등학교를 찾았다. 시각은 8시, 아직 등교 시

218

간 전이다. 교실에는 드문드문 학생들이 앉아 있다. 한 남학생은 엎드려 있고, 여학생 몇몇은 모여 거울을 들고 수다를 떤다. 스마트폰을 보거나, 이어폰을 귀에 꽂고 책을 보는 학생도 있다.

8시 30분이 되자 1교시 수업이 시작됐다. 쉬는 시간에 활발했던 학생들이 수업 시간이 되자 언제 떠들었는가 싶게 조용해졌다. 교사가 열심히 칠판에 필기를 하자 학생들도 부지런히 필기를 했다. 간간히 교사를 보고 선생님의 설명에 고개를 끄덕이는 학생들도 있었지만 대부분 고개를 푹 숙이고 있었다. 조용해진 분위기를 이기지 못하고 꾸벅꾸벅 조는 학생들도 생겨났다.

50여 분의 수업이 끝나고 쉬는 시간이 되자 학생들이 일제히 책상에 엎어졌다. 책상에 엎드려 자고 있는 학생들이 무기력해 보인다. 부산스럽게 돌아다니거나 웃음소리가 울리기는 했지만, 수업 시간이나 쉬는 시간이나 분위기는 대체로 조용했다. 다시 수업 시작을 알리는 종소리가 울리고 교사가 교실 문을 열고 들어왔다. 교실은 다시 조용한 침묵에 휩싸였다.

한 고등학생은 수업 시간은 지루하고, 별로 궁금한 게 없어서 질문도 잘 안 한다고 했다. 쉬는 시간은 모자란 잠을 보충하거나 매점에 가거나 떠드는 시간일 뿐이다.

조용하기만 한 교실에서 수업 시간에 질문하는 학생들은 얼마나 될까? 제작진은 학생들에게 양해를 구하고 하루에 몇 번 수업 시간에 질문하는지 조사해 보았다. 하루에 3번 이상 질문하는 학생은 손을 들라고 했지만, 손을 드는 학생은 한 명도 없었다. 하루에 2번 질문하는 학생은 한 명, 수업 시간에 한 번도 질문하지 않는 학생은 16명이다. 질문하지 않는 학생이 거의 반 전부다.

● 무거운 침묵에 휩싸여 있는 고등학교 교실. 수업 시간에 대부분 고개를 숙이고 필기를 하거나 졸음을 못 이기고 엎드려 자는 학생들이 많았다.

학생들이 그 이유로 가장 많이 든 것은 '수업량이 많아서'였다. 그날 끝내야 할 내용이 많아서 질문할 타이밍을 놓친다고 했다. '수업 시간에 질문했다가 수업 흐름을 끊을 것 같아 두렵다'는 응답도 많았다. 수업 중에 모르는 게 생기면 많은 학생들이 나중에 관련 해설을 보거나 문제집을 보는 식으로 궁금증을 해소했다. 수업이 일찍 끝나면 교무실로 찾아가 교사에게 물어보는 학생들도 있었다.

그밖에 말하는 게 귀찮아서, 수업이 졸리고 지루해서, 질문할 용기가 안 나서, 다시 보면 이해할 수 있을 것 같아서, 다 아는 내용이라서 등의 대답이 나왔다.

제작진이 본 고등학교의 수업은 대학 수업과 그다지 다를 게 없었다. 고등학생이 대학생이 되고, 교실이 강의실로, 교사가 교수로 바뀌었을 뿐이다. 정답이 정해져 있어서 조금만 벗어나도 비난을 받게 되고, 손 들고 질문하면 튀는 행동으로 보는 분위기도 매한가지였다.

게다가 입시를 눈앞에 둔 고등학생의 특성상 빡빡한 수업량으로 1분 1초가 아까운 때에 질문하고 발표하느니 차라리 영어 단어 한 자라도 더 외우는 게 낫다는 생각도 뿌리 깊었다.

중학교_ "교과 과정이 어려워서 궁금한 게 안 생겨요"

경기도 성남시에 위치한 한 중학교를 찾았다. 역사 수업 시간이다. 선생님은 교탁에 서서 책을 펴고 설명을 했다. 교사가 묻고 학생을 지목하면 그 학생이 답을 말하는 분위기다. 질문과 답이 오갔지만, 스스로 질문하는 학생은 거의 없었다.

중학교는 교과 난이도가 급속도로 올라가는 시기이다. 초등학교 때는 평균 수준이 엇비슷하지만 중학교부터는 우열이 확실히 가려진다. 그 때문인지 수업 시간에 질문하는 학생이 많지 않았다. 고등학교보다는 약간 나은 편이지만 거의 안 하는 학생들이 많았다. 수업 시간에 질문을 3번 이상 하는 학생은 없고 한 번 하는 학생이 8명이다.

학생들은 질문을 잘 하지 않는 이유로 교사들이 주입식으로 가르치기 때문에 질문할 시간도 마땅치 않고 질문할 마음도 생기지 않는다고 했다. 무엇보다 교과 과정의 어려운 점을 호소한 학생들이 많았다. 공부는 어렵고 프린트물만 읽다 보면 진도를 따라가기에도 바빠 궁금한 게 안 생긴다는 것이다.

원래 성격적으로 질문하기를 꺼리거나 아니면 어떤 계기에 의해서 질문을 안 하게 된 건 아닐까? 제작진의 궁금증에 대다수의 아이들은 중

● 난이도가 높아진 학습 내용에 부담을 느끼고 질문이 줄어든다는 중학생들. 교사의 설명을 경청하지만 질문할 용기는 좀처럼 생기지 않는다.

학교에 올라오면서부터 질문이 확 줄었다고 했다. 초등학교 때는 질문을 가리는 편이 아니었다고 한다. 수업을 듣다가도 궁금한 점이 나오면 바로 질문하고, 수업이 끝난 뒤에도 이해가 되지 않으면 질문을 곧잘 했다고 했다

그러던 것이 중학교에 올라와서 교과 수준이 높아지는 바람에 교사의 말을 이해하기도 힘들어졌고 흥미도 떨어지면서 자연스럽게 질문을 안 하게 되었다는 것이다. 물론 초등학교 때처럼 질문하는 학생들도 간간이 있지만, 대다수는 수업을 쫓아가기도 벅차 조용히 있는 방법을 택한 듯했다.

이번에는 한 초등학교를 찾았다. 초등학교 2학년 수업 과목은 사회다. 교사는 끊임없이 질문하고, 아이들도 재잘대며 활발하게 이야기했다.

바뀐 교육 과정에 따라 초등학교 1, 2학년은 2013년부터 바른생활, 슬기로운생활, 즐거운생활 과목을 하나로 합친 통합 교과로 배운다. 학교·가족·이웃·우리나라·봄·여름·가을·겨울 등 8개 대주제로 나누고, 매달 한 가지 대주제를 중심으로 통합 활동을 배운다. 오늘 배울 주제는 '여름', 그중에서 시장에 대해 배울 차례다.

교사가 "여름에 나는 제철 과일과 채소를 시장에서 찾아볼까요?" 하자마자 아이들이 여기저기서 "저요" 하며 손을 들었다. "수박이요" "참외요" "포도" "오이" "토마토" "당근" 등 서로 말하는 와중에 한 아이가 엉뚱하게도 "아이스크림이요"를 외쳤다.

교실은 자신이 아는 것을 말하는 아이들로 떠들썩한 시장 분위기였다. 제철 과일과 채소를 알아보던 수업은 시장에서 지켜야 할 에티켓으로 나아갔다. 과일 사오는 데 다른 거 사자고 떼 부리지 않기, 질서 잘 지키기 등 많은 대답이 나왔다. 수업은 모둠별로 시장에 가서 준비한 가짜 지폐로 물건을 사는 것으로 끝났다.

초등학교의 교실은 확실히 중·고등학교와 달랐다. 초등학생들에게 수업 시간에 질문을 많이 하느냐고 묻자 학생들은 입을 모아 "네!"라고 대답했다. 모르는 내용이 나오면 그게 무엇인지 물어봐야 궁금증도 없어지고 아는 것도 많아진다는 대답이 돌아왔다.

수업 시간에 하루 3번 이상 질문을 하는 학생은 12명, 하루 질문을 2번 하는 학생은 14명, 하루에 질문을 한 번 하는 학생은 4명이다. 질문을

● 선생님 질문이 끝나기 무섭게 손을 드는 초등학생들. 두 눈과 입에 호기심과 적극성이 어려 있다.

한 번도 안 하는 학생은 없었다.

학년을 옮겨 5학년 수업 시간을 관찰한 결과도 초등학교 2학년과 비슷했다. '미래는 정해져 있을까'라는 주제로 시작된 수업에 교사가 설명하고 질문하면 많은 아이들이 서로 대답하겠다고 손을 들었다. 궁금해서, 답을 알 수 없어서 등 질문하는 이유도 비슷했다. 하루 수업 시간에 선생님에게 3번 이상 질문한다는 학생은 13명, 2번 질문한다는 학생은 없었고, 질문을 한 번도 안 하는 학생은 두 명이었다.

질문하는 게 틀리거나 정답이 아닐까 봐 걱정되지는 않느냐고 하자 학생들은 그렇지는 않다고 했다. 한 아이는 생각을 많이 하면 할수록 더 궁금해진다고 했다. 선생님과 친구들이 같이 말하면서 하는 수업이 재미있다고 했다.

유치원_ "하루에 다섯 번도 넘게 물어봐요!"

이번에는 경기도 부천시에 있는 유치원을 찾았다. 유치원생은 엄마 손을 잡고 오전 9시부터 9시 30분까지 등원한다.

9시 40분에 시작된 첫 수업은 물의 순환 과정과 교구 실험이다. 수업에서 아이들은 쉴 새 없이 말하고 교사는 친절하게 대답하고 받아준다.

제작진은 마찬가지로 유치원생들에게도 하루에 몇 번 질문하는지를 물었다. 아직 숫자 관념이 희박한 유치원생들은 교사에게 일곱 번, 엄마에게 다섯 번을 묻는다고 했다. 그때그때 생각날 때마다 서슴지 않고 질문한다는 의미다.

유치원생은 호기심이 폭발하는 나이다. "돈은 어떻게 만들어요?" "옛날 사람들은 시계가 없는데 어떻게 시간을 봤어요?" "아프리카 사람들은 왜 피부가 검어요?" 그날 배운 흙탕물 실험 놀이부터 읽은 책 내용까지 아이들은 장르도 가리지 않았다.

"조용히 해!"

호기심 많고 질문이 많던 유치원생이 초·중·고생으로 올라가면서 점점 질문을 하지 않는 원인은 무엇일까?

교과 난이도가 높아지고 수업량이 많아지며 점차 주입식 교육으로 변해가는 데에도 원인이 있다. 하지만 제작진이 주목한 건 수업 시간이나 가정에서 학생들이 일상적으로 경험하는 대화였다.

제작진이 방문한 초·중·고등학교 학생들에게 수업 시간에 가장 많이 듣는 말을 써달라고 했다. 조사 결과 학생들이 가장 많이 듣는 말은 '조용히 해!'였다. 유치원생부터 고등학생까지, 나이도 다르고 지역도 달랐지만 학생들이 학교나 가정에서 가장 많이 듣는 말은 비슷했다.

부모들은 아침에 등교하는 아이들에게 "선생님 말씀 잘 듣고 와!"라는 말을 많이 한다. "선생님에게 질문을 많이 해"라거나 "오늘도 많이 배워와"라고 말하지 않는다. 아이들은 초등학교에 입학하자마자 수업 시간에 질문이 생겨도 꾹 참고 선생님 말씀부터 잘 들어야 한다는 규칙을 배우는 셈이다.

유난히 질문이 많은 학생이 교사에게 수업에 집중하지 못하고 성격이 산만하다고 지적받는 일도 있다. 그러니 궁금한 점이 생겨도 그때그때 물어보지 못한다. 세상의 모든 것이 궁금한 유치원 시기부터 우리 아이들은 이처럼 침묵을 강요받는다.

부모가 아이에게 공부에 대해 끊임없이 질문하며 확인할 때도 문제가 생긴다. 아이가 바로 대답하지 못하고 주춤하면, 조급해진 부모가 아이의 침묵을 기다리지 못하고 답을 가로채 대답하는 경우도 종종 있다.

그뿐만이 아니다. 말을 하지 않을 뿐이지 머릿속으로 열심히 생각하는 아이를 어른의 속도로 판단해 성급하게 '얘는 아무것도 몰라' 결론을 내리기도 한다. 이런 일이 반복되면서 아이가 질문하거나 말하려고 하면 부모는 "조용히 해"라거나 "이거에 집중해"라면서 아이의 말을 끊게 된다. 선생님은 "뒤에 가서 벌 서" "자지 마" "떠들지 마" "몇 쪽 펴"라는 말로 수업에 집중하도록 떠들지 말라고 경고한다. 이러한 과정에서 아이들은 점차 호기심을 잃고, 교실에서 질문하는 일도 줄어든다.

또한 입시 위주의 교육 환경에서 좀더 많은 지식을 전달하기 위해 교사는 가르치고 학생은 배우는 일방향 수업이 심화되면서 호기심이 질문을

● 아이들에게 수업 중에 교사에게 가장 많이 듣는 말을 포스트잇에 써서 붙여달라고 했다.
'조용히 해'라는 말이 자주 보인다.

유도하고 학업 성취를 자극해 배움으로 이어지는 과정이 진가를 발휘하지 못한다.

지금 우리 대학이 향해야 할 곳은?

학교에서 질문을 잃어버린 학생들은 사회에 나가서도 비슷한 경험을 하게 된다. 어렵사리 취업한 기업에서도 대부분 질문을 허용하지 않는다.

최근 대한상공회의소가 전국 직장인 100명에게 실시한 조사를 보면 우리 기업 문화에 대한 부정적인 평가가 상대적으로 높은 것으로 나타났다. 직장인들에게 구글이나 페이스북의 기업 문화를 100점으로 두었을 때 자사의 기업 문화는 몇 점인지 물어봤다. 직장인들의 평균 점수는 59.2점. 점수를 짜게 준 가장 큰 이유로 직장인들은 '상명하복의 경직된 의사소통 체계(61.8퍼센트)'를 꼽았다.

개방적이고 자유로운 분위기가 중요하다고 말하고는 있지만 아직까지 수직적 위계를 중시하는 유교 문화와 기업 문화 등에서 그 원인을 찾아볼 수 있다.

1970년대부터 폭발적인 경제 성장을 이루면서 실적 등의 성과로만 말하려는 사회 분위기가 질문을 허용하지 않는다는 분석도 있다.

이처럼 단기간에 성과를 내는 사회적인 분위기는 교육 현장에서도 예외가 아니다. 앞서 살펴본 초·중·고등학교는 좋은 성적, 대학 합격에, 대학은 취업이라는 단기 목표에 집중하고 있다. 우리 교육의 이와 같은 목표 설정이 학생들의 자유로운 사고와 적극적인 질문을 가로막고 경직된 프레임 안에 그들을 가두고 있는지도 모른다.

무엇보다 깊은 사고와 질문이 오가는 배움의 장(場)을 통해 인재 탄생의 발판이 되어야 할 대학. 하지만 앞서 본 강의실은 침묵만 흐른다. 이러한 씁쓸한 현실을 타개하기 위해 우리는 무엇보다 먼저 대학 본래의 역할과 기능에 다시 주목해야 한다.

바로 배움이란 본연의 가치가 중심에 서고, 여기에 시대의 특성과 현실적 필요성이 균형있게 맞물릴 때 대학은 지식 사회의 심장으로서 세상 변화에 능동적으로 대처할 수 있을 것이다.

이를 위해 제작진은 좀더 시야를 넓혀보기로 했다. 고유한 교육과정과 뚜렷한 목표의식을 앞세운 세계 명문대학들의 성공 사례를 살펴봄으로써 말문을 트고 생각을 터 배움을 살리는 수업의 중요한 단서를 발견할 수 있을 것이다.

3

스스로 생각하는 힘을 기르는 독서와 토론

'인문학 고전 100권'의 비밀_ 세인트 존스 대학

미국 메릴랜드 주의 작은 도시, 아나폴리스에 특별한 대학이 있다. 학생 수는 600명에 불과한 작은 사립대학이지만 아이비리그와 같은 명문대를 부러워하지 않는다는, 세인트 존스 대학(St. John's College)이다. 세인트 존스 대학은 1696년 전통적인 교양학과만을 가르치던 킹 윌리엄 스쿨이 전신으로, 1937년 교과를 개정하고 지금의 대학으로 이름을 바꾸었다.

세인트 존스 대학이 명성을 얻는 이유는 다른 대학과 차별화한 독특한 교육 과정 때문이다. 우선 이 학교에는 별도의 전공이 없다. 선택 과목 몇 개를 제외하고는 대학 4년 동안 학생들은 학년별로 모든 교과 과정을 똑같이 배우고 교양 학사 학위를 딴다.

학기 말에는 학생이 들었던 4~5개 수업의 담당 교수들이 모여서 교수들이 구두로 학생을 평가한다. 소수 정예의 수업이라 교수들이 그 학생의 생각 패턴이나 화법을 다 꿰고 있어 어디서도 들을 수 없는 조언들이 이 자리에서 나온다. 성적표는 원칙적으로 비공개이다. 외부 제출용으로만 사용하고 학생이 원할 때에만 보여준다.

세인트 존스 대학에는 한국에서 온 유학생들이 꽤 있다. 이 대학 2학년 이창재 씨도 한국에서 고등학교를 마치고 이곳으로 유학 온 경우다. 제작진을 만난 그는 대학에 들어와 맞이한 첫 학기를 "죽을 맛"이었다고 표현했다.

그는 한국에서 아주 평범한 학생이었다고 했다. 대한민국의 학생들이 그러하듯이 수업 시간은 자는 시간이고 공부는 집, 학교 자습실 아니면 학원에서 했다고 한다.

대학에 와서도 토론하고 대화한다는 건 상상도 못했는데, 세인트 존스의 모든 수업은 토론 수업이었다. 입학 초기에는 말을 하긴 해야겠는데 정작 말이 안 나와서 한마디도 못한 채 수업을 마치는 경우가 허다했다. 그때는 맨날 죽고 싶다는 생각이 들 정도였다고 했다.

한국 유학생들은 누구나 창재 씨의 문화 충격을 공감하고 있었다. 현재 1학년인 오현재 씨도 세미나에서 처음 2주간은 아무 말도 하지 못했다. 유학생들이 느끼는 문화 충격은 그것 말고도 또 있었다.

2학년 박주찬 씨는 "수업이 끝났는데 아무도 안 일어났어요"라고 말했다. 학생들은 밥 먹으러 가서도 수업에서 했던 이야기를 계속했다고 한다.

교수가 강의를 마치자마자 학생들이 서둘러 강의실을 떠나는 우리 대학과는 다르게 학생들은 수업 이후에도 끊임없이 토론을 이어갔다는 것

● 어둑어둑해질 때까지 대학 캠퍼스에서 독서 삼매경에 빠진 세인트 존스 대학생들.

이다. 이러한 분위기는 제작진이 캠퍼스를 찾았을 때도 쉽게 발견할 수 있었다.

세인트 존스 대학에서는 책을 읽는 학생들을 쉽게 볼 수 있다. 교내 벤치에서도 책을 읽고 잔디에 누워서도 한 손에 책을 들고 있다. 책을 읽다가 생긴 질문들은 다시 친구들과 열띤 토론으로 이어진다. 캠퍼스 한쪽에 서너 명이 모인 자리에서도, 식당에서도 어김없이 토론이 이뤄졌다. 학생들은 무슨 책을 이처럼 열심히 읽고 토론하는 걸까?

학교에서 만난 니콜라스가 읽고 있는 책은 영국의 철학자이자 정치학자인 토마스 홉스가 1651년에 쓴 책 『리바이어던』. 구약성서에 나오는 바다 괴물 리바이어던을 국가에 비유해 쓴 사상 철학이다. 다른 한쪽에서 한 학생이 읽고 있는 책은 고대 그리스 역사가인 플루타르코스가 고대 영웅들에 대해 기술한 『플루타르코스 영웅전』이다.

이 대학에서 책 읽기는 수업을 듣기 위한 필수 과정이다. 학생들은 오늘 있을 학년별 세미나 수업에 들어가기 위해 책을 읽으며 궁금한 점을 정리하는 중이었다. 학년별로 교과 과정이 같기 때문에 같은 학년의 학생들은 같은 책을 들고 있다. 학생들이 든 책에 손때가 많이 묻어 있는 흔적으로 보아 적어도 두세 번은 읽었다는 걸 알 수 있었다.

학생들의 구성원도 다양하다. 명문대를 다니다 온 학생, 직장을 다니다 그만두고 온 학생, 안식년인 대학 총장까지.

책 읽는 풍토가 세인트 존스 대학에 자리잡은 이유는 이 학교만의 독특한 커리큘럼에 있다. 세인트 존스 대학에는 '100권의 책'이 있다. 100권의 책을 읽고 토론하는 것, 이것이 대학 4년 동안 하는 공부의 전부이다.

교과 과정도 간명하다. 세미나와 수학, 언어는 4년, 생물학·화학·물리학이 포함되는 과학은 3년, 음악은 1년을 배운다. 학점도 매기지 않는다.

세미나 수업은 본격적인 토론 수업으로, 소크라테스, 플라톤 등이 쓴 책부터 단테, 스피노자, 흄이 쓴 책까지 다양하게 공부한다. 그밖에 서양 고전을 기초 소양으로 해서 과목별로 나누어 수업을 하게 된다. 예를 들어 신입생은 논리학을 탄생시킨 고대 그리스의 철학자 아리스토텔레스가 쓴 책으로 생물학을 시작하는 식이다.

수학은 초등학교에서 배운 점, 선을 정의하는 단계부터 시작한다. 단순하고 간단해 보이는 법칙이지만 토론을 하다 보면 내가 아는 것은 진짜 알고 있는 것이 아니라는 걸 깨닫게 된다.

OECD 국가에서도 학업 성취도 1, 2위를 다투는 우리나라 학생들로서는 왜 이런 기초적인 것부터 배워야 하는지 의아해할 정도로 쉽게 느껴지는 수업도 많지만 갈수록 그 수준은 높아진다.

과학은 실험 수업이지만, 실습에 들어가기 전에 충분한 토론을 거친다. 예를 들어 영국의 물리학자 뉴턴의 에너지 보존 법칙을 실험한다고 하자. 두 개의 공이 서로 부딪치면 충돌 전과 후에 공이 같은 속도로 접근하거나 서로 멀어지는데 이때 어떻게 에너지가 보존되는지를 토론하는 식이다. 자신이 하는 실험의 개념부터 정리하는 것이다.

대충 책을 읽고 아는 척하며 수업 시간을 넘기려고 하는 학생은 이 학교에서 버티지 못한다.

시험 공부가 아닌 생각 공부

대학 4년 동안 책 100권을 읽어야 하는 것은 생각보다도 힘든 일이다. 그래서 세인트 존스 대학은 미국에서도 공부 많이 시키는 대학으로 유명하다. 하루 읽어야 할 책의 쪽수만 해도 평균 300~400쪽에 다다른다.

제작진은 한국 유학생인 은지 씨를 따라 세인트 존스 대학의 자랑이라고 하는 세미나 수업에 들어가 실제로 어떤 수업을 하는지 알아보기로 했다.

해가 저물어 어둑해질 무렵, 저녁 8시에 세미나 수업이 시작됐다. 세미나는 보통 일주일에 두 번, 밤늦은 시각에 시작한다. 대학 홈페이지에 들어가 세미나에서 읽어야 할 쪽수를 확인하고 수업 준비를 하고 가야 한다.

커다란 테이블에 빙 둘러 앉은 학생 수는 15명. 놀랍게도 이 교실에는 교수가 두 명 있다. 학생 수도 적은데 왜 수업에 두 명의 교수나 필요한 걸까? 3학년인 매트 브라운은 두 명의 교수가 있어서 책에 대해 두 가지 관점을 갖게 되어 좋다고 했다. 수업에서 다른 의견, 다른 목소리가 있으면 새로운 관점들이 생기고 토론도 활발해진다는 것이다.

● 교수들은 조용히 학생들의 말을 들을 뿐이다. 학생들이 자신의 의견을 말하는 데 막힘 없는 세미나 수업. 진지한 수업이 끝나고도 학생들은 자기들끼리의 토론을 이어간다.

이 학교 패트리샤 록 교수는 여기에 대해 두 명의 교수가 대화의 모델이 될 수 있기 때문이라고 설명했다. 학생들이 대부분의 대화를 이끌어가지만, 두 명의 교수가 글 내용에 관한 상이한 해석을 내리기도 하고 다른 요소들을 제시하기도 한다. 학생들이 서로 다른 시각을 발견할 수 있도록 아이디어에 관한 여러 가지 다양성을 제공해 준다는 것이다.

본격적으로 수업이 시작되자 질문이 꼬리를 물고 토론이 벌어졌다. 다른 학생들의 말에 기죽은 학생들은 보이지 않는다. 노트 필기를 하는 학생도 없다. 필기를 하다 보면 대화에서 벗어날 수 있기 때문이다. 학생들은 책 한 권을 펼쳐 놓고 다른 친구들의 의견을 경청하고 자기 목소리를 내고 있었다.

학생들은 토론에 열중하고 있지만 이상하게도 교수가 가르치는 말 소리는 들리지 않는다. 교수는 조용히 학생들의 말을 들을 뿐이다. 토론을 들으며 간혹 질문을 던지는 것, 이것이 교수가 하는 일이다.

같은 수업에 들어간 제이슨 팁튼 교수는 수업에서 교수가 가장 똑똑한 사람이 아니라고 말한다. 수업 도중에 흥미롭고 몰입력 있는 말은 교수가 아니라 학생이 하는 경우가 많다는 것이다.

아는 척 하는 걸 없애는 데 몇 년이 걸렸다는 제이슨 팁튼 교수의 말처럼 교수가 수업에서 가장 똑똑한 사람이 아니라고 전제하고 수업을 하는 건 다른 대학에서는 보기 힘들다.

이러한 태도는 교수를 프로페서(professor)가 아니라 튜터(tutor)라고 부르는 데에서도 확인할 수 있었다. 그 차이를 한마디로 정의하기는 어렵지만, 튜터는 수업의 안내자, 또는 배움에 도움을 주는 사람으로 정리할 수 있다. 과거 지식의 소유자로 여겨졌던 교수와 구분하기 위해 사용하는 개념이다. 학생 스스로 아이디어를 이야기할 수 있도록 해주고, 대화가 주제에서 벗어나면 방향을 다시 잡아주는 교수의 역할을 잘 표현한 말이다.

책 읽기와 토론 중심의 세미나를 1년 넘게 하게 되면 입을 뗄 줄 모르던 평범한 한국 학생들도 자기 생각을 적극적으로 표현하는 데 익숙해진다.

처음 이 대학에 와서 문화 충격을 느꼈던 창재 씨도 대학에 다니면서 일어난 변화를 다음과 같이 말한다. "무슨 아이디어가 생각나면 뒤도 안 돌아보고 얘기해요. 다른 사람이 얘기하고 있고, 만약에 틈을 안 주면 이런 식(두 손으로 자신을 가리키는 등의 제스처)으로 '나 얘기하고 싶다'는 걸 보여줘요".

자기 의견을 말하는 데 막힘이 없어졌다는 것이다. 그는 말하는 건 실전의 문제라며 배움에 있어서 계속 말하려고 시도하는 게 중요하다는 점을 깨달았다고 했다.

2시간의 세미나가 끝난 밤 10시. 학교 안 뜰은 방금 수업을 마친 학생들로 북적였다. 학생들은 여기서도 토론을 그치지 않았다. 각자 세미나를 끝낸 학생들은 어떤 이야기를 했는지 생각을 공유하고 있었다. 이 시간을 위해 저녁에 세미나를 한다고 해도 과언이 아니다. 1시간이 다 되어서도 학생들은 자리를 떠날 줄 몰랐다.

우리는 책 읽기의 중요성은 잘 알고 있지만, 정작 책 읽기가 배움에 어떤 도움을 주는지 잘 모른다. 특히 고전을 요약 정리본으로 읽고, 책 한 권 읽을 시간조차 없는 초·중·고교 생활을 보낸 유학생들은 책 읽기를 통해서 달라진 점을 이렇게 말했다.

2학년 박주찬 학생은 "궁금증이 계속 생긴다고 해야 하나, '왜?'라는 질문을 계속 하게 돼요. 그게 가장 핵심인 것 같아요. 원래 알지만 말을 하면 또다른 게 보이니까. 얘가 이 말을 했으니까 나도 이 생각이 나서 생각이 끊이지 않게 돼요"라고 말했다.

2학년 송원경 학생도 말을 하면 "아 내가 진짜 이걸 배우는 과정에 참여하고 있구나"라는 느낌이 든다고 했다.

책 읽기는 스스로 공부하고 답을 찾아나가는 과정이라고 할 수 있다. 새로운 지식도 만나고, 알지 못하는 것이 나오면 '왜?'라는 궁금증이 발동하기도 한다.

책 읽기가 토론과 만나면 더욱 폭발적인 힘을 갖는다. 사람들의 다양한 관점들을 경청하면서 새로운 질문이 생기고, 그 질문의 답을 찾기 위한 공부를 하게 되기 때문이다. 암기로는 얻을 수 없는, 스스로 생각하는 힘이 생기는 것이다.

책 읽기의 목적은 생각하기라고 할 수 있다. 책은 저자의 생각과 주장이 실린 글이다. 이를 테면 고전을 읽으면서 사람들은 길게는 몇백 년 전 저자가 살아온 시대의 생각과 주장을 마주하게 된다. 소설을 읽으면서 현대를 살아가는 사람들의 삶의 방식이나 세태 등을 알게 된다. 전체의 흐름이나 핵심을 이해하지 못하면 책을 넘기기가 힘들다. 그래서 책 읽기를 두고 맥락을 이해하고 지식들을 구조화하는 과정이라고도 말한다.

이렇게 책 읽기를 통해 지식과 정보를 쌓으면 저절로 질문이 생긴다. 이를 통해 비판적으로 사고하게 된다. 질문을 통해 기존의 선입견이나 편견 등 사고의 틀이 깨지고 생각의 폭은 깊어진다.

책을 읽고 나서 한국에서는 주로 독후감 쓰기와 같은 글쓰기와 연결한다. 그런데 세인트 존스 대학은 독서를 질문을 바탕으로 한 토론 수업과 병행시킨다. 그 이유는 무엇일까?

세인트 존스 대학 총장인 크리스 닐슨은 이를 '대화의 예술'이라고 표현했다. 책을 읽고 나서 대화를 함으로써 좀더 적극적으로 자신의 사고력을 기를 수 있다는 것이다.

예를 들어 홉스의 『리바이어던』으로 세미나 수업을 할 때 교수는 '홉스의 사상은 서양 철학에서 위험한 사상으로 인식되는데, 과연 그것이 사실일까?'라는 질문으로 수업을 시작한다.

질문은 '그가 완벽한 사회를 건설하기 위해서 노력을 했는가?' '위험할 수 있는 다른 사상이나 아이디어들은 무엇인가?' '부정적이고 위험하다고 생각되는 책들을 대중들은 읽지 말아야 하는가?'와 같은 질문으로 발전했다.

정답이 없는 질문을 통해 학생들은 자신이 무엇을 잘못 읽고 있었는지, 무엇을 몰랐는지 깨달을 수 있다. 특정한 한 가지 해답이 아니라 다양한 해석이 존재한다는 사실을 알고, 다른 사람의 아이디어를 존중하게 된다.

물론 교수 중에는 세미나가 끝난 뒤에 학생들이 1~2페이지 정도로 글을 쓰도록 해서 자기 생각을 더욱 논리적으로 표현하는 것을 격려하는 경우도 있다.

'왜?'라는 물음이 있을 때 배움에 힘이 생긴다

크리스 닐슨 총장은 심리학 개론과 같은 일반적인 대학 교과서를 없애고 고전 작품들로 커리큘럼을 정한 이유를 "다른 책의 기준이 되는 책을 실제로 쓴 저자들의 책"이기 때문이라고 말한다.

사상이나 이론을 정립한 원저자들의 책은 흥미롭고 활력이 넘친다. 단순하게 개요를 정리한 게 아니라 중대한 의견을 논리적으로 구성해 냈기 때문이다. 그 열정과 상상력 넘치는 주장들을 학생들은 질문을 통해 이해하려고 하고, 자기 스스로 타당성을 검토한다.

사람들이 질문의 중요성을 강조하는 이유도 질문에는 배움이 있기 때문이다. 공부는 '왜'라는 질문을 가지고 배움의 과정에 참여하는 것이다. 질문은 수동적인 학습 상태에서는 생기지 않는다. 스스로 배움을 얻으려고 하는 의지가 있고 배움의 과정에 적극 참여할 때 비로소 생긴다. 수업에서 자기 목소리를 내기보다 선생님의 말에 따르도록 훈련된 한국 학생들에게 질문하기란 더더욱 힘든 일이다.

그래서 한국 유학생들이 세인트 존스 대학에 입학해 교수에게 많이 듣는 말은 "말을 많이 하라, 네가 그냥 말을 한다고 해도 그게 이상한 것은 아니다"라는 독려다. 세인트 존스 대학과 같이 책 읽기로 생각을 키우고 그것을 토론으로 표현하는 환경을 만나면 그 다음에는 폭발적인 배움이 일어난다. 자신이 아는 것을 사람들과 공유하기 위해 입을 여는 것이다. 이는 세인트 존스 대학에서 만난 한국 유학생들이 공통점으로 말하는 경험담이기도 하다.

취업을 위한 공부는 책 읽기나 토론을 멀리하게 만든다. 시간이 오래 걸리기 때문이다. 그 시간에 영어 한 단어라도 더 외우는 게 낫다고 말하는 사람들도 있지만, 그것은 편견에 불과하다.

실제로 세인트 존스 대학 졸업생들은 혼다, 《뉴욕 타임즈》 등에서 일하며 세계 곳곳의 유명 기업에서도 선호한다는 걸 증명해 보이고 있다. 업무와 창의적 사고에 도움이 되는 커뮤니케이션 기술과 분석력, 비판적 사고력을 대학교 때부터 훈련받은 학생들은 기업 입장에서 보면 매력적인 인재들이다. 실질적인 업무 경험은 없어도 그것을 배울 수 있는 기본적인 자질은 갖추고 있기 때문이다.

질문이 배움을 촉발한다는 메시지는 2009년부터 건국대에서 국제무역학 수업을 하고 있는 레데스마 교수에게서도 들을 수 있었다. 레데스마 교수는 자신의 수업 방식을 '소크라테스 수업'과 비슷하다고 소개했다. 학생들에게 질문을 거듭하면서 학생들이 참여를 하게 만든다는 것이다. 그는 학생들이 능동적으로 참여할 때만 수업에서 무언가를 얻어갈 수 있다고 강조한다.

20여 년간 교직 생활을 하고 있는 레데스마 교수는 처음부터 이런 방법을 썼던 것은 아니었다고 한다. 학생들이 수업에서 나온 정보를 기억하지 못한다는 사실을 깨달으면서, 점차 질문하는 수업으로 바꾸어 갔다고 했다.

게임을 하는 사람은 판을 깨기 위해서 주도적으로 더 많은 정보를 기억하려고 한다. 수업도 마찬가지로 학생이 참여하는 활동이 있으면, 더 많은 양의 정보를 기억하고 긍정적인 피드백을 하게 된다.

학생 참여를 중요하게 생각하는 레데스마 교수는 학점을 산출할 때 참여 점수를 10퍼센트 반영한다. 자신의 질문에 답하거나 질문하는 학생에게 점수를 주는 것이다. 그는 "질문을 하기 시작할 때 학생들은 배우기 시작할 수 있어요. 더 좋은 점은 실수를 하기 시작할 때 (학생들의) 배움은 가속도를 얻기 시작합니다. 더욱 빠르게 배우지요"라고 말한다.

흥미롭게도 학기 시작에는 참여 점수가 없다가 학기가 끝나가면서 학생들의 참여 점수가 늘어난다고 한다. 참여 점수를 받기 위해서라는 점도 있겠지만, 참여 점수는 질문에 대한 동기 부여일 뿐 학생들이 점차적으로 자신감을 가지고 수업에 참여한다는 말이다.

여기에 진지하게 호기심을 가진 학생들이 나오면 그때는 수업 분위기가 완전히 달라진다. 다른 그룹과 함께 지식을 공유하려고 하고, 다른 학생들의 호기심도 폭발한다. 이른바 전시 효과(demonstration effect), 남의 행동을 모방하려는 효과다.

다만 교수가 "그것은 바보 같은 질문이야"라고 말하지 않고 모든 질문과 응답에 "괜찮다"고 말해 주거나 "더 좋은 응답이 나오는지 봅시다" 정도로 말할 뿐인데도 말이다.

세인트 존스 대학의 필독서 목록

1학년

니코마코스 『산술론』

라부아지에 『화학요론』

루크레티우스 『사물의 본성에 관하여』

소포클레스 『오이디푸스』 『콜로노스의 오이디푸스』 『안티고네』 『필록테테스』

아리스토텔레스 『시학』 『자연학』 『형이상학』 『니코마코스 윤리학』 『생성 소멸론』 『정치학』 『동물부분론』 『동물의 생식에 관하여』

아리스토파네스 『구름』

아이스킬로스 『아가멤논』 『제주를 바치는 여인들』 『자비의 여신들』 『묶인 프로메테우스』

에우리피데스 『히폴리토스』 『바카이』

유클리드 『기하학원론』

투기디데스 『펠로폰네소스 전쟁사』

플라톤 『메논』 『고르기아스』 『소크라테스의 변명』 『크리톤』 『파이돈』 『향연』 『파르메니데스』 『테아이테투스』 『소피스트』 『티마이오스』 『파이드로스』

플루타르코스 『리쿠르고스』 『솔론』

하비 『동물의 심장과 혈액의 운동에 관한 연구』

헤로도토스 『역사』

호메로스 『일리아스』 『오디세이아』

게이 뤼삭, 돌턴, 드리슈, 마리오트, 멘델레예프, 버르초우, 베르톨레, 슈페만, 스티어스, 아르키메데스, 아보가드로, J.L. 프루스트, J.J. 톰슨, 카니차로, 파렌하이트의 논문들

2학년

단테『신곡』

데카르트『기하학』『방법서설』

드프레『미사곡』

라블레『가르강튀아와 팡타그뤼엘 이야기』

루터『그리스도교도의 자유에 대하여』

마키아벨리『군주론』『대화론』

모차르트 오페라

몬테베르디〈오르페오〉

몽테뉴『수상록』

바흐〈마테 수난곡〉〈인벤션〉

베르길리우스『아이네이스』

베이컨『신 오르가논』

베토벤 소나타

비에트『분석 기법 입문』

성 안셀무스『프로슬로기온』

셰익스피어『리처드 2세』『헨리 4세』『헨리 5세』『템페스트』『뜻대로 하세요』
『햄릿』『오셀로』『맥베스』『리어 왕』『코리올라누스』『소네트집』

슈베르트 가곡

스트라빈스키〈시편교향곡〉

아리스토텔레스『영혼론』『명제론』『분석론 전편』『범주론』

아우구스티누스『고백록』

아폴로니우스『원뿔곡선론』

에픽테토스『오록』『편람』

초서『캔터베리 이야기』

코페르니쿠스『천체의 회전에 대하여』

타키투스『연대기』

토마스 아퀴나스『신학대전』『이단 논박 대전』

파스칼『원뿔곡선론』

팔레스트리나『파파에 마르셀리 미사곡』

프톨레마이오스『알마게스트』

플루타르코스『카이사르』『젊은 카토』

하이든〈현악 4중주〉

『구약성서』『신약성서』

마블, 던, 기타 16~7세기 시가

3학년

갈릴레오『새로운 두 과학』

뉴턴『자연철학의 수학적 원리』

데데킨트『수론에 관하여』

데카르트『제일철학에 관한 성찰』『정신 지도 규칙』

라 로슈푸코『잠언집』

라 퐁텐의 우화

라신느『페트르』

라이프니츠『난사톤』『형이상학 서설』『역학에 관한 논문』『철학논문집』『이
성에 기초한 자연과 은총에 관한 원리』

로크『통치론』

루소『사회계약론』『인간 불평등 기원론』

마크 트웨인『허클베리 핀의 모험』

모차르트〈돈 조반니〉

몰리에르『인간 혐오자』

밀턴『실낙원』

세르반테스『돈키호테』

스위프트『걸리버 여행기』

스피노자 『신학 정치론』

애덤 스미스 『국부론』

엘리엇 『미들마치』

오스틴 『오만과 편견』

윌리엄 워즈워드 『서곡』

칸트 『순수 이성 비판』 『도덕 형이상학 기초』

케플러 『대요6』

파스칼 『팡세』

해밀턴·제이·매디슨 『연방주의자』

호이헨스 『빛에 관한 논문』 『충격에 의한 육체의 운동에 관하여』

홉스 『리바이어던』

흄 『인성론』

미합중국 연방 규약, 미국 독립선언서, 미합중국 헌법

맥스웰, 베르누이, 오일러, 영, 테일러의 논문들

4학년

괴테 『파우스트』

니체 『음악의 정신에서 비극의 탄생』 『차라투스트라는 이렇게 말했다』 『선악의 피안』

다윈 『종의 기원』

도스토예프스키 『카라마조프의 형제들』

두 보이스 『흑인의 영혼』

로바체프스키 『평행선 이론에 대한 기하학 연구』

링컨 『연설문 선집』

마르크스 『자본론』 『경제학·철학 초고』 『독일 이데올로기』

멜빌 『베니토 세레노』

밀리컨 『전자』

바그너 〈트리스탄과 이졸데〉

버지니아 울프 『달러웨이 부인』

부커 워싱턴 선집

아이슈타인 선집

윌리엄 제임스 『심리학의 원리』

코오코너 이야기 선집

콘래드 『어둠의 한가운데』

키에르케고르 『철학 단상』 『공포와 전율』

토크빌 『미국의 민주주의』

톨스토이 『전쟁과 평화』

포크너 『내려가라 모세여』

프레드릭 더글라스 『선별 연설』

프로이트 『정신 분석학에 관하여』

플로베르 『순박한 마음』

하이데거 『철학이란 무엇인가』

하이젠베르크 『양자 이론의 물리적 원리』

헤겔 『정신현상학』 『논리학』

후설 『유럽 학문의 위기와 선험적 현상학』

대법원 판례집

랭보, 보들레르, 엘리엇, 예이츠, 윌러스 스티븐스의 시

데이비슨, 드 브로이, 드리슈, 러더퍼드, 맥스웰, 멘델, 모건, 민코프스키, 보베리, 보어, 비들, 서턴, 슈뢰딩거, 앙페르, 앨로, 오스테드, 자콥&모노, 크릭, 테이텀, 톰슨, 패러데이, 하디의 논문들

4

말할 수 없으면
모르는 것이다

세상에서 가장 시끄러운 대학_ 예시바

아인슈타인, 에디슨, 프로이트, 스티븐 스필버그, 스티브 잡스, 마크 주커버그 등 세계적인 인물의 공통점은 무엇일까? 모두 유대인이라는 점이다. 2013년에는 노벨상 수상자 12명 중 절반인 6명이 유대인이었다. 유대인 인구는 세계 인구의 0.2퍼센트에 불과하지만 역대 노벨상 수상자 중 22퍼센트가 유대인이다. 유대인은 금융, 경제, 과학 등 모든 분야에서 성공하며 세계적으로 막강한 영향을 미치고 있다.

유대인이 이처럼 세계적으로 탁월한 능력을 발휘하는 이유에 대해서 전문가들이 많은 분석을 내놓았다. 그 이유 중 하나는 역사적 뿌리다. 즉 수천 년 전부터 숱한 전쟁과 압제를 경험해 온 유대인들은 생존을 위해 명석한 두뇌가 필수였을 것이란 설명이다. 다른 이유로는 어릴 적부터 받은 창의력 계발 교육이다.

노르웨이 출신으로 1973년 노벨물리학상을 받은 미국의 이바르 게이바 교수는 한 인터뷰에서 유대인 노벨상 수상자가 많은 이유를 "항상 궁금증을 갖고 질문을 많이 하기 때문"이라고 주장하기도 했다. 어릴 적부터의 가정 교육이 유대인의 성공 비결이라는 것이다.

예시바 대학은 미국 뉴욕에 있는 유대인 명문 종합 대학이다. 각 언론사에서 매기는 대학 순위에서도 늘 상위를 차지한다. 2009년《US뉴스》가 발표한 '미국에서 가장 인기 있는 대학' 9위를 차지하기도 했다.

1866년 초등 교육기관으로 출발한 예시바 대학은 미국에 있는 유대인 계열 대학교 중에서도 가장 오랜 역사를 자랑하는 학교이다. 동유럽에서 이민 온 유대인들의 자녀들에게 유대인의 지혜서인 『탈무드』와 영어를 가르치다가 1945년 지금의 종합대학으로 변경되었다. 유서 깊은 대학답게 『탈무드』와 유대인의 가치를 연구하고 배운다.

예시바 대학의 도서관에 가면 가장 먼저 만나는 것은 도서관이라고는 상상할 수 없는 시끄러운 소음이다. 유대인 전통 모자인 키파를 쓰고 흰 셔츠 복장을 한 남학생들이 책을 펴놓고 큰 소리로 떠든다. 책상 위에는 참고 서적 몇 권과 음료수뿐이다. 서로 마주하고 앉은 두 사람은 언뜻 보면 상대에게 화가 나서 따지는 것처럼 보인다.

예시바 대학의 수업은 5명의 소수 정예 수업부터 70명의 대규모 수업까지 다양하다. 규모와 상관없이 수업은 학생들의 참여로 이뤄진다. 수업에 참여한다는 건 단순히 수업에 참석하는 걸 말하지 않는다. 수업에서 말을 많이 한다는 뜻이다. 교수에게 적극적으로 반론을 제기하고, 때로는 논쟁도 불사한다. 자신의 관심 분야를 적극적으로 배우기 위함이다.

유대인의 질문 공부법 '하브루타'

세계에 유례 없는 이 시끄러운 학습법을 '하브루타'라고 부른다. 하브루타는 '말하는 공부법'이다. 원래 '친구'라는 뜻으로, 친구(파트너)와 함께 질문하고 대답하고 토론하는 교육 방식을 뜻한다. 하브루타는 2000년 전부터 유대인 전통으로 내려오는 오래된 교육 방식이다. '얌전한 사람은 배우지 못한다'라는 『탈무드』의 글이 말해 주듯이 공부는 혼자서 하는 게 아니라 함께 해야 한다는 생각에서 유래된 공부법이다.

유대인의 교육을 이야기할 때 빠지지 않는 것이 이 하브루타이다. 예시바 대학 심리학 부교수로 전통적인 유대인 가정에서 태어나고 자란 에드워드 호프만 교수는 하브루타를 다음과 같이 소개했다.

"전통적으로 볼 때 하브루타는 『탈무드』에서 '공부하는 파트너를 가지는 것'을 의미합니다. 그렇게 하면 혼자서 공부하는 것보다 더 잘 배울 수 있습니다. 왜냐하면 누군가가 당신에게 도전하기 때문입니다. 제가 받은 교육도 그랬습니다. 유대인 학생들이 성공할 수 있었던 이유는 서로를 통해서 배울 수 있었기 때문입니다."

에드워드 호프만 교수는 자신의 어릴 적 가정환경을 이야기하면서 하브루타 교육을 설명했다. 그 성장 과정을 따라가보면 하브루타가 어떻게 인재를 만드는지를 알 수 있다.

교사였던 에드워드 호프만 교수의 부모님은 뉴욕에서 자란 유대인이다. 할아버지는 교회에서 노래를 부르는 캔터(cantor)이자, 미국에서 캔터들을 가르치는 유명한 교사이기도 했다.

● 예시바 대학의 도서관에서 짝을 이뤄 큰소리로 토론하는 학생들. "생각을 말로 표현하고 상대방에게 설명하다 보면 사고가 명확해집니다."

호프만 가족이 미국으로 이민 온 지는 지금으로부터 110년 전. 당시 러시아 혁명으로 동유럽, 특히 폴란드와 러시아에 살던 사람들이 미국으로 이민을 많이 떠났다. 호프만 교수의 가족도 그중 하나였다. 당시 미국으로 이민 온 유대인 수는 3백만 명이었다. 이후 1세대가 정착해 유대인 전통 문화와 종교를 유지하며 미국 사회에서 큰 영향력을 가진 민족으로 부상했다.

미국에 정착했다고 해도 유대인의 가정에서는 전통적인 유대인의 삶을 따른다. 전통 모자인 키파를 쓰고, 검은 양복을 입고 수염을 기른다. 하루 3번 기도를 하고, 음식은 코셔(kosher)만 먹는다. 코셔는 히브리어로 '적절한'이라는 뜻으로, 육류와 유제품을 섞어 사용하지 않는 등 예부터 전해 내려오는 유대인의 율법에 따라 조리한 정결한 음식이다. 또한 전통 유대교의 의식 절차를 지켜 토요일에는 일하지 않고, 운전도 하지 않는다.

아이들은 어릴 적부터 하브루타 교육을 배운다. 아이가 글을 읽을 만한 나이가 되면 가정에서는 『탈무드』를 소리 내어 읽는 것으로 공부를 시작한다. 평균 열 살이 되면 일주일에 두세 번 부모와 함께 『탈무드』를 공부한다. 본격적인 토론은 열다섯 살부터 시작되기 때문에 그때까지는 『탈무드』에 대한 다양한 해석을 공부한다.

저녁 식사 시간에도 떠들썩한 분위기는 여전하다. 현재의 이슈나 아이들이 학교에서 배우는 것들에 대해 의견을 묻고 이야기를 많이 나눈다. 아시아권에서는 식사를 할 때 얌전히 앉아서 밥을 먹어야 하고 부모의 말씀에 아이가 질문하는 것을 무례하다고 여기는 사람이 많지만, 유대인 가족은 각자의 감정을 표현하도록 격려한다. 가정에서부터 '호기심을 가지는 것은 괜찮다'는 지지감을 심어주고 적극적으로 질문하고 성장할 수 있는 분위기를 만들어주는 셈이다.

영어 교사였던 아버지는 어린 시절의 호프만 교수에게 "수업 시간에 질문하는 것을 절대로 창피해 하지 마라"라고 말했다고 한다. 스스로 이해하지 못하면 다른 학생들도 이해하지 못했을 거라는 게 그 이유였다. 글자를 읽을 수 있는 나이부터 "떠들지 말고 공부해" "조용히 해"라는 말을 듣는 한국의 가정과는 그 분위기가 전혀 다르다.

제작진이 찾아간 예배당과 유치원은 호프만 교수가 말한 분위기와 비슷했다. 토요일 저녁이면 아이들이 있는 곳은 아이들 말소리로 혼이 나갈 만큼 소란스럽다. 아버지와 아들이 짝을 지어 『탈무드』를 읽고 친구들끼리 마주보면서 큰소리로 열심히 외친다.

유대인들은 유대인 학교인 프로키오 학교에 입학해 고등학교까지 마치는데, 유치원에서의 수업도 학교와 다를 바 없다. 수업 시간이 되면 아이들은 짝을 지어 큰 소리로 책을 읽는다.

어릴 적부터 가정과 학교에서 하브루타 교육을 자연스레 몸에 익힌다. 살아가는 모든 과정이 하브루타를 몸에 익히는 과정이다.

내가 설명할 수 있는 지식이 진짜다

왜 하브루타 교육일까? 하브루타 교육의 장점을 예시바 대학생 케빈 포이치는 이렇게 말한다. "생각을 말로 표현하고 다른 사람에게 설명하다 보면 사고가 명확해지고 자신이 배우는 걸 기억하는 데 도움이 되는 것 같습니다."

유대인의 격언 중에 '말로 설명할 수 없으면 모르는 것이다'라는 말이 있다. 혼자 생각할 때는 무엇인가를 알고 있다고 느끼지만 막상 말로 표현하면 터무니없는 소리로 들릴 때가 많다는 뜻이다. 설명할 수 없는 부분이 생겨 논리성이 떨어지기 때문이다.

살다 보면 내가 안다고 생각하는 지식과, 실제로 내가 아는 지식을 혼동하는 경우가 많다. 전자의 경우 막상 남에게는 설명하지 못하기 쉬운데 사실상 제대로 모르고 있기 때문이다. 하브루타 방식은 이러한 착각에서 벗어나 좀더 명확히 생각하고 지식을 체계화하여 설명할 수 있는 힘을 기르는 것이라 할 수 있다.

5

'소리 내어'
생각하라

조용한 공부방 vs 말하는 공부방

하브루타는 유대인의 공부법이지만 에드워드 호프만 교수는 다지 유대인에게만 좋은 교육법은 아니라고 말한다. 모든 사람이 이를 통해서 배울 수 있다는 것이다.

하브루타 교육은 생소할 뿐만 아니라 혼자 공부해야 한다는 우리 사고방식과도 많이 차이가 있다. 정말 이 공부법이 일반적인 공부법보다 우월할까? 제작진은 한국 대학생들을 대상으로 한 가지 흥미로운 실험을 해보았다.

16명의 대학생을 두 그룹으로 나누었다. 한 그룹의 이름은 '조용한 공부방', 다른 그룹은 '말하는 공부방'이다. 두 그룹은 서양사의 한 부분을 공부하고, 3시간 뒤 시험을 보기로 했다.

조용한 공부방은 독서실처럼 한 사람씩 칸막이로 나뉜 공부방에서 말없이 각자 알아서 공부하도록 했다. 말하는 공부방은 커다란 테이블에 마주 앉아서 서로 묻고 설명하며 하브루타 식으로 공부하도록 했다. 각각의 공부법만을 비교하기 위해 각 그룹에는 다른 그룹이 있다는 사실을 비밀로 했다.

조용한 공부방으로 제작진이 찾아갔다. 학교 시험도 아닌데 학생들은 꼼짝 않고 열심히 공부하고 있었다. 숨소리조차 들리지 않을 정도로 고요하다. 시험 때 하듯이 연도와 국가 이름, 사건 위주로 암기하는 학생이 있는가 하면, 한 학생은 형광펜으로 문장에 줄을 쳐서 한 번씩 읽고, 그 형광펜으로 칠한 문장을 노트에 정리하고 있었다.

같은 시간, 말하는 공부방은 조용한 공부방과 분위기부터 달랐다. 시끄러워 공부가 될까 하는 제작진의 우려와 달리 학생들은 서로 묻고 설명하면서 떠들썩하다. 다른 건 몰라도 떠들썩한 공부가 재미있어 보인다.

특이한 현상도 발견됐다. 조용한 공부방처럼 줄을 치는 학생은 한 명도 없었다. 한 학생은 이야기를 하기 위해서는 기억하고 보지 않고도 말할 수 있어야 하니까 기억을 주입할 때부터 짜임새를 먼저 그리게 된다고 했다.

3시간 뒤, 조용한 공부방과 말하는 공부방의 학생들이 시험장에 들어섰다. 제작진이 따로 밝히지 않아 다른 그룹이 있었다는 걸 처음 대면한 상태다. 물론 서로 어떤 식으로 공부했는지 모른다.

"지금부터 시작하겠습니다. 문제지 펼치고 시험 문제를 풀어주세요."

제작진의 호령이 끝나기 무섭게 학생들이 시험 문제를 풀기 시작했다. 시험 시간은 한 시간. 문제는 단답형 문제 다섯, 수능형 유추 문제 다섯, 서술형 문제 다섯, 이렇게 총 15문제다. 대학수학능력 시험 검토위원이 문제를 출제했고 학생들이 문제를 풀고 나면 채점도 하게 된다.

● 조용한 공부방의 모습. 학생들이 책에 형광펜으로 밑줄을 치거나 연도를 외우며 조용하게 시험 공부를 하고 있다.

●● 말하는 공부방의 모습. 학생들이 서로 마주보고 큰 소리로 이야기를 하거나 칠판에 그림을 그려가면서 시험 공부를 하고 있다.

시험 결과를 내기에 앞서 각 그룹에 소감을 물었다. 각 그룹의 반응이 미묘하게 차이가 있었다. 조용한 공부방에 한 학생은 "막상 시험지를 받고 문제를 풀려고 하니까 중요한 부분에서 딱 막혔어요"라고 말했다. 다른 학생도 비슷하게 막상 시험지를 보니까 실력 발휘를 하지 못해 아쉬운 심정이라고 말했다.

이와 대조적으로 말하는 공부방 학생들은 좀더 자신 있는 표정이다. 말하는 공부방 쪽이 더 잘 봤을 거라고 자신한다는 한 학생은 다른 이들과 이야기를 해보면 "자신이 아는 것과 모르는 것을 알 수 있으니까 아는 것은 제치고 모르는 것부터 먼저 공부할 수 있었거든요"라고 말했다. 다른 학생의 말도 비슷하다. 내가 친구들에게 설명해 줄 때 본인이 잘 모르는 부분을 스스로 잡아낼 수 있다는 것. 그래서 시험을 떠나 오늘 배운 부분만큼은 기억에 많이 남을 거라고 자신했다.

결과는 놀라웠다. 전체 평균 점수는 말하는 공부방이 평균 75.81점이고 조용한 공부방은 평균 47.81점이다. 무려 28점의 차이다. 항목별로 비교해도 단답형 평균에서는 약 6점, 수능형 문제에선 약 4점이 차이가 났다. 서술형 평균에서는 19점의 차이를 보였다.

좀더 재미있는 결과도 있었다. 각 그룹에 예상 점수를 물어봤는데 말하는 공부방의 예상 점수는 67.18점, 조용한 공부방의 예상 점수는 70.31점이었다. 말하는 공부방의 경우 실제 점수(75.81)와 예상 점수(67.18)의 차이가 8.6점이었다. 조용한 공부방의 경우는 22.5점이었다. 말하는 공부방은 예상 점수와 실제 점수의 차이가 비슷한 반면 조용한 공부방은 두 점수의 차이가 컸다.

이것은 자신이 무엇을 알고 무엇을 모르는지를 정확히 파악하는 것이 학습에 어떠한 영향을 미치는지 보여주는 것이다. 특히 말하는 공부가

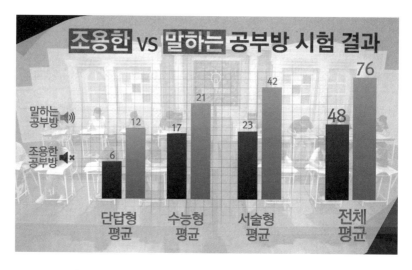

● 문제 유형에 상관 없이 평균 점수가 높은 말하는 공부방. 이는 말하는 것이 자신이 무엇을 알고 무엇을 모르는지를 좀더 명확하게 파악할 수 있음을 시사한다.

자신의 상태를 좀더 잘 파악할 수 있게 하고, 그래서 부족한 부분을 보완해 주었다는 점을 알 수 있다. 그 결과 전체 점수가 높아졌을 뿐 아니라 예상 점수 또한 실제 점수와 가까워질 수 있었다. 조용한 공부방 학생들의 경우 예상 점수가 실제 점수보다 훨씬 높았는데, 이는 자신을 과대 확신했을 때 나타나는 현상이다.

말하는 공부에는 어떤 놀라운 비밀이 숨어 있는 것일까?

나 자신을 아는 또 하나의 눈, 메타 인지

말하는 공부와 조용한 공부의 성과가 두 배 가까이 격차가 벌어진 이번 실험 결과는 심리학자들이 보기에 그다지 놀라운 결과가 아니라고 한다. 아주대 심리학과의 김경일 교수는 이 현상에 대해 '메타 인지 (metacognitive knowledge)'라는 개념을 들어 설명했다.

우리가 일반적으로 하는 생각들(인지)을 바라보고 있는 또다른 눈이 메타 인지다. 메타 인지는 바로 나의 사고 능력을 객관적으로 바라보는 눈이자 내가 아는 것과 안다고 착각하는 것을 구분하고 파악하는 능력이다.

그렇다면 어떻게 메타 인지를 상승시킬 수 있을까? 김경일 교수는 바로 설명에 그 해답이 있다고 말한다. "설명을 해보면 내가 아는 것과 모르는 것의 구분이 명확해지고 내가 알고 있는 지식들이 인과 관계, 즉 원인과 결과의 관계를 그리면서 정리가 됩니다."

김 교수는 설명하기 위해서는 파편화된 사실을 단순히 나열하는 게 아니라 일정한 흐름, 즉 스토리를 구성해야 한다고 했다. 또한 설명을 하다 보면 제대로 알지 못하는 부분에서 막히게 된다. 자신이 막히는 그 부분을 집중적으로 공부하면 되겠구나 하고 알아차릴 수 있다. 이러한 과정들을 거치다 보면 설명하는 내용을 좀더 확실히 알고, 활용하게 되어 보다 지혜롭고 좋은 판단을 내릴 수 있다는 것이다.

교육 강국 핀란드는 이러한 메타 인지를 높이는 교육으로도 유명하다고 한다. 핀란드에서는 전교 1등하는 학생이 전교 2등 하는 학생도 가르치고, 전교 꼴등 하는 학생도 가르친다. 이른바 '상생 교육'이다. 우리나라에서는 자기 아이가 손해를 본다고 생각해서 이를 반대하는 부모들이 많을 것이다.

김경일 교수는 이 교육 방식을 '아이를 천재로 만드는 교육 방식'이라고 설명했다. 예를 들어 1등과 꼴등에게 무언가를 설명해 납득시켰다고 가정해 보자. 공부 잘하는 1등 학생에게는 전문적인 용어를 제시해서

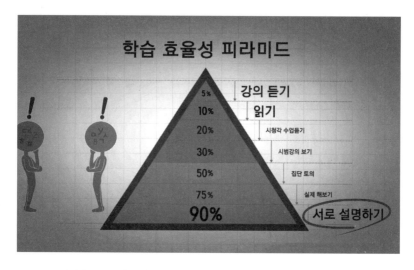

● 수동적인 '강의 듣기'보다 '서로 설명하기' '실제 해보기' 등 능동적으로 공부할수록 학습
효과가 높다. 출처 : NTL

설명하고, 꼴등인 학생에게는 다른 구체적인 예를 들어가면서 설명해야
한다.

한 사람이 두 사람을 납득시킨다는 것은 메시지의 구체성과 추상성
을 왔다 갔다 하면서 설득할 수 있는 능력이 있다는 뜻이다. 이러한 능
력이 있는 아이가 진짜 똑똑한 것이다.

설명하는 것이 학습에 효과적이라는 사실은 각종 연구에서도 찾아
볼 수 있다.

미국 버지니아의 연구 기관인 NTL(National Training Laboratories)이
가장 효과적인 공부 방법을 연구해 학습 효율성 피라미드로 만든 자료
가 있다. NTL에서는 사람들이 알고 있는 다양한 학습 방법을 적용해 공
부하고 24시간 뒤에 배운 내용을 얼마나 기억하는지 알아보았다.

그 결과에 의하면 배운 내용을 가장 많이 기억하게 하는 학습 방법은

'서로 설명하기(90퍼센트)'였다. 반면 배운 내용을 가장 기억하지 못한 학습 방법은 '강의 듣기(5퍼센트)'였다.

이러한 연구 결과를 뒷받침하는 뇌과학적 근거도 있다. 뇌에는 크게 두 개의 언어중추가 있다. 브로카 영역과 베르니케 영역이다. 베르니케 영역은 언어를 이해하는 기능을 담당하고 브로카 영역은 말하는 기능을 담당한다. 이 때문에 TV, 라디오를 보거나 인터넷 강의를 들으면 베르니케 영역은 단련되지만 브로카 영역은 그만큼 단련되지 않는다.

하지만 대화를 하거나 소리 내어 말을 할 때는 두 개의 언어중추인 베르니케 영역과 브로카 영역이 상호 긴밀하게 연결되어 작동한다. 그만큼 이해력도 활성화되고 깊이 있는 사고가 가능해진다.

틀려도 일단 말하는 것이 낫다

제작진은 대학에서 실제 말하기 공부법을 적용하고 있는 한 교수를 찾아갔다. 산타모니카 대학에서 13년째 유학생들에게 영어를 가르치는 수잔 디렌데 교수다. 그가 강조하는 공부법은 '소리 내어 생각하기(thinking aloud),' 생각을 큰 소리로 말하는 것이다. 이 방법을 시끄럽고 불쾌하고 공격적으로 받아들이는 사람도 있겠지만, 교수가 생각하는 '소리 내어 생각하기'는 오히려 상대에게 관대하고 솔직하고 격려하는 방법이다.

수잔 디렌데 교수는 한국 학생들과도 인연이 깊다. 실제 교수가 수업하는 강의실의 절반은 한국 유학생들이다. 한국 유학생들을 위해 대학에 적응하는 법이라든지 영어를 어려워하는 학생들에게 기초 영문법을 강의하는 책을 내기도 했다. 예전에는 일본 유학생이 많았으나 한국의 해외 유학이 활발해지면서 이제 한국 학생들이 유학생 중 가장 많은 비중을 차지한다고 한다.

디렌데 교수가 지켜본 한국 유학생들은 성적도 훌륭하고 우수한 학생들도 많지만 안타깝게도 미국 대학 생활에 적응하지 못하고 중도에 포기하는 경우가 많다고 했다. 대학에 적응하지 못하고 그만두는 한국 유학생들은 대부분 그 이유를 '영어가 서툴러서' '어휘력이 부족해서'와 같이 언어 문제라고 말한다. 하지만 그가 지켜본 바로는 그들의 대부분은 영어가 아니라 '말하기'에 문제가 있다고 했다.

디렌데 교수의 설명은 이러했다. 영어는 45만 개의 단어로 이뤄져 있지만 그중에 사람들이 실제로 쓰는 어휘는 극히 적다. 영어를 원어민으로 하는 사람들은 초등학생을 포함해 대다수의 사람들이 대화에 400~600개의 단어만을 쓴다.

대학에서 전공에 쓰이는 용어들을 알긴 알아야겠지만, 그렇다고 해도 400~600개의 단어를 알면 적어도 대화의 80퍼센트는 알아들을 수 있다는 것이다. 요즘 대다수의 유학생들이 대략 4,000~5,000개의 단어들을 익히고 온다는 점을 감안하면 어휘력 문제는 그리 크지 않다는 뜻이다.

중요한 것은 대학에서 일어나는 배움의 과정에 학생들이 어떻게 반응하고 행동하느냐이다. 유학생에게 좋은 배움이란 토론과 질문 등 이질적인 수업 문화에 어떻게 적응하고 적극적으로 참여하느냐에 달려 있다. 이는 어휘력 이상으로 중요한데도, 한국 유학생들은 이러한 부분을 간과하고 있다는 것이다.

한국 유학생들이 중도에 포기하는 또하나의 이유가 있다. 그것을 디렌데 교수는 질문에 대한 사고방식의 차이라고 정리했다.

유럽 학생들은 답이 옳고 그름을 따지기 전에 말하면서 생각하는 경우가 많다. 우선 말을 하려는 시도부터 한다. 어느 정도 생각이 정리되거나 답이라는 확신이 들 때라야 답을 하는 한국 유학생들과는 다르다.

질문을 불편하게 여기고 오답을 두려워하는 사고방식은 한국 유학생들만의 문제는 아니다. 이러한 특징은 동양의 학생들에게서 전반적으로 많이 나타난다고 수잔 디렌데 교수는 말했다.

질문을 하면 동양 학생들이 가장 먼저 하는 대답은 "모른다"이다. "괜찮다. 이것에 관해 어떻게 생각하느냐"고 재차 물어도 대답은 여전히 모른다고 한다. 그러고는 스스로 입을 닫아버린다. 교수가 학생이 대답할 수 있도록 다시 기회를 주는 행동을 오해해 교수가 벌을 주고 있다고 생각하거나 꼭 알아야 하는 걸 몰라서 교수가 창피를 주고 있다고 생각하기 때문이다.

디렌데 교수는 질문을 두려워하지 말고 일단 머릿속에 가장 먼저 떠오르는 걸 말해 보라고 강조했다. 교실에서 목소리를 내는 것은 적극적인 참여자가 된다는 의미이다. 적극적인 참여자가 되기 위해서는 바보같아 보이는 말이라도 일단 하고 보는 것이 낫다. 하다못해 교수가 3초를 기다려줬는데도 할 말이 생각나지 않는다면 "다시 질문해 주시겠어요?"라는 말이라도 하라고 그는 당부한다.

6

질문하라, 존중하라,
소통하라

'차' 이펙트 실험

        수잔 디렌테 교수는 자신이 이해하지 못하는 것이라도 우선 무엇인가를 말하라고 하지만, 막상 살아가면서 닫힌 입을 열기란 생각보다 쉽지 않다. 앞서 질문맨 실험에서 대학생들이 '질문은 수업을 방해하거나 다른 사람들을 방해할 수 있다'는 말을 많이 했다. 과연 주위 환경은 말하기에 중요한 영향을 끼칠까?

    제작진은 대학생 모의 면접 실험을 통해 부정적인 반응이 말하는 사람들에게 끼치는 영향을 알아보기로 했다. 그 실험 계획은 다음과 같다. 면접관 3명이 취업준비생 5명과 모의 면접 인터뷰를 한다. 제작진이 섭외한 면접관들은 면접이 진행되는 동안 긍정적인 반응과 부정적인 반응을 번갈아 한다.

예를 들어 인터뷰 초반에 면접자의 대답을 잘 듣다가 적절한 시기에 '차' '쳇' 하고 혀를 차는 것이다. 시간이 지나면 이번에는 면접자의 대답을 들으며 다른 면접관이 '아하' 고개를 끄덕인다. 이 실험에서 전자를 '차' 반응, 후자를 '아하' 반응이라고 하기로 했다.

전자는 부정적인 반응, 후자는 긍정적인 반응이다. 부정적 반응에는 한숨 쉬기, 째려보기, 시선 피하기, 헛기침하기, 고개 젓기, 무시하기, 지루한 표정 짓기, 기분 나쁜 표정 짓기, 턱 괴기, 썩소 짓기, 한심하다는 듯이 '치' '쳇' 소리 내기 등이 있다.

긍정적인 반응에는 '음~'이나 '아~' 하고 감탄하기, 웃기, 몸을 앞으로 내밀기, 경청하기, 고개 끄덕이기, 호의적인 표정 짓기, 눈 마주치기 등이 있다.

상황에 따라서 면접관들은 반응의 강약을 조절하고, 시간 차를 길게 두어 면접자들의 확실한 반응을 알아보기로 했다. 제작진은 면접관들에게 과장되지 않고 최대한 자연스럽게, 은근하면서도 노골적으로 반응해 달라고 주문했다.

모의 면접 인터뷰는 일반 기업의 면접 방식과 비슷한 형태로 진행됐다. 면접관이 '자기소개를 해보세요' '어떤 일을 하고 싶은가요?' '대학 4년 동안 취업하기 위해 어떤 노력을 했나요?' '본인의 스펙에서 가장 약한 부분은 어떤 것인가요?' '최근 가장 큰 사회적 이슈는 뭐라고 생각하나요?' 등 면접 때 자주 하는 질문을 던지면 면접자가 대답하는 식이다.

■ '차' 반응 : 말을 더듬고 목소리가 작아지고 ■

이성진 씨가 면접실의 지정된 자리에 앉았다. 서류를 살펴보던 세 명의 면접관이 성진 씨에게 바로 자기소개를 부탁했다.

이성진 : 야구가 팀플레이로 승리를 향해 나아가듯 저도 이 회사에 들어
오면 그 역할에 맞는 책임과 능력을 쌓아 업무를 수행함으로써
기업에 도움이 되고 싶습니다.
면접관1 : (한숨을 쉬며) 어떤 일을 하고 싶은가요?
이성진 : (말을 더듬으며) 영업 업무가 저에게 맞다고 생각합니다.

면접관이 표 나게 한숨을 쉬자 패기 넘치게 자기소개를 했던 성진 씨가 말
을 자주 더듬었다. "본인의 취약한 점이 무엇인가?" 하고 면접관이 눈도 마주
치지 않고 쌀쌀맞게 질문을 하자 전문 자격증을 취득하지 못한 점을 말하던
성진 씨가 전보다 더 말을 더듬더니 급기야 목소리가 점점 작아지기 시작했다.

모의 면접을 끝내고 나온 성진 씨는 면접관의 반응에 신경이 쓰였다
고 말했다. "가운데 계셨던 면접관이 고개를 갸우뚱거리고, 소리 내면서
혀를 차는 소리가 많이 신경 쓰였어요. 사실 기분이 좋지는 않고 걱정이
됐어요. 혀 차는 소리가 너무 또렷이 들려서 목소리가 스스로 작아지는
게 느껴졌습니다"라는 반응이다.

성진 씨 외에 모의 면접을 치른 다른 면접자들의 반응도 비슷했다. 면
접자들은 면접관들의 반응에 민감했다. 면접관이 부정적인 반응을 보이
면 잘 말하던 면접자가 말을 더듬으며 눈치를 보았고, 반대로 면접관이
긍정적인 반응을 보이면 자신감을 얻고 자신들의 말을 곧잘 이어갔다.

제작진은 면접을 본 학생들에게 학교에서도 이러한 경험이 있었는지를
물어봤다. 오래 걸릴 것도 없이 학생들은 잊지 못한 기억들을 꺼내놓았
다. '발표를 하는데 교수님이 맨 뒤에서 고개를 갸우뚱거렸다. 그때 뭔가

잘못 되었구나 싶어 목소리가 작아지고 머리가 혼란스러웠었다' '대학 입학 면접 때 교수님이 자신을 쳐다보지 않아서 신경이 쓰였다' 등 학교에서 크고 작은 일에서 말문이 막혔던 부정적인 경험들을 쉽게 떠올렸다.

긍정 신호가 말문을 틔운다

아주대 김경일 교수는 '차' 이펙트 실험을 강의실에서 학생들이 말문을 못 여는 이유와 연관시켜 설명했다. 실험 결과에서 알 수 있듯이 아무리 발표를 잘하는 사람이라도, 청중들 사이에서 비웃음 소리가 2번만 나오면 무너진다. 말 없는 빈정거림이 학생들의 입을 닫게 한 것이다.

욕설보다 자신에게 더 상처가 되는 것이 조롱이다. 차라리 어떤 사람이 우리를 비난하면 해결할 수 있다. 하지만 조롱을 받으면 해결할 수 없다.

반대로 '음~'이나 '아하~'와 같이 이런 긍정적인 신호를 보여주면 말을 더 잘하게 된다. 상대방이 호응을 해주면 말할 때도 신이 난다. 이런 긍정적인 신호를 포함한 배려를 해주면 학생들도 말하고 싶어서 안달할 것이라고 김 교수는 덧붙였다.

학생들은 사람들이 많이 모인 큰 행사가 있을 때 조롱이나 칭찬 등에 더욱 예민해진다. 석사학위 논문 발표 시간 등 극히 긴장되어 있을 때 자신을 호의적으로 봐주는 교수가 있으면 대학원생들의 발표 실력이 높아지는 걸 확인할 수 있다.

6장

성장을 위한
배움을 회복하라

"선생은 가르치는 사람이 아닙니다. 학생이 스스로 배울 수 있도록 도와주는 사람입니다. 그래서 내가 얼마나 배우느냐 하는 것은 학생 스스로의 책임이고요. 선생은 학생이 최대한 많이 배울 수 있도록 도와주는 역할을 하는 겁니다."

— 김형철 교수

1

말문을 트는 수업,
한국 대학에서도 가능한가

하버드대에서 정치철학을 가르치고 있는 마이클 샌델 교수의 강의는 명강의로 통한다. 특히 그의 '정의' 강의는 하버드 역사상 가장 많은 학생들이 들은 강좌로 알려져 있다.

2010년에는 그가 쓴 책 『정의란 무엇인가』가 우리나라에 소개돼 인문학 책으로는 이례적으로 이백만 부가 넘게 팔렸다. 밀리언셀러를 기록한 인기에 힘 입어 마이클 샌델 교수는 우리나라를 방문했다.

연세대학에서 마이클 샌델 교수의 공개 강연이 시작되었을 때, 그의 첫 마디는 강의가 아니라 질문이었다.

"레이디 가가의 티켓 암거래는 정당한가?" 청중의 의견들을 충분히 들은 뒤에 그의 질문은 "철학 강의를 위한 암표 거래는 정당한가?"로 옮겨갔다. 청중들이 여러 의견을 내는 동안 "교육이 시장에서 거래될 수는 없다"는 주장이 나오자 기여 입학제와 독서를 위한 현금 보상제의 정당성과 연결시켰다. 레이디 가가의 티켓 암거래에 대한 질문은 '시장 거래가 만능인가?'라는 거대 담론으로 발전했다.

수업 시작과 함께 샌델 교수는 첫 질문을 던진다. 누군가가 자신의 생각을 말한다. 그의 이야기에 학생들이 다른 반박을 하고 어느 정도 토론이 오가며 한쪽으로 의견이 모아지는 순간 샌델 교수는 그 답의 모순을 지적한다. 다른 누군가가 새로운 결론을 말하고 어느 쪽으로 흐름이 생기면 그때 샌델 교수는 또 나선다.

수업에서는 끝없이 질문을 하고 학생들 스스로 다양한 생각을 이어가며 대화와 토론이 오갈 뿐이다. 이처럼 샌델 교수의 강의에서는 교수가 일방적으로, 직접적으로 지식을 알려주지 않았다.

그의 강의가 전 세계 사람들에게 가장 인기 있는 명강의이기도 하지만, 우리 나라에서는 그와 같은 수업 방식이 익숙지 않다 보니 많은 이들이 더욱 열광했다.

교수는 가르치고, 학생은 배우는 전통적인 수업 구조에 익숙한 만큼 샌델 교수의 강의는 신선한 자극이었다. 대화형 강의, 풍부한 사례나 도덕적 딜레마로 화제를 끄는 흡인력, 현재의 사회 현상을 외면하지 않는 적절한 시의성 등 그의 인기 요인을 분석한 책도 나올 정도였다.

마이클 샌델 교수 강의에 대한 열광 현상 뒤에는 수동적인 우리 교육 풍토에 대한 답답함이 반영된 것인지도 모른다. 특히 교사 중심의 수동적인 학습은 매번 거론되어 오던 문제다.

마이클 샌델 교수의 강의가 우리 교육, 특히 대학 교육에 던지는 메시지는 분명하다. 수업에서의 성숙한 토론 문화가 학생들을 자발적으로 보다 깊고 풍성한 배움으로 이끈다는 점이다.

강의실, 진정한 배움의 공간으로

한국에서 과연 이러한 수업은 불가능한 것인가? 진정한 배움을 위한 수업이야말로 교육의 핵심이라는 믿음으로, 제작진은 대학에서의 수업 프로젝트를 기획했다.

전국 각 대학에 "고등학교 교실과 다를 바 없는 침묵의 강의실, 학생들은 여전히 교수가 하는 말만 듣고 있습니다. 이를 탈피하고 말문을 터서 진정한 배움을 가르쳐줄 교수님을 찾습니다"라는 공고를 올리고, 배움의 가능성을 우리 대학에서 찾아보기로 했다.

제작진이 찾아낸 교수는 대학 내에서 적극적으로 학생들과 소통하며 그 해법을 찾아 실천하고 있는 3명의 교수였다. 연세대 철학과 김형철 교수, 서울대 건축학과 김광현 교수, 한양대 학부 '유쾌한 이노베이션' 강의를 하는 정효찬 교수가 그 주인공이다.

세 교수가 수업을 통해 밝힌 교육 메시지는 사실 새로운 것이 아니었다. 누구나 생각할 수 있는 메시지였지만, 현실에 부딪혀 수업에서 풀어내지 못했거나 그것을 담아낼 효과적인 교수법을 떠올리지 못한 것이었다. 그러나 세 교수들은 실제 자신의 강의를 통해 실천하고 있었다.

세 교수의 강의를 듣는 학생들의 변화와 수업 방법을 한 학기 동안 지켜봤다. 결론은, 학생들이 누가 시키지 않아도 질문을 던지고 스스로 답을 찾기 위해 흔쾌히 밤을 지새우고 생각을 성숙시키는 수업이 우리나라에서도 충분히 가능하다는 것이었다.

2

교수는 학생이
스스로 배울 수 있도록
도와주는 존재이다

"한 학기에 배울 철학자 5명을 학생들이 합의하여 정하시오."

강의가 시작됐다. 그런데 교수가 가르칠 생각을 하지 않고 가만히 있다면 어떤 생각이 들까? 아마도 '등록금이 아깝다'는 생각부터 할 것이다.

교수는 1년 수업 계획을 짜고 커리큘럼을 결정하고 학생들을 가르치고 평가하는 절대적인 존재였다. 학생은 교수의 가르침에 따르기만 하면 됐다. 이러한 교수와 학생의 일방적이고 수직적인 관계를 깨뜨리는 수업이 연세대의 한 강의실에서 공개됐다.

2013년 2학기 '서양윤리학사' 수업 첫날. 지도 교수는 연세대 철학과 김형철 교수다. 강단에 선 지 20여 년이 훌쩍 넘은 김형철 교수는 학기마다 조그마한 실험 수업을 한다. 우선 교수는 첫 수업에 온 학생들에게 자기소개를 부탁했다. 토론 중심으로 진행될 수업에서 누가 누구인지 알 수 없는 경우 말문을 떼기가 힘들기 때문이다.

제한 시간은 1분 30초, 지목된 학생은 이름, 전공, 학년, 취미, 이상형 연예인, 10년 뒤 목표, 좌우명을 말해야 한다. 여기에 한 학생의 제안을 수용해 수업을 듣게 된 계기도 추가됐다.

"진동한, 재료공학, 취미는 음악 감상인데 장르는 따지지 않음, 이상형 연예인은 탕웨이, 10년 후 목표는 가정을 꾸리는 것, 좌우명은 착하게 살 자, 마지막 학기에 3개의 수업 중 이 수업을 선택했습니다."

학생들이 저마다 앉은 자리에서 일어나 빠르게 자기소개를 했다. 어색한 출발이지만 자기소개가 끝나고 나면 신기하게도 강의실에는 긴장감이 어느 정도 사라진다.

자기소개가 끝나자 교수는 3인 1조 혹은 4인 1조로 팀을 짜게 했다. 조에는 같은 학번, 같은 전공인 사람이 있어서는 안 되고, 성별도 고르게 섞여야 한다는 조건이 붙었다. 전공을 떠나 다양한 또래가 섞이면 서로 많이 배울 수 있기 때문이다. 준비 작업이 끝나자 교수가 말했다.

"서양윤리학사 시간에 이 철학자는 반드시 다루었으면 좋겠다, 이 사람 안 다루면 안 된다 하는 철학자 다섯 명을 고르세요. 자, 지금부터 2분 17초 동안 협의하세요."

한 학기 교육 과정을 정해서 알려주는 대신 교수의 절대 권한인 커리큘럼 결정권을 학생들에게 넘긴 것이다. 조를 이룬 학생들이 교수의 의도를 알아차리고 자신이 배우고 싶은 철학자를 논의하기 시작했다. 전략적으로 남들이 언급하지 않을 듯한 철학자를 지명하는 조도 생겨났다.

제한 시간이 끝나자 각 조에서 뽑은 철학자들이 공개됐다. 칸트, 니체, 흄, 플라톤, 소크라테스, 사르트르, 쇼펜하우어, 홉스, 밀, 롤스, 아리스토텔레스, 벤담, 마르크스, 스피노자, 루소, 라캉, 조셉 플레처, 피터싱어……. 사람들에게 익숙한 철학자도 있고 이름이 생소한 철학자도 눈에 띈다.

그 다음 학생들이 할 일은 이렇게 거명된 철학자들 중에서 함께 한 학기 동안 배울 철학자를 선정하는 것이다. 교수는 학생들이 말한 철학자 중에서 이번 학기에 집중 분석할 철학자를 조마다 1~4순위까지 적어내도록 했다. 곧이어 '철학자 경매'에 들어갔다. 관심 있는 철학자가 나오면 각 조가 손을 들어 투표하고, 마지막으로 후보에 오른 두 명의 철학자 중에서 가위바위보를 해 이긴 조가 최종적으로 철학자를 정했다.

수업 교재 선택권도 학생들에게 넘어갔다. 시중에 나와 있는 교재 중에 하나를 쓸 것인지 아니면 참고 서적을 정하고 각 팀에서 자료를 준비할 것인지를 논의하던 학생들은 의견을 모아 후자의 방법을 선택했다.

교수, 수업의 권한을 내려놓다

교수가 가진 수업의 모든 권한을 내려놓는 김형철 교수의 방식이 무척 신선했다. 이렇게 교수와 학생이 함께 정하는 수업 방식을 만든 이유는 간단하다. 수업도 민주주의의 일환이기 때문이다.

민주주의 사회에서 규칙을 지키는 것은 중요하다. 더 중요한 건 규칙을 정할 때 그 대상이 되는 사람들의 의견을 반드시 존중해야 한다는 점이다. 집행자인 교수가 규칙을 일방적으로 정한다면 그것은 학생들을 노예나 로봇 취급 하는 것과 다를 바 없지 않은가.

"선생은 가르치는 사람이 아닙니다. 학생이 스스로 배울 수 있도록 도와주는 사람입니다. 그래서 내가 얼마나 배우느냐 하는 것은 학생 스스로의 책임이고요. 선생은 학생이 최대한 많이 배울 수 있도록 도와주는 역할을 하는 겁니다."

김형철 교수가 이러한 생각을 하게 된 데는 젊은 시절의 경험이 계기가 됐다. 그는 1980년대 미국에서 유학 생활을 했다. 지금으로부터 30년 전, 수업이라고 하면 당연히 권위자인 교수가 지식을 전달하고 학생은 '받아쓰기' 하던 시절이었다.

그가 한국을 떠나 외국의 대학에서 본 학생들의 토론식 수업은 신선한 충격이었다. 학생과 교수가 생각을 공유하고 학생과 학생이 생각을 교환하였으며 활발한 토론이 공론의 장을 이끌었다. 살아 있는 민주주의를 체험하는 듯했다. 학생은 교수에게 "저는 생각이 다릅니다" 하고 당당하게 이야기했고, 교수는 학생에게 "자네는 이것에 대해 생각해 봤나?"라고 물어봤다.

더욱 놀라웠던 건 토론식 수업이 미국 대학가의 보편적 수업 방식이라는 점이었다. 한국처럼 강의식 수업도 있었지만, 그런 경우에라도 학생들이 질문하고 교수가 답변하거나 반대로 교수가 질문하고 학생이 답변하는 시간을 별도로 정해두었다.

9년 반을 미국에서 공부하고, '우리나라에서 토론 수업을 못 할 게 뭐가 있으랴' 싶어서 한국에 돌아온 뒤부터 배운 대로 실천해 왔다.

김형철 교수의 수업은 학생들에게도 반응이 좋다. 인지공학을 전공하는 한 학생은 처음에 난감했다고 고백했다. 철학 전공도 아닌 데다 알고 있는 지식도 제한적인데, 첫 시간에 토의해 철학자를 정하고 교재까지 정하라고 하니 당황스러웠다는 것이다.

하지만 그 당황스러움이 기분 나쁘지는 않다고 했다. 오히려 "내가 공부하고 싶은 사람을 한 명을 고르고 꾸준히 공부하고 싶어서 이 수업을 들은 건데 그것을 할 수 있게 된 게 좋았다"는 게 솔직한 심정이다.

근본적으로 교육은 만남, 즉 인격과 인격의 만남이다. 만약 사람과의 만남에 한쪽은 질문을 하고 다른 쪽은 대답을 안 한다든지, 한 사람만 계속 자기 이야기를 하고 다른 사람은 아무 이야기도 안 한다면 이것은 만남이 아니다. 서로 만났지만 만나지 않은 상태가 되어버린다. 교감이 이루어지지 않기 때문이다.

또한 교육을 인격과 인격의 만남이라고 할 때 교수는 인격적으로 더 우월하기 때문에 무엇이든 알고 있다고 생각하는 사람들도 있겠지만 김형철 교수는 이 말에 동의하지 않는다고 말한다.

교수와 학생은 동격이다. 다만 그 역할이 다를 뿐이다. 김형철 교수는 진리를 알아가는 문제에 있어서는 교수와 학생이라는 구분은 필요하지 않다고 강조한다. 학생들이 수업에 들어온 것은 연극을 관람하기 위한 것이 아니지 않은가. 관객도 되고, 배우도 되고 이중, 삼중의 역할을 하는 것이 수업에 들어온 학생들이 해야 할 일이라고 생각한다.

"사람은 배우기를 원한다"

그렇다면 교수의 역할은 어떻게 생각할까?

김형철 교수는 이 질문에 아리스토텔레스가 『형이상학』 1권 1장 1절 첫 문장에서 말한 "사람은 배우기를 원한다"는 문구를 인용하여 답했다.

배움의 과정에서 가장 중요한 것은 지적 호기심이다. 무엇인가를 궁금해하고 호기심을 가지고 있다는 것은 지적 활동을 왕성하게 하고 있다는 증거이다.

사람은 질문을 던지면 거기에 답하려고 하는 본능적인 욕구가 있다. 수업에 참여하는 학생들도 마찬가지다. 하지만 교수가 개입하면 그 욕구를 자제하려고 한다. 결국 학생들은 질문할 기회를 잃어버리고 수업은 처음부터 끝까지 교수가 진행하게 되는 것이다.

만약 교수가 개입하지 않으면 그 분위기는 달라진다. 강의실의 주인은 학생이 된다. 수업을 듣는 학생들은 교수의 생각도 궁금하지만 기본적으로 자기 생각을 남한테 전달하고 싶어 하는 마음이 있다. 함께 수업을 듣는 다른 학생들의 생각이 어떠한지도 궁금해한다. 그 호기심이 질문의 형태로 나타나게 된다는 것이다.

자발적으로 일어나는 호기심이나 질문은 어떻게 해서든지 해결하려고 한다. 그건 남이 지시해서 되는 일이 아니다. 학생이 질문하고 학생이 답하고, 교수는 그 과정이 잘 진행되고 있는지를 관찰하고, 격려하고, 최종적으로 평가하고, 인정해 주면 된다.

학생들이 가장 많이 배울 수 있는 방법은 스스로 생각하고, 그 생각을 스스로 말로 표현해 보고, 다른 친구들의 의견을 듣고, 그것을 글로 써보는 방법이다. 학생들이 어디까지 스스로 할 수 있는지를 늘 생각하고 이를 적극적으로 수업에 반영해 조율하는 교수. 김형철 교수가 생각하는 최고의 교수다.

3

틀에 박힌 수업을
혁신하라

교수가 출석부를 보고 이름을 호명한다. 이름이 불린 학생이 일어나 자신의 롤모델을 발표한다. "제 롤모델은 파바로티입니다. 제가 성악을 전공하는데요. 파바로티처럼 노래를 잘하고 싶어서……"라고 말하자 교수는 "한 소절 들어볼 수 있어요, 지금?"이라고 간청한다. 학생이 중량감 있는 목소리로 오페라의 한 구절을 열창했다.

이 풍경은 한양대 정효찬 교수의 '유쾌한 이노베이션' 수업의 첫 시간이다. 창의력 관련 수업이면서 동시에 자기 삶을 어떻게 설계하고 능동적으로 삶을 살아가야 하는지 고민하는 수업이다.

한양대에서 3대 인기 강좌로 불린다는 이 수업을 듣기 위해서는 치열한 경쟁률을 뚫어야 한다. 수업 첫날, 출석한 학생들은 모두 자신들의 롤

모델을 말하면서 자기소개를 했다.

다음 시간부터 학생들은 자신의 롤모델로 불리게 된다. 그래서 '유쾌한 이노베이션' 수업에 들어가면 오바마가 있고, 레오나르도 다빈치가 있고, 스펀지밥이 있고, 박명수가 있고, 스티브 잡스가 있고, 파바로티가 있다.

학기 초에 롤모델을 선정하라고 하는 데는 여러 이유가 있다. 평소 학생들의 생각들을 조금이나마 알 수 있으며, 학생들이 누구를 닮고 싶은지를 말하다 보면 그 생각은 자연스럽게 '나는 누구인가'라는 본 주제로 옮겨지기 때문이다.

롤모델로 출석을 부르면 재미있다는 점도 무시할 수 없다. 정 교수는 돌아가며 한마디씩 말을 하고 나면 자연스럽게 학생들이 '나도 이야기를 할 수 있구나'라고 생각했으면 좋겠다는 바람도 피력한다.

정 교수의 수업에서는 안 되는 것보다 되는 것이 많다. 수업을 하던 교수가 갑자기 엉뚱한 요구를 했다. 휴대전화를 꺼내서 무음과 진동 상태를 다시 벨소리로 바꾸라는 주문이다. 수업 중에 휴대전화를 꺼내라는 말도 이상하지만 벨소리가 울리도록 수신 상태를 바꾸라는 말에 학생들의 표정이 어리둥절해졌다.

그에 아랑곳하지 않고 교수가 다음 주문을 했다. "나에 대해 얘기해 줄 수 있는 사람들에게 문자를 보내라. 최소한 10명에게는 보내야 한다". 성심성의껏 대답하는 사람도 있겠지만 무성의한 답장도 있는 법, 그것 모두 자신의 모습을 반영한 것이라고 교수가 설명했다.

학생들이 전화번호 내역을 뒤적여 아는 사람들에게 '난 어떤 사람인 것 같아?' 등의 문자를 보냈다. 그로부터 얼마 지나지 않아 여기저기서 알림소리가 들렸다.

'어디 아파?'부터 '왜 그래? ㅠㅠ' '웃음소리가 특이해' '편한 친구^^' '셀

● 처음에 가볍게 물어본 '난 어떤 사람인 것 같아?'라는 질문에 학생들은 여러 답변을 들으며 점점 진지해진다.

카랑 실물이랑 다르다' '듬직한 동생' '자존심이 세' 등 다양한 반응이다. 평상시와 다른 아들의 문자에 놀라 전화를 건 부모도 등장했다.

　장난처럼 시작한 문자에 장난처럼 보낸 답신도 있지만, 친구 또는 가족의 답이 쌓여갈수록 질문이 가볍게 느껴지지 않는다. 문자를 확인하는 학생들에게 정 교수는 "어쩌면 죽을 때까지 우리가 돌아봐야 할 질문"이라며 지금의 상황을 정리했다.

고정관념을 깨보는 유쾌한 경험

　지금껏 들어온 강의와는 색다른 정효찬 교수의 수업에 학생들이 보내는 반응도 호의적이다. 한 학생의 말처럼 "입 한 번도 안 떼고 그냥 들어갔다 나온 수업이 많은" 대학에서 이노베이션 수업은 그 형식부터 신선하다.

"수업의 틀을 깨는 것을 즐겁다는 말로 이해했으면 좋겠습니다. 지식에는 무게가 따로 있는 게 아니라는 생각이 들어요. 수업이 무거워지고 또 무게감을 갖는 경우는 어려운 용어들이 나오는 그런 수업들일 수 있죠. 제가 진행하는 이 수업에서는 학생들이 스스로 움직이길 바랍니다."

틀을 깨라는 것은 고정관념을 깨라, 상식을 벗어나라는 말로 대치할 수 있다. 정효찬 교수는 고정관념을 어디까지 지키고 어디서부터 깰 수 있는지를 생각해 보라고 말한다. 그러기 위해서는 내가 가진 고정관념은 무엇이고 이 시대의 상식은 무엇인지부터 알아봐야 한다.

이처럼 고정관념을 깨는 정 교수의 수업은 뜻밖의 상황을 낳기도 한다. 2012년 여름 계절 학기 수업에서의 일이다. 정효찬 교수는 수업의 첫 번째 미션으로 '조별로 회식 준비하기'를 냈다.

교수가 낸 이 미션에는 두 가지 의도가 있었다. 음식을 나누며 서로 친밀해지는 출발점이 될 수 있고, 교실에서 음식을 먹는다는 일탈 행위를 함으로써 쾌감을 공유할 수 있다는 점이다. 음식을 나누어 먹는 것 자체로도 팀워크에 도움이 될 수 있지만 사람들은 금지된 것을 함께할 때 더 끈끈해지는 경향이 있다. 아마도 '특별한 경험'을 추억으로 공유하기 때문일 것이다.

미션을 수행하는 시간이 되자 교실은 콜라와 햄버거부터 순대와 떡볶이, 피자와 치킨 등 온갖 음식의 향연이 이뤄졌다. 종종 용감한 친구들이 자신들의 로망을 실현할 때도 있다. 수업 시간에, 그것도 교실로 배달 음식을 시킨 것이다.

한번은 치킨집 아저씨가 주문을 받고 교실에 파닭을 배달하러 온 적이 있다. 아저씨는 수업이 진행 중인 것을 알고는 당황해서 나갔다가 전화로 확인을 하고는 머쓱해하며 다시 교실에 들어왔다. 학생이나 교수에게는 이미 약속된 일이니까 웃고 넘길 수 있는 상황이었지만 배달하는 사람 입장에서 보자면 자칫 기분이 상할 수 있는 상황이었다.

당황하고 머쓱해하는 아저씨를 보니 죄송한 마음이 들어 교수는 무더위에 배달하느라 고생하시는 아저씨에게 박수를 쳐드리자고 제안했다. 여전히 어색해하던 파닭 아저씨는 박수를 받으며 교실을 나갔다.

그렇게 10여 분 지나고 상황은 반전됐다. 파닭 아저씨가 교실에 다시 들어온 것이다. 이번에는 학생들과 교수가 당황했다. 아저씨 손에는 검정 비닐봉지가 들려 있었다. 아저씨는 교수에게 조심스럽게 비닐봉지를 건네며 다음과 같이 말했다. "태어나서 처음으로 박수를 받아봤습니다. 고맙습니다." 비닐봉지 안에는 종이컵과 나무젓가락, 치킨, 콜라 한 병이 들어 있었다.

파닭 아저씨가 나간 후 교실 안은 묘한 감동과 장난 섞인 박수에 미안한 감정이 뒤섞여 있었다. 예상치 못한 상황에 그날 수업은 준비했던 이야기보다 더 큰 무언가를 함께 나눌 수 있었다.

잘 짜인 한 편의 예능 쇼를 보는 것 같은 정효찬 교수의 독특한 수업이 하루아침에 만들어진 건 아니다. 새학기를 시작할 때마다 그는 지난 학기에 했던 것은 모두 지우고 새롭게 판을 짠다. 지금 일어나고 있는 여러 가지 현상들을 수업 속에서 녹여내야 하기 때문이다.

사회 이슈 현상들을 조사하고 수업에 도움이 된다 싶으면 수집하러 나서기도 한다. 쉽지 않지만 이렇게 새로 짜는 일이 즐겁고 이러한 다양한 경험들이 결국 학생들에게 돌아갈 것이라 생각한다.

일각에서는 대학 수업으로서는 가볍지 않느냐고 말하는 사람들도 있지만, 정효찬 교수는 오히려 기존의 대학 수업들이 과도하게 무겁지 않은지 반문했다.

모든 수업이 재미있고 가벼울 필요는 없지만 세상이 경직될수록 창의적이고 다양한 관점을 가진 재미있는 수업도 필요하다는 것이다. 주위의 이치나 원리를 당연하게 생각하지 말고 의문을 가지라는 뜻이다.

'왜 인간이 하늘을 날 수 없지?'라는 생각이 비행기를 만들었듯이 당연한 것에 대한 의문이 계속되면 즐거운 창의력으로 연결될 수 있다.

4

학생은
실패를 통해 배운다

아파트는 편리한 생활의 상징이기도 하지만 거의 비슷한 구조로 인해 획일적이라고 비판하는 사람도 있다. 획일적인 주거 문화에서 벗어나 자연친화적이거나 외관부터 색다른 아파트가 속속 선보이고 있다고는 하지만 대규모 아파트 주거지역에서 주거자 마음대로 고치고 살기에는 한계가 있다. 만약 아파트가 싫증이 난다면 단독 주택으로 이사하는 수밖에 없다.

살아가는 방식은 저마다 다르지만 우리가 선택할 수 있는 집의 범위는 아파트 또는 단독 주택으로 제한되어 있다. 그렇다면 아파트와 단독 주택지 사이에 있는 새로운 주택 형식과 주거 문화를 생각해 볼 수는 없을까?

서울대학교 건축학과 설계 스튜디오에서 주거 형식을 새롭게 바라보고자 하는 '400인의 신(新)도시 주거' 프로젝트가 시작됐다. 이 프로젝트는 서울의 전형적인 주거 지역에 400명의 사람들이 지금까지 없었던 새로운 집합 주거(clustered house)를 이뤄 살게 될 주택을 설계하는 것이다. 이 프로젝트는 김광현 교수의 건축학과 4학년 2학기 건축 설계 스튜디오 수업이기도 하다.

이번 수업의 과제는 마포구 상암동, 관악구 신림동, 강남구 대치동 이렇게 3개의 동네에서 흔히 볼 수 있는 아파트 단지 한 동 정도의 규모를 단독 주택가에 맞는 저층 집합 주택으로 다시 해석해 설계하는 것이다.

새로운 주택 유형을 구상하고 설계하려면 우선 그 안에서 살게 될 사람들의 생활방식을 제시해야 한다. 그러기 위해서는 상점이 있는 주택을 기본으로 혼자 사는 사람, 자녀 교육에 큰 관심이 있는 사람, 취미 생활을 하며 함께 사는 사람 등 사람들의 라이프스타일을 새롭게 발견해야 한다. 주거 지역의 특성을 분석하고 고려해야 할 사항도 많다. 400명이 가족을 이루는 형태도 고민해야 하고 동네 풍경이나 경제 활동, 자동차, 자전거, 도보 등 이동 수단도 생각해야 한다.

새로운 형식의 집들이 들어설 주거 지역은 이웃과 차단되어서는 안 되며 기존에 형성된 주변 생활권과도 긴밀하게 이어져야 한다는 점도 중요하다. 이러한 공동체는 우리가 흔히 생각하는 공동체가 아니다. 그렇기 때문에 기존에 살고 있던 사람들과 앞으로 살게 될 사람들을 효과적으로 연결하는 주거 개념을 생각해 내지 못하면 학생들은 주거 프로젝트를 끝까지 밀고 나가기 어렵다.

사람들이 어떻게 살 것인가를 심도 있게 생각하고 이에 대한 다양한 주택 유형을 만든 다음, 이 주택을 기존과 어떻게 결합할 것인가가 설계의 관건이다. 기초 분석이 끝나면 주제에 맞게 대지를 다루고 도면과 모형을 만들어 자신의 생각을 계속 제안해야 한다.

날카로운 질문이 오가는 소규모 수업

서울대학교 건축학과 설계 스튜디오는 학생들에게 개인 지도를 하기 때문에 교수가 맡는 학생 수는 10명을 넘지 않는다. 이번에도 주택과 사회의 관계를 배우고 싶어 하는 10명의 학생이 설계 스튜디오를 선택했다.

매번 수업은 학생들의 정확하고 창의적인 생각을 요구한다. 학생들이 과제를 발표할 때 설계가 느슨하거나 기존의 것과 닮아 있으면 김광현 교수는 이를 용납하지 않고 날카로운 질문으로 학생들을 몰아세운다. 준비가 덜 되어 있거나 설계에 심각한 오류가 있는 경우 그것이 들통 나는 건 순간이다.

수업 초반부터 분석 결과를 다이어그램과 모델을 가지고 나와 설명하는 학생들에게 여지없이 김 교수가 날카로운 질문을 던졌다. "400명을 새로운 가족이라고 제시하며 나눴잖아. 왜 그렇게 나눠야 해? 그것은 어떻게 설명할 수 있는 거지?"

초반이라 다소 이론적이기만 하고 현실적으로 허점이 많이 보이자 김광현 교수가 이를 수정하기 위해 다른 과제를 내주었다. 설계할 지역의 땅을 보고 답사하면서 자신이 제시하는 새로운 주거가 어떻게 가능할지 판단해 보라는 것이다.

교수의 호된 비판을 뒤로 하고 각 팀은 제각기 자기 지역으로 답사를 떠났다. 비록 계획으로 끝나는 집이라고는 하지만 주어진 땅에 어떻게 집을 세울지 알아야 설계할 수 있다는 걸 이렇게 배운다.

건축 설계의 답은 땅에 있고 그 주변에 사는 사람들 속에 있다. 장소를 둘러본 학생들은 주변을 사진으로 찍고 길 위에 서서 다이어그램을 그리기도 하며 설계의 밑그림을 다시 구체적으로 생각했다. 길에 접한 1층 상점을 어떻게 하면 2층이나 3층으로 이어갈 수 있는지, 그리고 그 안에서 서로의 영역을 침해하지 않는 주거형식을 만들어낼 단서도 놓치지 않고 기록해 두었다.

그로부터 이틀이 지나고 수업이 코앞으로 다가왔다. 답사를 다녀오고, 밤을 샜는데도 과제는 아직 진행 중이다. 겨우 시간에 맞춰 과제를 끝낸 한 학생이 강의실로 뛰다시피 했다. 이번에는 다른 조에서 400명의 거주자 가운데 외국인들과 기존 거주자들을 어떻게 구분하고 함께 살 수 있게 만드는지를 생각하지 않아 문제가 됐다. 다양한 방법들을 검토하지 않고 서둘러 설계를 밀어붙인 탓이다.

"이거 아니야. 그렇게 느슨하게 계획한 것을 그 땅에 짓겠다는 것인가?" 교수의 비판에 학생들은 무어라고 변명하지도 못했다. 다시 새로운 집을 만드는 수밖에 없다.

독신자와 함께 살 공동 주택을 만든 한 학생의 설계에도 중대한 결함이 발견됐다. 설계는 하나를 고치려면 다 고쳐야 하는 일이다. 그동안 짓고 부수기를 몇 차례 반복했는데, 이번에도 밤새워 진행한 모형 작업이 헛수고가 되고 말았다.

김광현 교수가 학생들의 과제 단계마다 드러나는 빈틈을 꿰뚫어보고 학생들을 냉정하게 비판하는 이유는, 건축은 다른 이의 생활을 다루는 것이며 건축가가 세우는 계획은 실제 건축물로 지어지기 때문이다.

건축 설계 스튜디오는 이 땅에 집을 짓는 건축가라는 전문가가 되기 위한 수업을 하는 곳이다. 수업이라 해도 마음은 실전처럼 여겨야 한다는 뜻이다. 그래서 학생들에게 수업에서 하는 발표일지라도 건축주에게 브리핑을 하듯이 해야 한다고 강조한다. 빈틈을 주지 않고 꾸짖는 김 교수의 말이 학생들에게 편치 않겠지만, 꾸중을 하는 교수도 마음이 편치 않기는 마찬가지다.

"좌절을 배우려고 학교에 오는 거 아닌가요? 그런데 인생에서 좌절을 했다고 하면 큰일이지만 어떤 문제 앞에서 잘 안 풀린다고 하는 그런 좌절은 여러 번 해보는 게 좋아요. 더구나 건축설계에서는 계속 시행착오를 하면서 새로운 것을 발견할 수 있어요. 모든 학생이 새로운 게 없는 게 아니에요. 다들 있어요."

성공한 사람들은 인생에서 그만큼의 좌절을 경험한 사람들이다. 전설적인 그룹 비틀즈는 149번의 오디션에서 탈락했고, 농구 황제 마이클 조던은 NBA 선수 시절 9,000번의 슛을 실패하고 300회의 경기에서 패배했다. 도스토예프스키는 40대 중반까지 평론가들에게 자신이 쓴 글에 대해 혹평을 들어야 했다. 김광현 교수의 말도 이와 다르지 않다.

학생들이 10년 후 건축가로서 전문성을 발휘하게 될 때, 지금의 좌절이 미래의 주거를 개선하고 더 나은 주거 환경을 만드는 데 밑거름이 될 것이라고 생각한다. 그때 정말 잘하는 건축가라는 소리를 듣기 위해서는 미리 좌절 경험을 많이 해두어 맷집을 키워야 한다는 것이다.

아직까지 사람들은 건축을 아름다운 집을 짓는 개념으로만 이해한다. 하지만 건축이란 더 넓은 의미에서 보면 10년이든 50년이든 긴 시간 동안 우리의 삶과 함께하는 친구와 같은 존재 아닌가.

김광현 교수는 '사람의 행위와 생활'이 빠진 건축은 있을 수 없다고 말했다. 그런데도 건축학과에 들어와서 사람이라는 중요한 가치를 잊어버리고 미적 관점으로만 건축을 대하는 사람들이 많다고 했다. 학교에서는 그런 관점이 평가받을지도 모르지만 밖으로 나가면 다르다. 사회는 '사람의 행위와 생활'을 깊이 생각한 건축을 바란다. 그러므로 교수가 건축주 노릇을 대신해 주고 학생들은 앞으로 사회에 나가서 닥치게 될 과제를 미리 연습해야 한다는 것이 김 교수의 지론이다.

김광현 교수는 자신이 수업에서 지적하는 것을 학생들이 무조건 수용하라고 하는 것은 아니다. 문제는 교수가 냈지만 답은 학생이 찾아야 한다. 교수가 학생들의 생각을 읽고 학생이 필요한 부분을 일러주는 것으로서, 교수의 지적을 알아들어야 한다고 강조했다.

김광현 교수의 마음이 학생들에게 전달이 됐을까? 양질의 결과물을 만들기 위해 밤을 새우는 학생들을 보고 있노라면, 그들이 좌절을 또 하나의 자극으로 받아들이는 건 분명하다.

김광현 교수가 생각하는 좌절도 이와 비슷하다. 좌절은 포기하거나 꺾이는 게 아니라 다른 기회를 찾는 과정이라고 할 수 있다. 실패의 원인을 찾고 거기에서 배워 다시 일어설 수 있는 힘이다.

건축가가 되기 위한 교육도, 수많은 의견을 거쳐 합의점을 찾아가는 방식을 가르치는 과정이다. 교수는 학생들이 겪는 좌절이란 이처럼 문제를 해결하는 과정에서 겪는 과정이고 건축으로 합의를 이루어가는 방식이라고 설명했다.

그러니 중간에 좌절을 경험하더라도 포기하지 않도록 자극하며, 바로 그 좌절 안에 네가 찾는 답이 있다고 독려해 주는 것이 교수의 역할이라는 이야기다.

5

질문으로
교수에 도전하라

'나는 어떻게 살아야 하는가?'

김형철 교수가 서양윤리학사 첫 시간에 학생들에게 던진 화두이다. 학생들이 한 학기 동안 수업에 참여하며 끊임없이 스스로에게 묻고 생각해야 할 질문이기도 하다. 마지막 수업 시간에 이 화두에게 대한 생각이 어떻게 정리되었는지 다시 물어보기로 했다.

김형철 교수는 학생들과 어떻게 하면 상호작용을 잘할 수 있을지 고민한다. 학생들이 수업 시간에 말도 잘 못하고 토론도 안 되는 가장 큰 원인은 교수들이 학생들을 자극하지 않기 때문이다. 즉 학생 탓이 아니라 자극을 주지 않는 교수에게 그 원인과 책임이 있다고 생각한다.

학생들을 자극하는 최고의 방법은 질문이다. 질문은 사람을 생각하게

● 연구실 한쪽 벽을 가득 채운 질문들. 김형철 교수가 학생들의 질문이 적힌 쪽지를 읽으며 생각에 잠겨 있다.

만든다. 사람은 질문을 받게 되면 거기에 대해 답을 해야 한다는 본능적인 욕구가 있다. 답을 하기 위해서는 생각을 먼저 해야 한다.

김형철 교수는 학생들이 수업 중 다 하지 못한 질문을 포스트잇에 적어 내도록 했다. 그러면 그것을 보고 수시로 학생들과 이야기를 나누었다. 학생들 또한 궁금한 것을 거리낌없이 묻고 부족하면 따로 연구실을 찾아가는 등 적극적인 모습이었다. 김 교수의 방문에는 학생들이 포스트잇에 적어 놓은 질문들이 붙어 있었다.

"교수가 답하지 못할 질문을 하시오".

10월 31일, 각 조에 새로운 미션이 전달되었다. '질문의 날' 미션이다. 각 조는 조원들과 협의하여 교수님이 답변하지 못할 질문을 찾아와야 한다.

학생들은 이를 위해 회의를 하고 예상 질문을 만들어 답해 보기도 하며 준비했다. 카테고리를 정해서 각자의 질문을 짜거나 딜레마 중심으로 질문을 던지기도 하고 김 교수가 알지 못하는 분야를 다루자는 제안도 나왔다.

많은 학생들은 교수가 답변할 수 없는 고민을 찾으면서 한편으로는 그래도 교수님인데 다 대답하지 않을까 하는 우려 아닌 우려를 하고 있었다. 예부터 교수는 모든 걸 아는 존재여야 했고, 그 권위에 도전해서는 안 되는 존재였다. 그러한 교수에게 감히 도전장을 내미는 것이다.

한편에서는 조원들끼리 한 시간 반을 토론하다가 마침내 문제를 골랐다. 조원들은 교수가 정면으로 답하지 못하고 "좋은 질문입니다" 하고 흐지부지 넘길 것이라며 자신만만해 했다.

'질문의 날', 철학도의 자세를 배우다

질문의 날 당일, 김형철 교수는 학생들이 올린 질문을 보고 있었다. 학생들의 질문에 다 답변을 할 수 있다고 큰소리를 쳤지만 대략 훑어봐도 학생들이 낸 질문이 만만치 않다. 정말 교수가 대답 못할 질문이 나온다면 살짝 망가질 것도 각오해야 한다.

그러나 망가지는 것도 교수에게는 큰 문제는 아니다. '교수와 학생 사이'가 '신과 인간의 관계'는 아니기 때문이다. 대한민국 사회에서는 인정하기 힘들겠지만 교수도 모를 수 있다고 생각한다. 교수 자신에게도 곤혹스러울, 질문의 날을 왜 만든 것일까?

김 교수의 대답은 명쾌하다. 철학 자체가 질문하는 학문이기 때문이다. 질문에 대한 답이 나올 수 있는가 없는가 하는 것도 질문을 어떻게 던지느냐에 달려 있다. 즉 질문을 어떻게 구성해 나가느냐에 따라서 자기가 세상을 어떻게 보느냐가 결정된다는 것. 그것을 학생들이 어떻게 해나가는지 교수로서가 아니라 철학도로서 같이 해보고 싶은 마음이 더 크다.

"교수가 해야 할 일은 무엇일까? 학생한테 '이것이 정답이다' 가르쳐주는 게 아니고 '스스로 배울 수 있는 여러 가지 방법이 뭘까?'를 고민하고, 이 정도는 학생이 스스로 배울 수 있는 수준인지 아닌지 그것을 생각하는 사람이죠. 그래서 교수는 학생의 생각을 생각하는 사람입니다."

드디어 고대하던 수업이 시작됐다. 학생들에게는 결전의 날이다. 한 조씩 나와 교수가 절대 답변할 수 없을 거라고 생각하는 질문을 칠판 앞에 적었다. 질문을 적는 학생들도 그 질문의 대상이 될 교수의 얼굴에도 긴장한 빛이 감돌았다. 난생 처음, 교수님께 내민 학생들의 도전장이다.

학생들이 김형철 교수에게 한 질문은 다음과 같다.

- 착하다는 것은 무엇인가?
- 철학은 반드시 사회 문제를 다뤄야 하는가?
- 교수님은 다시 태어난다면 어떤 철학자로 환생하고 싶은가?
- 정의의 정의는 무엇인가?
- 도덕적으로 살아야 할 이유가 있는가?
- 철학적 사고와 일상적 사고는 어떻게 다른가?

과연 이 질문에 교수는 어떤 대답을 내놓을까? 답변을 기대하는 학생들로 강의실이 조용하다. 그러나 김 교수도 호락호락하지 않다. 오히려 김 교수는 학생들에게 공을 넘겼다. "팀별 질문 중에서 우리가 모두 답변할 수는 없을 거예요. 그래도 팀별로 2개는 확실하게 답변할 수 있겠죠."

각 조마다 확실하게 답변할 수 있는 질문을 2개씩 골라 답변을 준비하라는 말이다. 고개를 설레설레 흔들고 기가 막힌 표정을 하던 학생들이 끝내 웃었다.

물론 답변을 학생들에게만 맡기지는 않는다. 학생들의 답변을 들은 다음 교수가 뒤를 이어 답변을 하기로 했다. 답변이 만족할 만한 것인지는 질문을 한 사람이 판단하기로 했다. 중요한 것은 질문이기 때문이다.

뭔가 불평 섞인 불만이 터져 나오리라고 예상했는데 학생들은 재빨리 조로 돌아가 토론에 열중하기 시작했다. 다른 조에서 나온 질문들을 보니 하고 싶은 말도 많아졌다. 교수도 학생도 생각에 열중했다.

학생들이 내놓은 문제와 답은 이러했다.

1. 철학은 반드시 사회 문제를 다뤄야 하는가?

- 철학은 반드시 사회문제를 다뤄야 한다고는 생각하지 않는다. 기본적으로 철학은 사회에 대해 답을 내려야 하는 학문이 아니다.

- 사회문제라고 하는 단어 자체가 이미 어떤 사회현상에 대해 문제화시켰다는 뜻이 담겨져 있다고 생각한다. 그러니까 사회문제라는 말 안에 이미 철학적인 사고가 들어가 있는 것이다.

2. 정의의 정의는 무엇인가?

- 내가 어떤 행동을 할 수 있는 기준을 만들어주지 않는다. 기준은 따로

세워야 한다. 그러면 그 기준을 어디서 세울 수 있느냐인데 '나도 맞고 너도 맞고'라는 데에서 과연 기준이 나오겠느냐 이런 이야기다.

3. 학문의 의미는 무엇인가?
- 학문이 어떤 결과를 내느냐에 따라 가치가 주어진다고 하기보다도 그 것을 추구해가는 과정에서 사람이 어떤 가치를 얻어낼 수 있는가, 거기에 학문의 의미가 있다고 생각한다.

학생들의 답이 예상했던 것보다 훌륭하다. 김형철 교수도 이날 학생들의 질문과 답에 만족스러운 표정이다. 처음 질문의 날을 제안하면서 새로운 수업 방식에 잘 따라올지 조금 걱정했던 마음도 없어지고 학생들에 대한 믿음도 더욱 단단해졌다.

더 좋은 질문을 하기 위해 자료를 찾고 준비하는 과정 속에 학생들은 어느새 이 수업이 목표로 한 철학할 자세를 갖추어가고 있었다.

6

암기력이 아닌
생각을 평가하라

　　중간고사 시험이 다가왔다. 학생에게는 학점을 따야 하는 절박한 시간이다. 한양대 정효찬 교수의 중간고사 주제는 '나에게 질문 10가지 하기'이다. 평가 기준도 지극히 단순하다. 질문이 10개인지 아닌지를 보는 것이다. 정해진 답은 없으므로 질문에 대한 답은 스스로 생각해 써야 한다.

　얼핏 쉬워 보이는 시험이지만 학생들은 시험이 생각보다 어렵다고 했다. 질문을 적는 건 의외로 힘들었다. 처음엔 장난 삼아 질문을 한두 개 써내려가던 학생들의 표정이 시험지가 점점 질문으로 채워지자 진지해지기 시작했다. '꿈이 뭔지 궁금하다'라는 질문은 '내 꿈은 무엇인가?'로 바뀌고, '지금의 나는 행복한가?'라는 질문으로 발전했다.

질문을 끝내고 나자 "지금 내가 살고 싶은 대로 사는 건지 아니면 남한테 보여주려고 사는 건지 고민이 들었어요"라고 이야기하는 학생도 있었다. 역시 교수의 의도대로다. 만약 시험 문제를 달리해 교수가 평가를 한다고 하면 학생들은 그럴듯한 질문만을 찾으려고 했을 것이다.

그런데 평가를 배제하고 스스로에게 질문을 해보라고 하면 그때부터는 학생들도 솔직해진다. 처음엔 재미 삼아 질문을 끄적거리다가 10개를 만들려고 하면 진짜 자기 내면을 파고 들어가는 일이 시작된다는 것이다.

정효찬 교수가 이노베이션 수업을 시작한 것은 순전히 우연한 기회였다. 미술대학에서 조소를 전공한 뒤 대학원을 졸업하고도 진로를 찾지 못하다가 경북대에서 '미술의 이해' 수업을 맡게 되었다. 그러다 독특한 기말고사 문제지가 인터넷에 유포되고 '엽기 강사'로 알려지면서 뜻하지 않게 학교를 그만두게 된다.

당시 정효찬 교수의 말은 이러했다. 현대미술을 이해하기 위한 가장 기본적 태도는 열린 마음 아닌가. 주제 발표를 하는 동안 수업에 참여한 학생들과 교수가 느낌을 나눴다면, 수업 시간이 곧 미술행위가 되는 셈이다. 더군다나 120명이나 되는 수강생이 수업을 잘 들었는지 공정하게 판단하기는 쉽지 않다.

그때 생각한 평가가 미술사 중심으로만 문제를 출제하지 말고 그 수업에 있었던 사건, 사고를 가지고 시험 문제를 내자고 생각했다. 그리고 그날 수업을 들었던 사람만 알 수 있는 문제를 생각해서 객관식, 주관식, 단답형 40문제를 냈다.

다음은 2002년 '희한한' 시험 문제로 시끄럽게 했던 정효찬 교수의 경북대 기말고사 문제의 일부다.

2. 첫 수업 시간에 모두 다 같이 행했던 행위는 무엇인가?

① 휴강   ② 의자에 앉아서 자리 땡기기   ③ 교실 옮기기

④ 〈고향의 봄〉 노래 합창

5. 다음 중 피똥의 주 재료는?

① 석고   ② 플라스틱   ③ 브론즈   ④ 시멘트

12. 다음 중 성공률 100퍼센트인 키스법은?

① 기습형   ② 할까 말까형   ③ 게임형   ④ 간접키스형

17. 어느 설문조사에서 '살아가면서 가장 하고 싶은 말, 듣고 싶은 말이 무엇인가?'라는 질문에 과반수 이상이 선택한 답은?

① 당신이 최고야   ② 건강하세요   ③ 자자   ④ 사랑합니다

　교과서에도 없는 문제들이 알려지면서 대학 내에 큰 파장이 일었다. 사람들의 반응 또한 극과 극이었다. 한쪽에서는 '엽기적' '비교육적'이라고 비난했고, 다른 쪽에서는 '참신하다' '판에 박힌 시험문제만 내는 교수들은 반성해야 한다'라는 긍정적인 평가도 있었다. 그중 대충 암기해서 점수를 받는 시험에 비해 훨씬 교육적이라는 말이 더 힘을 얻었다.

　경북대에서의 수업은 지금의 이노베이션 수업을 시작하는 데 동기가 되기도 했다. 미술 수업이 미술 이론만을 가르쳐왔다는 데 문제의식을 느끼고, 미술에 대한 두려움에서 벗어나 재미있게 봤으면 좋겠다는 고민이

이노베이션 수업으로 탄생한 것이다.

정답은 없다, 오로지 팀워크

중간고사가 지나고 기말고사가 다가왔다. 평범하지 않을 거라고는 예상했지만 이번 시험은 중간고사를 뛰어넘는다.

- 조원의 이름을 통학 거리가 먼 순서대로 적으시오.
- 최고의 조원을 적고 그 이유를 적으시오.
- 상식의 특징에 관하여 서술하시오.

원래 시험이란 다른 사람을 이기기 위한 경쟁이지만, 이 시험만큼은 경쟁이 아니라 팀워크를 발휘해야 한다. 조별 활동을 같이 하는 학생들과 친해지지 않으면 풀지 못할 문제다. 그동안 패러디 사진 찍기, 조별 회식, 조별 발표 등의 미션이 수업 때마다 주어졌다. 미션들을 완수하기 위해서는 상상력뿐 아니라 시간과 팀워크가 없으면 안 되는 수업들이 대부분이다.

그리고 마지막 문제는 '초반에 수업에 들어왔을 때와 지금 자신의 생각 변화'를 묻는 문제다. 'Innovation is nothing.'이라는 문장에서 'Innovation, is nothing.'처럼 콤마 하나만 찍어도 '이노베이션이 별 거 아니다'라는 표현이 되듯이 학생들은 생각에 조금만 변화를 주어도 새로운 창의적 생각이 떠오른다고 했다.

교수의 말도 학생과 다르지 않다.

"저는 할 수 있는 일을 하는 것이 이노베이션이라고 생각합니다. 꿈꾸는 사람들이 결국 자신이 하고 싶어 하는 일을 만날 수 있고 성취할 수 있을 겁니다. 그러므로 내가 할 수 있는 일을 찾아서 시작하는 것이 이노베이션이 아닐까요?

여성의 누드를 금기로 했던 시절, 화가 보티첼리가 〈비너스의 탄생〉을 그릴 수 있었던 것은 강렬한 욕망을 가진 사람들이 여성의 누드를 여신의 탄생으로 둔갑시키는 방법을 찾아낼 수 있었기 때문입니다. 그렇게 발생한 시대의 균열을 통해서 무쇠와 같았던 중세의 암흑기가 한 걸음씩 르네상스로 변화할 수 있었지요.

이처럼 내가 하고 싶은 일을 위해서 할 수 있는 것부터 찾아서 시작하는 것이 이노베이션이라고 생각합니다."

학생들에게 말하다

• 정효찬 한양대 교수

오늘날 대학은 취업 준비소가 되어버렸습니다. 하지만 원래 대학은 '지성의 상아탑'이라고 불렸었죠. 굳이 핑계를 찾아본다면 1997년 IMF 이후 무한 경쟁에 내몰리면서 대학의 기능이 변질된 것에서 찾아볼 수 있겠지만 꼭 그것 때문만은 아닐 겁니다. 자본이 주도하는 세상에서 우리에게 제공되는 욕망의 단상들은 우리를 더욱 자본에 얽매이게 만들고 있습니다.

가장 아름답고 눈부셔야 할 청춘들에게 사람들은 아프니까 청춘이라고 하고, 심지어 천 번을 흔들려야 한다고 이야기합니다. 여러분이 현재 무언가

도전하고 있다면 충분히 아파도 괜찮습니다. 하지만 경쟁 때문에 발생한 아픔이라면 스스로 질문해 보길 바랍니다. 도전은 나를 발전시키지만 경쟁은 상대를 낙오시켜야 하기 때문입니다.

저는 좋은 수업을 위해 매학기 도전을 합니다. 그러다 힘겹고 아플 때는 그 이유를 찾아봅니다. 부족하고 미흡한 점을 찾아내어 다음 학기에 다시 도전을 합니다. 도전했던 횟수가 늘어갈수록 아픔도 커지겠지만 수업의 질은 점점 좋아지겠죠? 환갑 전에는 좋은 수업을 완성해야 할 텐데 걱정입니다.

경쟁이 아니라 도전을 시작하세요. 아픔이 찾아오면 스스로 질문을 만들어 보길 권합니다. 우리는 정답을 찾아 살아가지만 진짜 삶은 질문들이 모여서 만들어지는 것입니다.

7

교수는 학생의 미래를 위해 존재한다

서울대 건축학과 김광현 교수는 수업이 없는 날은 개인 지도가 필요한 학생들에게 시간을 내어준다. 학생들은 과제를 하다가 걸림돌에 부딪히면 교수에게 문자를 보내거나, 교수 연구실에 쪽지를 붙이기도 한다.

아무래도 교수 연구실은 공개적인 수업보다는 자기 이야기를 하기 편한 공간이다. 그래서 학생이 교수 연구실을 찾아오면 문제를 더욱 폭넓게 바라볼 수 있도록 시간에 구애받지 않고 같이 이야기를 나누는 편이다.

교수 연구실에서도 교수의 날카로운 비평은 계속되지만 신기하게도 이 과정을 겪으면 학생들도 점차 자신의 방향을 찾아가게 된다. 여기에 외부 전문가를 초빙해 학생들의 작품을 평가하고 나면 그들의 작품은 또 변화를 거듭하고 내용도 더욱 풍성해진다.

디자인과 건축을 복수전공하는 강초희 학생은 6년째 학교를 다니고 있다. 원래 미대에 입학한 후 자신이 갈 길을 모색하고 있었는데 복학한 뒤 김광현 교수에게 설계 수업을 배우면서 공간 디자인도 전공하게 되었다. 배우는 자체는 즐겁지만, 아직까지 혼란스러운 점도 많다.

초희 씨는 애써 만든 설계안이 교수의 호된 비평과 함께 원점으로 돌아간 뒤로 문제가 잘 풀리지 않아 고민이 많아졌다고 했다. 교수에게 여러 차례 지적을 받고는 아예 원점으로 돌아가 문제를 해석하는 것부터 새롭게 방향을 잡아야 한다. 큰 방향을 다시 잡았지만 생각만 많아지고 어디서부터 시작해야 할지 모르겠다며 초희 씨가 초조한 마음을 드러냈다.

결국 초희 씨는 다른 학생들처럼 큰 난관에 처하고 말았다. 초희 씨가 원룸과 투룸, 독신이 사는 단지로 만들고 싶다고 하자 교수가 생각지도 못한 문제를 제시했다. 독신자만으로 집합 주거를 만들게 됐을 때의 문제점이었다. 독신자만으로 400인이 사는 집합 주거를 만들면 이 공동주택은 낮에는 모두 비어 있고 밤에도 한산하며 더욱이 상점이 있는 주택이라는 조건이 성립되지 않는다.

"대학교에 있는 교수는 앞서 보여주는 선생이잖아요. 교수의 가장 좋은 보람은 뭘까요? 학생이 없으면 교수도 존재의 이유가 없는 거예요. …… 대학생은 성숙한 맛이 있잖아요. 그 성숙함 속에서 자기 젊음을 구상하고, 또 그 구상이 자기 미래로 이어지는 거잖아요.
초등학생은 선생님이 가르쳐준다고 해서 금세 자기 미래를 예측하지 못하지만 대학생은 대학 속에 어쨌든 자기 인생이 다 들어가 있는 거잖아요. 그러니깐 그런 학생에게 스스로의 미래를 가르치는 교수는 얼마나 좋은 선생 일이에요."

비판도 칭찬도 학생 스스로 답을 찾아가는 과정

면담 후 1시간 정도 자리를 비우고 차분히 생각을 하면서 안정을 찾은 후 초희 씨가 설계의 잘못된 부분을 정리하기 시작했다.

설계 마감 하루 전 날. 작업실 곳곳이 비상이다. 어차피 잠을 포기하고, 곳곳에 불이 켜진 연구실에서 학생들은 설계에 맞춰 작은 모형을 하나씩 세우고 있었다. 어김없이 아침이 밝아오고 마지막 수업 시간이 다가왔다.

완성된 설계 도면과 모형을 동료들과 교수 앞에서 발표하고 비평을 듣는 날이다. 독신자만 모여 사는 공동체를 고집했던 초희 씨의 설계는 그동안 많은 변화를 거쳐 크고 작은 골목길로 이어지는 집합 주거로 변해 있었다.

여전히 설계의 핵심은 독신 가구였지만 예전과는 확연히 다르다. 독신 가구의 생활을 구체적으로 이해하지 않았다면 불가능한 변화다. 독

● 다시 원점으로 돌아가 스스로 구상한 초희 씨의 최종 설계 모형.

신 가구의 가장 큰 문제점을 외로움과 경제적 부담으로 이해한 초희 씨는 이를 동식물 키우기 등 저마다 다양한 취향을 즐기고 다른 이들과 어울릴 수 있도록 생활지원 시설을 적절하게 분산 배치해 해결하고 있었다.

학생들의 최종 결과물을 보고 교수가 칭찬을 아끼지 않았다. 교수의 냉정한 비판은 학생들이 자신만의 답을 찾아가게 만들기 위한 교수 고유의 애착에서 나온다는 걸 학생들도 잘 안다.

프로젝트를 끝내며 수업이 마무리됐다. 지난한 과정을 통해 사회가 요구하는 건축가의 모습에 훌쩍 가까워졌음을 학생들 스스로 깊이 이해하는 듯했다.

학생들에게 말하다

• **김광현** 서울대 건축학과 교수

건축가는 트레이싱 페이퍼(tracing paper)라고 하는 반투명한 종이에 건물을 그린다. 그린 것 위에 트레이싱 페이퍼를 깔면 전의 것이 반쯤 보이는데, 이는 그것을 바탕으로 새로운 생각을 다시 해내기 위해서다. 실패한 것 위에서 다시 그리고 또 그린다. 그러니 건축설계란 가라앉은 실패를 위로 계속 끌어올리는 일이다.

실패했다고 비판받는 설계안을 잘 들여다보라. 신기하게도 그 안에는 이미 자기가 하고 싶은 것이 다 들어가 있다. 그러니 이것은 좌절도 아니고 실패도 아니다. 새로운 생각이 그 안에 있기 때문이다.

교수가 수업 시간에 부족한 부분을 비판하는 것은 그 속에서 학생 스스로 하고 싶은 바를 직시하라는 뜻도 있다. 건축 설계에서 좋은 안을 찾아가는 과정을 실패라고 여기면 좋은 건축가가 되기 어렵다. 실패한 것을 알아차리고 그 다음에 무엇을 할 수 있는지 알게 되었으니, 그것을 기뻐해야 하지 않을까?

그러니 다 큰 사람이 비판하는 말에 슬퍼할 필요가 없다. 학교를 졸업하면 슬퍼할 일이 훨씬 더 많다. 대학생들에게 좌절이란 결국 새로운 자기 것에 다가가는 법을 미리 배우는 것이다. 40대, 50대에 실패는 있어도 20대에 실패는 없다. 건축 설계 교수인 나는 집 짓는 일을 통해 그것을 가르치고 있다.

8

최고의 교수는
학생이다

"나한테 누군가 나의 동기를 물어봤을 때 저는 '왜'를 설명하지 못하는 삶을 오랫동안 살았어요. 왜냐하면 소소한 것에서부터 왜를 생각하지 않다 보니까 어느새 제가 그냥 몸만 있더라고요."

서양윤리학사 수업을 듣는 한 학생의 말처럼 살아가면서 왜를 끊임없이 물어보는 사람이 있을까? 왜라는 질문은 바쁜 현대인들에게 성가시기만 하다. '왜?'라고 질문하지 않아도 사는 데 큰 지장은 없기 때문이다.

그러나 배움 앞에서 '왜?'라는 질문이 갖는 의미는 크다. 질문 없이 배움 또한 없기 때문이다. 그러나 우리의 현실은 배우는 입장에서 의문이 들다가도 파헤칠 시간이 없다는 이유로 포기할 때가 많다.

마지막 수업, '질문 전시회'

김형철 교수의 마지막 수업은 1층 로비에서 이루어졌다. 강의실이 아니라 1층 로비로 모이라고 하자 어리둥절해하며 따르던 학생들이 로비에 도착하자마자 저도 모르게 탄성을 질렀다.

로비에는 학생들이 써서 내고 붙여 놓았던 질문 포스트잇들이 하나하나 소중하게 붙어 있었다. 교수가 그동안 수업 시간에 받은 학생들의 질문을 모아 이른바 '질문 전시회'를 연 것이다.

교수는 수업 시간에 묻고 싶은 것을 무엇이든 질문하되, 질문이 너무 많은 경우 시간이 많이 걸리므로 종이에 써서 내라고 했다. 교수는 그 질문 종이를 누구나 들락날락하면서 볼 수 있도록 연구실 출입문에 빼곡하게 붙여놓았다. 그 질문들로 마지막에 전시회를 연 것이다.

'철학은 배운 사람들만 할 수 있나요?' '인간을 인간답게 하는 것은 무엇인가' '자유란 무엇인가' '철학을 공부하는 좋은 방법은?' 질문들 속에는 학생들이 한 학기 동안 배운 것들이 소중히 담겨 있었다.

"상상도 못했어요" "질문 자체를 소중하게 여겨주신다고 해야 하나? 들어오면서 탄성이 저절로 나오던데요" "놀랐죠. 아예 예상을 못했어요. 솔직히" 등 학생들의 반응도 굉장하다.

학생들이 이 수업을 통해 얻은 것은 또 있다. 다른 수업에서는 말을 안 하던 친구들이 이 수업에서는 말을 하고, 다른 사람들의 말을 경청하며 자신과 다른 생각들을 배워갔다.

전시회를 둘러보며 학생들은 질문을 놓고 다시 토론을 벌이기도 하고, 질문 아래 자신이 생각하는 답을 적었다. 질문에 또다른 질문이 꼬리를 잇기도 했다.

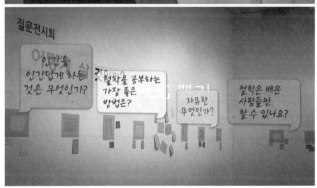

● 질문에 질문이 꼬리를 무는 '질문 전시회'. 학생들이 말문을 트고 생각을 트기 위해 한 학기 동안 고민하고 노력했던 시간들이 고스란히 담겨 있었다.

질문 : 나는 앞으로 어떻게 살 것인가?

- 어떻게 살 것인지 끊임없이 되물으면서 살지 않을까요?

- 항상 열정이 생기는 일에 몰두할 수 있는 여유를 남겨두며 살 거예요!

질문 : 정말 철학은 여유로운 사람들, 배운 사람들만 할 수 있는 학문인가요?

- 사람은 누구나 자신의 생각, 감정, 세계관, 가치관 등을 타인이 이해할 수 있게끔 표현하고자 노력한다고 생각합니다. 이러한 노력이 전부 철학적인 태도라고 생각합니다. 철학이란 학문을 공부하는 것은 부차적인 거고요.

질문 : 인간을 인간답게 하는 가장 본질적인 것은 무엇이라고 생각하시나요?

- 인간만이 스스로 본질에 대한 질문을 던질 수 있지 않을까 생각합니다.

- 인간이 단순 포유동물 이상의 것이라는 존재론적인 믿음 아닐까요?

질문 : 자유란 무엇입니까?

- 저항의 부재

- 이렇게 맘대로 글을 쓸 수 있는 것

- 나를 잊는 것이다!

질문 : 철학을 공부하는 가장 좋은 방법은 무엇인가요?

- 생각하는 것. 사고가 아닌 사유

- 철학을 공부라고 생각하지 않는 것

- 다양한 생각과 경험을 가진 사람들과 이야기를 나누는 것. 우리 수업처럼

- 열린 사고! 타인의 생각을 과감하게 받아들일 수 있는 것

전시회를 주최한 김형철 교수도 같이 동참해 마지막 답변을 달았다. 한 질문에 '삶의 가치가 내가 소비한 것보다 더 무게 있도록 살자'라는 답변을 적었다.

수업마다 학생들이 남긴 쪽지들을 보니 가슴이 뿌듯하다. 정답은 없지만 함께 풀어야 할 질문들은 교수에게만 묻는 것이 아니라 모두에게 묻는 질문이기도 하다.

김형철 교수가 질문 전시회를 연 것은 학생들에게 교수와 학생이 다르지 않음을 온몸으로 보여주고 싶었기 때문이다.

"이번 학기에 했던 마지막 질문 전시회는 저하고 학생들하고 일 대 일의 관계가 아니라 모든 학생들이 어떤 질문을 했는지 알 수 있는 계기를 만들어준다는 취지였습니다. 열린 수업이 되려면 학생과 교수 사이만 열려서는 안 되고, 학생과 학생 사이도 열려야 합니다."

자신이 한 질문에 다른 학생들이 주렁주렁 답을 달아놓은 걸 보면 새로운 깨달음도 생기고 더 잘할 수 있었을 텐데 하는 자기반성도 하게 된다. 이런 과정들이 서로의 성장과 배움에 기폭제가 되는 건 물론이다.

전시회를 둘러보던 학생들이 다시 한자리에 모이자 김형철 교수는 "학기 초에 우리가 던졌던 질문, '나는 어떻게 살아야 하는가?'. 아마 여러분들 앞으로도 계속 이 질문을 던질 겁니다. 나는 어떻게 살아야 하는가. 여기에 대한 해답을 꼭 구하십시오"라는 말로 마지막 강의를 마쳤다.

첫 수업부터 마지막 수업까지, 쉽지만은 않은 철학 수업을 통해 학생들은 생각의 변화가 있었을까?

학생들은 '그렇다'고 답했다. 질문 전시회에서 자신이 '계속 질문하는 삶을 살겠다'고 하자 그 아래 누군가가 '즐겁게, 적어도 내 주위 사람이 불행을 느끼지는 않게!'라고 적어줬다는 한 학생은 앞으로 "계속 질문하면서 살지 않을까요?"라고 소감을 밝히기도 했다.

수업이 끝나고 학생들은 다시 일상으로 돌아가겠지만, 살아가며 만나게 되는 많은 것들에 대해 스스로 질문을 멈추지 않겠다는 다짐을 해본다.

학생들에게 말하다

- **김형철** 연세대 철학과 교수

모르는 것은 죄가 아닙니다.
그러나 모르면서 질문하지 않는 것은 죄가 성립합니다.
왜냐고요?
아는 척하는 것이니까요!

선생은 학생을 가르치는 사람이 아닙니다.
학생이 스스로 배울 수 있도록 도와주는 사람입니다.
배운다는 것은 이 세상을 새로운 방식으로 쳐다볼 줄 알게 되는 것입니다.

"인간은 배우기를 원한다."
아리스토텔레스가 자신의 책 『형이상학』을 시작하는 첫 문장입니다.

답을 원하십니까?
질문을 던지세요!
왜냐고요?
우리는 물어보지 않고 답을 알 수 있는 길을 알지 못하니까요!

대학, 인재, 배움,
그 참된 조건을 찾아서

EBS 교육대기획 〈왜 우리는 대학에 가는가〉는 초, 중, 고등학교 12년 동안 입시전쟁을 치르고 대학에 입학했지만, 취업이라는 높기만 한 현실의 벽 앞에서 고군분투하고 있는 이 땅의 청춘들에게 던지는 질문이다.

그 어느 때보다 팍팍하고 높은 세상의 벽 앞에 학점과 취업 스펙을 쌓기 위해 질주하고, 정체성의 혼란으로 방황하기도 하고, 경제적 부담감에 허덕이기도 하는 오늘의 대학생들. 살아남기 위해, 세상의 기준에 맞추기 위해 그렇게 허겁지겁 달려왔지만 정작 내가 누구인지, 어떻게 살아갈지에 대해서는 스스로 질문해 보지 못한 청춘들에게 이 프로그램은 행복한 인재로 성장하기 위한 그 첫 번째 질문을 돌려주고자 했다.

또한 우리 대학에도 던지는 질문이기도 하다. 대학이란 무엇인지, 학생들에게 무엇을 가르쳐야 하는지, 그리고 교수는 어떤 역할을 해야 하는지를 냉정하게 물어보았다. 모든 것이 성과로만 평가받는 세상에 부응하기 위해 취업 기지라는 오명을 쓰기도 했던 우리 대학들이 현재 놓치고 있는 것은 무엇일까. 과연 그 속에서 학생과 교수는 배움의 교감을 하고 있는 것일까.

이 부분을 대학뿐만 아니라 우리 사회 전체가 진지하게 고민해 보기를 희망했다. 또한 답을 찾는 과정에서 입시를 중심으로 한 교육 환경 속에서 정답 프레임에 갇혀버린 우리 교육의 근본적인 문제점들이 여실히 드러나기도 했다.

그리고 동시에 대학을 꿈꾸고 있거나, 이미 대학을 졸업한 이들에게 던지는 질문이기도 하다. 자녀를 대학에 보내려 하거나 일선에서 아이들을 가르치는 교육자들에게 던지는 질문이기도 하다.

대학이란 하나의 목표점을 향해 우리나라 국민이 쏟아붓는 에너지는 실로 어마어마하다. 그렇기에 이러한 질문을 통해 우리는 대학에서 좀더 행복해야 하고, 대학을 통해 진정한 인재로 성장할 수 있어야 한다.

대한민국의 모두가 그렇게 묻고 싶었지만 선뜻 물을 수 없었던 질문, '왜 우리는 대학에 가는가?'. 이 프로그램은 2014년 초에 방영되며 검색어 상위를 차지하고 많은 화제를 불러일으켰다. 또한 많은 생각의 지점과 고민거리를 던져주었다. 질문은 하나지만 사고의 범위는 세 가지 방향으로 확대되었다.

대학이란 무엇인가?
인재란 무엇인가?
배움이란 무엇인가?

침묵하는 대학과 자발적 아웃사이더가 되는 대학생이라는 씁쓸한 자화상에도 불구하고 우리가 발견한 건 가능성이다. 대학은 진정한 배움이 시작되는 곳이며 그 역할에 충실할 때 비로소 청년들 또한 진정한 인재로 탄생할 수 있다는 사실을 다시 한 번 확인했다.

인재로 성장해 가기를 고민하는 이 땅의 청년들에게는 같은 고민을 가진 다섯 사람의 도전과 변화의 스토리가 적지 않은 울림을 주었으리라 생각한다. 기꺼이 자신의 민낯을 드러내준 이들을 통해 우리는 외부의 기준이 아닌 내 안의 중심을 바로세우는 것이 인재로 성장하기 위한 첫 번째 조건임을, 세상을 향해 그리고 자기 자신을 향해 침묵을 깨고 질문을 던질 때 진정한 '배움'이 일어난다는 것을 생생히 배울 수 있었다.

그것이 진짜 인재이고, 진짜 대학이고, 참된 공부라고.

기획 정성욱

연출 정성욱 이지현 채라다

글·구성 임정화 정명

취재작가 전화경 박혜진

조연출 박정민 임태준 길예솔 주민휘

촬영 김제범 김용 박혜순

촬영보 김선우 강승필 김택수

VJ 김재호 명창식 장동민 허찬석

내레이션 김C 백지연

편집 허찬석 박태현 이희성 김해

기술감독 정장춘 강남수 정민희

　　　　　김진호 이범석

음향 김진호 김종범

특수편집 김호식 양스마일픽쳐스

소품 서상석

의상 분장 최정은

NLE편집 한명진

타이틀 윤영원

문자그래픽 최범석 조유미 김지혜

홍보 서동원 이경희

사진 장종호

타이틀음악 초콜렛

믹싱 강희중(POPES)

음악 최형원

효과 이용문

외부조명 함형석(준조명)

지미짚 이수명(스톰프로덕션)

세트디자인 김선아

세트총괄 이기남

번역 정효선 정진훈 최현영 김지선

영어감수 김준식

자료조사 최혜민 정재용

차량 양준호

행정 박선아

도움주신 분 김경일(아주대 교수)

　　　　　　전성수(부천대 교수)

　　　　　　최진석(서강대 교수)

해외코디 권장호

대학생 다큐멘터리스트

경기대학교

장원석 공성룡 조영래 박성수

단국대학교

박 진 이화섭 박지원 박하영 이우준

이성현 박현진 윤현정 서명진 서명철

부산대학교

신혜림 김준이 송미정 김선영

서울대학교

박종훈 우금희

세종대학교

김예슬 김수민 이정훈

연세대학교

이강희 김보람 이보은

충남대학교

최지현 복병민 임아영 임청조

한동대학교

송철규 송강석 주 화 황민아 유석규
정사라 김남균 최수민 김다솜 김진
웅 김민주

한국예술종합학교

김 해 이나혜 홍상유

한국외국어대학교

이희성 구윤주 오예나 오유승

교수 및 전문가

1부 대학에서 길을 잃다

최진석 교수 | 서강대

채영길 교수 | 한국외국어대

이은일 박사 | 국립해양조사원

2부 인재의 탄생

조벽 석좌교수 | 동국대

최성애 심리학 박사 | HD가족클리닉

조미진 상무 | H회사 인재개발원

유순신 대표 | Y회사

딘 우드게이트 前 참사관 | 주한 호주대
사관 교육부

3부 대학의 탄생

크리스 닐슨 총장 | 세인트 존스대

패트리샤 록 교수 | 세인트 존스대

폴 쉬프 버만 교수 | 조지워싱턴대

에드워드 호프만 교수 | 예시바대

수잔 디렌데 교수 | 산타모니카대

김형철 교수 | 연세대

김광현 교수 | 서울대

정효찬 교수 | 한양대

김경일 교수 | 아주대

왜 우리는 대학에 가는가

초판 1쇄 2015년 3월 2일
초판 8쇄 2022년 11월 30일

기획 | EBS 미디어
지은이 | EBS 〈왜 우리는 대학에 가는가〉 제작팀
펴낸이 | 송영석

주간 | 이혜진
기획편집 | 박신애 · 최예은 · 조아혜
디자인 | 박윤정 · 유보람
마케팅 | 김유종 · 한승민
관리 | 송우석 · 전지연 · 채경민

펴낸곳 | (株)해냄출판사
등록번호 | 제10-229호
등록일자 | 1988년 5월 11일(설립일자 | 1983년 6월 24일)

121-893 서울시 마포구 잔다리로 30 해냄빌딩 5 · 6층
대표전화 | 326-1600 팩스 | 326-1624
홈페이지 | www.hainaim.com

EBS 〈왜 우리는 대학에 가는가〉에 함께 해주신 출연자분들께 감사드립니다. 아울러 방송 장면을 싣도록 허락해 주신
모든 분들께 감사드립니다. 미처 허락을 얻지 못한 분들의 경우, 추후에 연락을 주시면 허락을 구하도록 하겠습니다.